Eine Erdbeere für Hitler

Deutschland unterm Hakenkreuz

Herausgegeben
von Carola Stern und Ingke Brodersen

S. Fischer Verlag

Die Umschlagsillustration entstammt dem Bilderzyklus *Leben? oder Theater?* von Charlotte Salomon, die 1917 in Berlin geboren wurde und 1939 nach Südfrankreich emigrierte. Im Exil begann sie, ihre Lebensgeschichte in Bildern und Texten darzustellen. 1943 wurde sie mit ihrem Mann von der Gestapo verhaftet und in Auschwitz ermordet.

3. Auflage: April 2005

Lektorat Ingke Brodersen und Rüdiger Dammann, Berlin
Fotos Bildarchiv Heinz Bergschicker, Berlin
Typografie Farnschläder & Mahlstedt Typografie, Hamburg
Druck und Bindung Kösel, Altusried-Krugzell
Printed in Germany
ISBN 3-10-009646-0

Hitler-Erdbeere

»Es ist mir geglückt, eine neue wertvolle Erdbeersorte zu züchten. In großer Verehrung für den Herrn Reichskanzler bitte ich sehr, diese Neuzüchtung ›Hitler-Erdbeere‹ nennen zu dürfen.
Wir haben bereits eine Erdbeere ›Hindenburg‹.«

Aus einem Brief des Gärtnereibesitzers Bruno Koch aus Malente-Gremsmühlen an die Reichskanzlei vom 1. August 1933

Inhalt

Ingke Brodersen
Mut und Anstand **Ein Vorwort** Seite 13

Dieses Buch erzählt vom Aufstieg und vom Ende des Nationalsozialismus, vom Krieg, von der Verfolgung und Vernichtung von Menschen und von dem Jahr der Befreiung, als das »Dritte Reich« endlich besiegt war. Diese Zeit ist Geschichte, aber auch voller Geschichten, aus denen man lernen kann. Von Menschen, die mitgemacht haben, weil sie davon profitiert haben, aber auch von Menschen, die ihr Leben riskierten, um anderen zu helfen. Oft waren es stille Helden, deren Namen kaum jemand kennt. Hiltgunt Zassenhaus zum Beispiel. Als sie gefragt wurde, warum sie so gehandelt hatte, sagte sie: »Es war menschlicher Anstand.«

Hans Mommsen
Der »Führerstaat«
Von der Entstehung einer Diktatur Seite 19

Der angeblich so entschlossene »Führer« der Nationalsozialisten, Adolf Hitler, war oft unentschieden. Daran scheiterte auch sein Versuch, im November 1923 die verhasste parlamentarische Republik von Weimar zu stürzen. Für den so genannten »Hitler-Putsch« wurde er zu vier Jahren Festungshaft verurteilt, von denen er nur einige Monate absitzen musste. Die nutzte er zum Schreiben seiner Memoiren »Mein Kampf«. Keine zehn

Jahre später war es dann so weit: Am 30. Januar 1933 wurde Adolf Hitler zum Reichskanzler ernannt. Viele Konservative hatten ihn unterstützt. Sie glaubten, sie könnten ihn und die Nationalsozialisten »zähmen« und für ihre eigenen Zwecke nutzen. Aber Hitler und die Seinen – vom Ex-Jagdflieger Hermann Göring über den Propagandachef Joseph Goebbels bis hin zum späteren Reichsführer-SS Heinrich Himmler – machten innerhalb von Monaten aus Deutschland einen diktatorischen Führerstaat.

Hilke Lorenz
»Mit dem Führer auf Fahrt«
Wie die Nationalsozialisten den Alltag eroberten Seite 57

Als die Nationalsozialisten an die Macht kamen, waren sie Kinder – Karl, Annedore und Marianne. Auch für sie brach 1933 eine neue Zeit an. Geländemärsche, Heimabende, Ferienlager, Sonnenwendfeiern – es war immer etwas los für die Jungen, die nach dem Willen ihres Führers »deutsch denken, deutsch handeln« sollten. Sie waren die Zukunft. Sie sangen Marschlieder, sie lernten den deutschen Gruß, die Unterscheidung zwischen »Herrenrasse« und »Untermenschen«. Und doch: Es war ausgerechnet ein gefangener »Untermensch«, ein russischer Zwangsarbeiter, der in Annedores Weltbild einen ersten Riss hinterließ. Er durchbrach den Panzer kalter Mitleidslosigkeit, mit der das überzeugte »Hitler-Mädel« in Fremdarbeitern »Feinde« gesehen hatte, die es zu besiegen galt.

Mirjam Pressler
Himmel und Hölle
Von Leipzig nach Theresienstadt Seite 89

Sie war gerade 14 geworden und bereitete sich auf die Auswanderung nach Palästina vor. Helene, ihre große Schwester, war schon dort. Aber statt nach Palästina kam Hannelore, ein jüdisches Mädchen aus Leipzig, das jetzt Hanna hieß, nach Kopenhagen und von dort auf die Insel Fünen. Hanna musste schwer arbeiten, aber sie fühlte sich sicher vor dem Terror der Nationalsozialisten. Bis eines Tages die Gewehrkolben der SS im Morgengrauen an die Tür donnerten und Hanna ins Lager Theresienstadt verschleppt wurde.

Ursula Wölfel
»Warum muss ein Soldat töten?«
Kriegstage und Bombennächte Seite 125

Der Krieg war nicht plötzlich da. Er schickte seine Wörter voraus – wie »Wehrpflicht«, »Kampf« und »Luftschutz«. Einen Luftschutzraum, den könnten sie gut gebrauchen, meinte Hannes Huber, der sich Sorgen um seine Frau und seine Kinder machte. Alle im Haus packten mit an, und so entstand ein Schutzraum. Da war der Krieg noch einige Jahre entfernt. Aber irgendwann kam er auch in dieses Mietshaus am Rande einer kleinen Stadt zwischen Duisburg und Dinslaken. Arnold, Sohn des überzeugten Sozialdemokraten Erich, schloss sich der SS an und wurde am Ende des Krieges vermisst; Ralf, Sohn des Blockwarts Otto Schmitt, beobachtete mit Entsetzen den Terror der SS an der russischen Bevölkerung; Wolfgang, der mit einer Studentenkompanie in den Krieg gegen Polen ziehen musste und schwer verwundet wurde, war der erste Kriegstote im Mietshaus.

Hermann Vinke

»Sag nicht, es ist fürs Vaterland«

Von Menschen, die Widerstand leisteten Seite 175

Freunde hatten ihn gewarnt. Aber Carl von Ossietzky, der Herausgeber der politischen Zeitschrift »Weltbühne«, beschloss, erst einmal schlafen zu gehen. In der Nacht zum 28. Februar 1933 wurde er verhaftet und später ins Konzentrationslager Esterwegen gebracht. Wegen internationaler Proteste wurde er 1936 wieder entlassen, aber da war er schon ein todkranker Mann. Er war nicht der Einzige, der im »Dritten Reich« mutig für seine demokratischen Überzeugungen eintrat. Es gab sie – Menschen, die Widerstand leisteten, bis zum Einsatz ihres eigenen Lebens. Der Schreiner Georg Elser etwa, der in dreißig Nächten eine Bombe im Münchner Bürgerbräukeller installiert hatte, den Hitler aber früher als geplant wieder verließ. Oder Pastor Martin Niemöller, der als »persönlicher Gefangener des Führers« im KZ Sachsenhausen einsaß. Oder die drei jungen belgischen Widerstandskämpfer, die im April 1943 einen Todeszug nach Auschwitz stoppten und damit 231 Menschen das Leben retteten.

Hartmut von Hentig

1945

Das Jahr der Befreiung Seite 209

Warum haben die Deutschen in den letzten Monaten des irrwitzigen Krieges, als der Feind tief im Land stand, noch immer weitergekämpft, als lasse sich Hitlers »Endsieg« mit Gehorsam, Pflichterfüllung und Durchhalten erreichen? Zu hoffen war doch nur noch, dass man selbst »nicht mehr erwischt« wurde – als Bombenopfer oder Deserteur!

In gigantischen Gefangenenlagern hatten Millionen deutscher Soldaten Gelegenheit darüber nachzudenken. In ihren Besatzungszonen bereiteten die Siegermächte die neue Lebensordnung vor. Ein internationales Gericht in Nürnberg verurteilte die großen Kriegsverbrecher, deren scheußliches Werk viele Deutsche nun zum ersten Mal wahr-nahmen und doch nicht wahr-haben wollten. Die Umerziehung begann – nicht nur mit Schreckensbildern, Strafe, Berufsverbot. Vor allem begann sie damit, dass jeder selbst zusehen musste, wie er mit den Folgen zurechtkam: ohne Obrigkeit, in Freiheit. Der Zusammenbruch war total und dadurch eine Chance.

Carola Stern
Durch Feindbilder wächst Hass **Ein Nachwort** Seite 241

Alle waren für den »Führer« in dem kleinen Ort auf der Insel Usedom. Die Mutter war dafür und der Pastor, die Lehrer in der Schule waren dafür, und selbst Ausländer schienen dafür zu sein – der Prinz von Wales besuchte Hitler auf dem »Berghof«, und die französische Mannschaft erhob während der Olympischen Spiele in Berlin den Arm zum Hitler-Gruß. Lange vor den Nazis gab es die Feindbilder von »*den* Roten«, von »*den* Juden«. Verallgemeinerungen begünstigen Feindbilder. Durch Feindbilder wächst Hass. Und Hass schürt Gewalt.

Zu den Autoren Seite 247

Ingke Brodersen

Mut und Anstand

Ein Vorwort

Wenn einer von sich selbst sagt, ich bin der Stärkste, der Mutigste, der Größte von allen, wendet sich jeder, der das hört, peinlich berührt ab. Angeber sind nicht beliebt. Wenn aber einer »wir« statt »ich« sagt – wir sind die Stärksten, die Besten, die »Herrenmenschen«, auserwählt, über andere zu herrschen –, dann hören viele das gern. Erst recht in einer Zeit, in der die Menschen keine Arbeit haben, nicht genug zu essen auf dem Tisch steht und das eigene Leben oft einem Scherbenhaufen gleicht. Wenn es den Menschen nicht gut geht, möchten sie einem glauben, der verspricht, das Land aus dieser Krise herauszuführen. Und dann kann es gefährlich werden.

So war das damals. Adolf Hitler erschien den Deutschen als Hoffnungsträger. Er versprach ihnen, sie von der »nationalen Schande« eines als demütigend empfundenen »Friedensschlusses von Versailles« zu befreien, den die Deutschen nach dem Ersten Weltkrieg unterzeichnen mussten. Er versprach, ihnen wieder Arbeit zu geben. Er versprach, das »Parteiengezänk« zu beenden und eine echte »Volksgemeinschaft« zu schaffen.

Und bei den Deutschen fiel das auf fruchtbaren Boden, denn sie hatten das Gefühl, zu den Verlierern der Geschichte zu gehören. Sie hatten den Ersten Weltkrieg und ihren Kaiser verloren und machten zum ersten Mal in ihrer Geschichte Erfahrungen mit einer Republik, der Weimarer Republik, und der Demokratie. Leider war dieser erste Anlauf nicht besonders überzeugend, die Demokratie nicht stabil. Das lag auch an den Parteien, die sie tragen sollten. Die waren überwiegend nicht demokratisch. Manche machten mit Hitler gemeinsame Sache, weil sie glaubten, sie könnten ihn für ihre eigenen Zwecke nutzen. Andere hofften, Hitler würde sich schon, wenn er erst einmal

Reichskanzler wäre, zum seriösen Staatsmann wandeln, und viele waren überzeugt, der ganze nationalsozialistische Spuk wäre bald wieder vorbei.

Die Demokratie hatte es nicht leicht in Deutschland. Die Menschen waren eher daran gewöhnt, dass ihnen »von oben« gesagt wurde, was sie tun und was sie lassen sollten. In einer parlamentarischen Republik aber müssen sich viele erst darüber einig werden, was in einem Staat geschehen soll. Dass man darüber auch streitet, was richtig oder falsch sein könnte, und oft erst nach einer längeren Auseinandersetzung zu einem gemeinsamen Ergebnis kommt, ist eigentlich normal. Damals aber hielten viele Menschen das Parlament für eine »Schwatzbude«, in der »nur geredet«, aber nicht entschieden werde. Demokratie kann anstrengend sein, aber bisher kennen wir keine bessere Staatsform, die mehr Freiheit und vor allem auch gewährleistet, dass nach Recht und Gesetz gehandelt wird. Das ist wichtig, denn wo Recht und Gesetz nicht mehr gelten, herrscht der blanke Terror.

Mit Recht und Gesetz hatten die Nationalsozialisten nichts im Sinn. Sie verhöhnten sie. Sie schufen ihr eigenes »Gesetz«. Und viele halfen ihnen dabei. Der Historiker Hans Mommsen erzählt in diesem Buch davon, wer ihnen dabei die Steigbügel hielt. Und wie entschlossen die Nationalsozialisten, kaum waren sie an der Macht, diese auch zu nutzen wussten, um innerhalb von Monaten aus Deutschland eine Diktatur zu machen.

Aber dabei fuhren sie sozusagen doppelgleisig. Sie wandten Terror und Gewalt gegen Sozialdemokraten, Kommunisten, Juden und gegen alle an, die nicht mitmachen, sich nicht fügen wollten. Zugleich aber wussten sie für wachsende Zustimmung zu ihrer Politik zu sorgen. Die Menschen erhielten wieder Arbeit, ein bisschen Wohlstand, und Hitler gab ihnen Selbstbewusstsein. Die Begeisterung für ihn nahm manchmal fast hysterische Ausmaße an – die »Hitler-Erdbeere« zeugt davon ebenso wie die vielen Liebesbriefe an den »Führer«. Vor allem die Jungen zog er auf seine Seite. Geländespiele, Aufmärsche, Zeltlager, Ferienfahrten – für viele Jugendliche war immer etwas los in dieser Zeit. Hilke Lorenz erzählt, wie attraktiv dieses Leben in einer Gemeinschaft war.

In Wahrheit aber war die »Volksgemeinschaft« ein verlogenes Trugbild. Denn längst nicht alle gehörten dazu. Hannelore, ein jüdisches Mädchen aus Leipzig, deren Geschichte Mirjam Pressler erzählt, bekam das am eigenen Leibe zu spüren. Sie hatte Zuflucht in Dänemark gefunden, aber das kleine neutrale Land wurde von deutschen Truppen besetzt, und eines Nachts wurde auch Hanna abgeholt und ins Lager Theresienstadt verschleppt. Sie hatte Glück: Sie überlebte und wurde kurz vor Ende des Krieges vom schwedischen Roten Kreuz gerettet.

Millionen anderer Juden wurden in den Jahren dieser Schreckensherrschaft ermordet, darunter 1,5 Millionen Kinder. »Nicht alle Opfer der Nationalsozialisten waren Juden«, so hat Elie Wiesel, ein berühmter Überlebender, geschrieben. »Aber alle Juden waren Opfer.«

Opfer waren auch Millionen »Zigeuner«, Sinti und Roma, die ebenso als »Untermenschen« verfolgt wurden wie Polen und Russen. Hitler beanspruchte mehr »Lebensraum« für die deutschen Herrenmenschen, denen die »Ostvölker« als Arbeitssklaven dienen sollten. Und so brach er einen Krieg nach dem anderen vom Zaun. Ursula Wölfel erzählt davon, wie die Bewohner eines Mietshauses, irgendwo in der Nähe von Duisburg, den Krieg erlebten. Von den ersten »Blitzsiegen«, vom Leben im Luftschutzkeller, von Feldpostbriefen und Bombennächten. Nicht alle im Mietshaus überlebten. Erich, der von Anfang an gegen die Nationalsozialisten gewesen war, wurde noch in den letzten Kriegsmonaten zum »Volkssturm« eingezogen und erlag seinen Verletzungen.

Trotz Terror und Krieg gab es nur wenige, die nicht wegsahen, nicht weghörten, sondern Widerstand leisteten. Hermann Vinke erzählt von der Gruppe »Onkel Emil«, die verfolgten jüdischen Mitbürgern half. Oder von dem kritischen Journalisten und Publizisten Carl von Ossietzky, der zögerte, aus Deutschland wegzugehen, obwohl Freunde ihn gewarnt hatten. Die Gestapo holte ihn ab. Viele Menschen aus dem Ausland protestierten gegen seine Verhaftung. Als er endlich aus dem Konzentrationslager freikam, war er ein todkranker Mann.

Die Deutschen kämpften verbissen bis zum bitteren Ende. Im Mai 1945 mussten sie kapitulieren. Deutschland lag in Trümmern. Hartmut von Hentig war damals gerade Leutnant geworden, als er von den Amerikanern verhaftet wurde und die ersten Wochen nach dem Krieg in einem Lager unter freiem Himmel gefangen war. Die Amerikaner zwangen die Deutschen, sich in den Konzentrationslagern anzuschauen, was ihre Regierung in ihrem Namen Millionen von Menschen angetan hatte. Sie forderten jeden über 18 auf, einen Fragebogen auszufüllen, in dem Rechenschaft über die letzten Jahre abgelegt werden musste. Sie wollten die Deutschen umerziehen. Das empfanden viele als demütigend und waren nicht gut zu sprechen auf die »Besatzungsmächte«.

Die meisten Deutschen waren selbst lange Zeit nach dem Krieg noch nicht bereit, viele auch nicht fähig, über ihre Erlebnisse im »Dritten Reich« zu reden. Entweder hatten sie Schreckliches gesehen, das sie ganz schnell vergessen wollten. Manche schämten sich, dass sie mitgemacht hatten. Aber viele sahen das Unrecht, an dem sie beteiligt gewesen waren, auch gar nicht ein. Sie sahen sich selbst als »Verführte«, die von Konzentrationslagern, von dem Mord an den Juden und Zigeunern und anderen »nichts gewusst« hätten. Aber an den Geschäften hingen die Schilder »Juden unerwünscht«, »nicht-arische« Beamte wurden aus dem Staatsdienst entlassen, »jüdische« Akademiker aus der Universität geworfen – um nur einige Beispiele zu nennen. Ihre »arischen« deutschen Nachbarn waren an dieser Vertreibung aus der Gesellschaft entweder aktiv beteiligt, oder sie haben sie passiv hingenommen und oft selbst davon profitiert.

Eine öffentliche Debatte darüber begann erst, als spätere Generationen ihren Eltern und Großeltern Fragen stellten. Oft waren diese von Anklagen und Vorwürfen begleitet, was der Auseinandersetzung nicht immer dienlich war. Und dennoch ist dadurch eine Aufarbeitung in Gang gekommen, die sehr dazu beigetragen hat, dass die Bundesrepublik eine stabile Demokratie geworden ist.

Die Mehrheit der Autoren, die hier schreiben, haben das »Dritte Reich« noch selbst erlebt. Das unterscheidet dieses Buch von einem trockenen Geschichtsbuch. Und die Erfahrungen, die sie dabei machten, waren einschneidend auch für ihr weiteres Leben. Denn wer sich mit dieser Zeit auseinander setzt, begreift: Sie ist nicht nur Geschichte, sondern auch voller Geschichten, aus denen man lernen kann. Von Menschen, die mitgemacht haben, weil sie nichts als ihren eigenen Vorteil sehen wollten, aber auch von Menschen, die ihr Leben riskierten, um anderen zu helfen. Nicht immer sind diese so bekannt geworden wie die Geschwister Scholl, die Flugblätter gegen Hitler und den Krieg in der Münchner Universität auslegten und dafür hingerichtet wurden. Oft waren es stille Helden, deren Namen niemand kennt. Sie haben so gehandelt wie Hiltgunt Zassenhaus, die Briefe jüdischer Häftlinge an ihre Angehörigen vernichten sollte. Das tat sie aber nicht, im Gegenteil: Sie sorgte dafür, dass diese Briefe, so weit möglich, ihre Adressaten erreichten. Bis die Gestapo ihr auf die Schliche kam und

Hiltgunt Zassenhaus untertauchen musste. Als sie viele Jahre später gefragt wurde, warum sie so gehandelt hatte, sagte sie: »Es war menschlicher Anstand. Jeder Mensch hat Möglichkeiten, Mut zu zeigen und Widerstand zu leisten.«

Berlin, im Juli 2004

P. S. Die Texte der eingeschobenen Kästen
wurden von den Herausgeberinnen verfasst.

Hans Mommsen

Der »Führerstaat«

Von der Entstehung einer Diktatur

Im Hinterzimmer eines Münchner Bierlokals gründete der Werkzeugschlosser Anton Drexler Anfang Januar 1919 die Deutsche Arbeiterpartei. Damals konnte niemand voraussehen, dass aus dieser völkischen Splittergruppe wenige Jahre später die größte Massenbewegung in Deutschland hervorgehen sollte. Unter Adolf Hitler gelangte sie am 30. Januar 1933 an die Regierung und setzte an die Stelle der parlamentarischen Demokratie der Weimarer Republik eine unbeschränkte Diktatur.

Drexler wurde von der Thule-Gesellschaft unterstützt, einer geheimen Verbindung von bürgerlichen Nationalisten. Sie standen unter dem Einfluss des extrem nationalistischen Alldeutschen Verbandes, der mit Hilfe einer Reihe als unabhängig geltender Organisationen – darunter eben auch der Deutschen Arbeiterpartei – die Sozialdemokraten politisch bekämpfte, die nach dem 9. November 1918, nach der Abdankung Kaiser Wilhelms II., die Regierung übernommen hatten.

Adolf Hitler hatte damals in München bei einer Einheit der bayerischen Reichswehr Unterschlupf gefunden. Er lebte in einer Kaserne und sollte sich um die Unterstützung der national-völkischen Protestbewegung durch die Reichswehr kümmern. Diese Aufgabe führte ihn mit Anton Drexler zusammen.

Hitler war ein begabter Redner. Seine Auftritte verschafften Drexlers kleiner Partei großen Zulauf und machten deren »Programm der 25 Punkte« populär. Diese sagten dem am Ende des Ersten Weltkrieges mit dem besiegten Deutschland abgeschlossenen Versailler Vertrag den Kampf an, sie wandten sich gegen das »große Kapital« und versprachen, eine »wirkliche« Volksgemeinschaft der Arbeiter und der »kleinen Leute« zu schaffen. Ein Kernpunkt des Programms bestand in der Forderung, den Juden die deutsche Staatsangehörigkeit zu entziehen und ihnen den Zugang zu öffentlichen Berufen zu verwehren. Ein solches Programm unterschied sich damals kaum von den Vorstellungen anderer Parteien der bürgerlichen Rechten, auch bei ihnen waren antisemitische Vorurteile weit verbreitet.

Im Februar 1920 wurde die Deutsche Arbeiterpartei in Nationalsozialistische Deutsche Arbeiterpartei (NSDAP) umbenannt. Hitlers Lebensstil und sein eigenwilliges Auftreten passten nicht in die kleinbürgerliche Vereinsmeierei der Deutschen Arbeiterpartei. Aber der Parteivorsitzende Drexler ließ ihn gewähren, weil Hitler der Partei nützlich war. Im Sommer 1921 kam es zum Streit zwischen den beiden, als Drexler mit einer anderen Splittergruppe, der »Völkischen Werksgemeinschaft«, zusammengehen wollte. Hitler protestierte, die Bewegung dürfe nicht im Mischmasch völkischer Zirkel und Sekten aufgehen, schließlich sei sie die einzige wirkliche »deutsche Freiheitsbewegung«. Er drohte seinen Austritt aus der Partei an. Eine kleine, ihm bedingungslos ergebene Parteiclique stand hinter ihm. Zu ihr gehörten Max Amann und Hermann Esser, die Scharfmacher in München, sowie Rudolf Heß, der aus der Thulegesellschaft kam. Drexler sah sich genötigt, Hitlers erpresserischen Forderungen nachzugeben und ihn zum Parteiführer zu machen, während er selbst mit dem Posten des Ehrenvorsitzenden abgefunden wurde.

Hitler war von Anfang an entschlossen, die Partei diktatorisch zu führen. Unterführer wurden nicht mehr gewählt, sondern durch die Parteizentrale eingesetzt. Er vermied es bewusst, die nationalsozialistische Bewegung auf konkrete Programmpunkte festzulegen, die über den Kampf gegen den Versailler Vertrag oder gegen die Juden hinausgingen. Er wollte sie von der Interessenspolitik der übrigen Parteien fern halten. An dem inhaltlich überholten »25-Punkte Programm« von 1920 hielt er fest, um zu demonstrieren, dass diese Partei bei einmal gefassten Beschlüssen blieb und ihr Fähnchen nicht nach dem Wind hängte. Es gelang ihm, die NSDAP in Oberbayern und vor allem in München politisch bekannt zu machen. Pausenlos wurde in öffentlichen Versammlungen gegen Juden, gegen die »Novemberverbrecher« von 1918 und gegen Kommunisten gehetzt und die parlamentarische Republik wütend attackiert.

»Novemberverbrecher«

So wurden von Seiten der politischen Rechten jene beschimpft, die den Versailler Vertrag unterzeichnet hatten. Man warf ihnen vor, damit der »im Felde unbesiegten Armee« in den Rücken gefallen zu sein und sie so in die Niederlage getrieben zu haben. Diese so genannte »Dolchstoßlegende« wurde bald darauf hasserfüllt auf die politischen Vertreter und Anhänger der Weimarer Republik angewendet.

Ende 1923 zählte die NSDAP immerhin schon 55000 Mitglieder, überwiegend aus Bayern, das während der Nachkriegsjahre zu einem Hort republikfeindlicher Kräfte geworden war. Die reaktionären Freikorps, die auch vor Mordaktionen gegen führende Republikaner nicht zurückschreckten, wurden in Bayern von Reichswehreinheiten unterstützt. Auch die bayerische Regierung unter Gustav von Kahr lehnte die Weimarer Republik als »preußische Missgeburt« ab und zögerte, den innenpolitisch unbequemen Agitator Adolf Hitler, der staatenlos war, auszuweisen, da er im Kampf gegen die sozialdemokratisch geführte Reichsregierung in Berlin noch nützlich sein konnte.

Trotz seiner Erfolge seit 1922 befand sich Hitler in der Gefahr, die politische Initiative an die rechts stehenden »Vaterländischen Verbände« in Bayern sowie an die Freikorps zu verlieren. Unter der Führung von Kapitänleutnant Ehrhard hofften diese auf einen Staatsstreich. Die in Bayern aufblühenden nationalistischen Vereine und Milizen sollten den Rückhalt für einen Marsch auf Berlin abgeben. Unter diesen war auch die ursprünglich als Saalschutz für die Partei geschaffene SA (Sturmabteilung), die sich unter der Führung von Ernst Röhm zu einem der vielen völkischen Kampfverbände wandelte. Auf Betreiben Röhms schlossen sie sich 1922 zum »Deutschen Kampfbund« zusammen, bei dem Hitler zwar die Rolle des politischen Führers, nicht aber die militärische Leitung zugedacht war. Er sollte sich propagandistischen Aufgaben widmen. Von den Freikorpsführern wegen seiner »Napoleon- und Messias-Allüren« ohnehin belächelt, drohte Hitler, gegenüber General Erich Ludendorff, dem Helden des Ersten Weltkriegs, ins Hintertreffen zu geraten. In diesen turbulenten Wochen war er sich noch nicht über seine künftige politische Rolle im Klaren. Er begriff sich noch als »Trommler« für die nationale Sache, als Werber für einen künftigen Diktator, und er respektierte die Autorität, die Ludendorff als Kriegsheld bei den Vaterländischen Verbänden genoss.

Zur gleichen Zeit befand sich Reichskanzler Gustav Stresemann wegen der französischen Besetzung der Ruhr und der Hyperinflation vor der bis dahin schwersten Krise der Weimarer Republik. Angesichts der linkssozialistischen Koalitionskabinette in Sachsen und Thüringen, die den bayerischen Gegenrevolutionären den Vorwand zum Losschlagen zu liefern drohten, rief Stresemann den Ausnahmezustand aus und übertrug die vollziehende Gewalt der Reichswehr. Dadurch nahm er deren Chef, General von Seeckt, der ebenfalls mit Umsturzplänen umging und mit der bayerischen Rechten in Verbindung stand, in die Pflicht.

Friedensnobelpreis

Gustav Stresemann, der Gründer der Deutschen Volkspartei, war 1923 wenige Monate lang Reichskanzler, dann trat er zurück. Danach war er bis zu seinem Tod 1929 Außenminister und bemühte sich, Deutschland aus der außenpolitischen Isolierung zu führen, in die es durch den Ersten Weltkrieg geraten war. Er plädierte für eine Aussöhnung mit Frankreich und band Deutschland in den Völkerbund ein, der von Hitler 1933 wieder gekündigt wurde. 1926 erhielt Stresemann den Friedensnobelpreis.

Hitler gingen die Geldmittel für den Unterhalt der SA aus, und die nationalen Verbände drohten auseinander zu laufen. Schon Ende Oktober hatte er seine konservativen Partner zum Handeln zu zwingen gedroht. Am 8. November versammelte von Kahr die Mitglieder der oppositionellen Fronde im biergeschwängerten Bürgerbräukeller, um den Umsturz vorläufig abzusagen. Da rief Hitler, mit seiner Pistole fuchtelnd, die »nationale Revolution« aus: »Bis zum Ende der Abrechnung mit den Verbrechern, die heute Deutschland tief zugrunde richten, übernehme die Leitung der Politik der provisorischen Nationalen Regierung *ich*!« Mit Hilfe des eilig herbeigeholten Generals Ludendorff wurde den anwesenden Mitgliedern der Bayerischen Regierung die Zustimmung zum Losschlagen abgepresst, doch fühlten sie sich an ihr Versprechen nicht gebunden. Der Kommandeur der bayerischen Reichswehrdivision, General Otto von Lossow, und der Chef der bayerischen Landespolizei, Hans von Seißer, leiteten sofort Gegenmaßnahmen ein.

Zwar besetzten bewaffnete Einheiten der NSDAP noch in der Nacht wichtige Stützpunkte in der bayerischen Landeshauptstadt, aber Hitler blieb unschlüssig und scheute vor einem bewaffneten Putsch zurück. Am Vormittag des 9. November kam es jedoch bei dem Marsch der Putschisten durch die Münchner Innenstadt zum Zusammenstoß mit der bayerischen Landespolizei. Im Feuer der Polizei brach der Putsch zusammen. Hitler flüchtete leicht verletzt, während sich Ludendorff und andere führende Teilnehmer freiwillig verhaften ließen. Hitler griff man wenig später in der Villa von Erich Hanfstaengl auf. Der Putsch war nicht zuletzt an seiner Unentschiedenheit gescheitert. Er zog daraus die Konsequenz, künftig nicht *gegen* die bewaffnete Macht vorzugehen.

»Putzi«

So wurde Erich Hanfstaengl genannt, Eigentümer eines bekannten Kunstverlages und ein enger Freund und Förderer Hitlers. Er führte ihn in die Münchner Gesellschaft ein. Später wurde er Hitlers Auslandspressechef, flüchtete aber 1937 nach England und beriet die Amerikaner während des Krieges gegen Nazi-Deutschland in Fragen der psychologischen Kriegsführung.

Aber Hitlers Niederlage sollte sich noch in einen propagandistischen Sieg verwandeln. Als ihm in München der Prozess gemacht wurde, verstand er es, sich vor dem Volksgerichtshof als nationaler Retter aufzuspielen, dem es um nichts anderes als »Deutschlands Befreiung« gegangen sei. Ihm kam dabei zugute, dass die Richter durchweg konservativ und national eingestellt waren und den populären Kriegshelden Erich Ludendorff, der beim Putsch in vorderster Reihe mitmarschiert war, schonen wollten. Außerdem war die bayerische Regierung unter Gustav von Kahr in die Verschwörung verwickelt gewesen. Dementsprechend milde fiel das Urteil aus: Hitler wurde zu vier Jahren Festungshaft in Landsberg verurteilt, die er im Kreise seiner Anhänger und unter höchst komfortablen Bedingungen verbrachte. Er durfte sogar täglich im Café des Städtchens seine geliebten Mehlspeisen verzehren. Seinen Mitgefangenen allerdings ging er durch seine unablässigen Reden auf die Nerven, und so rieten sie ihm, seine Memoiren zu schreiben, die er dann auch dem getreuen Rudolf Heß diktierte. Der Text wurde unter dem Titel »Mein Kampf« veröffentlicht und ein auch finanziell einträglicher Publikumserfolg.

Der nächste Mann nach dem Führer

»Mein Führer« – so redete Rudolf Heß Adolf Hitler an, der ihn 1933 als »Stellvertreter des Führers« ermächtigte, »in allen Fragen der Parteileitung in meinem Namen zu entscheiden«. Im Mai 1941, mitten im Krieg, flog Heß auf eigene Faust nach Großbritannien, um England als Verbündeten zu gewinnen. Hitler erklärte ihn daraufhin für geistesgestört, und Goebbels schrieb in sein Tagebuch: »So ein Narr war der nächste Mann nach dem Führer.« Heß wurde im Nürnberger Hauptkriegsverbrecherprozess zu lebenslanger Haft verurteilt. 1987, nach 41-jähriger Haftzeit, beging er Selbstmord.

Ende Dezember 1924 wurde Hitler vorzeitig aus der Haft entlassen, erhielt aber landesweit Redeverbot. Die Regierung hätte ihn nach Österreich ausweisen können – sie tat es nicht.

Im Februar 1925 verkündete Hitler die Neugründung der NSDAP, die nach dem Putsch vorübergehend verboten worden war. Geschickt bestand er darauf, dass ihr nur Einzelmitglieder beitreten konnten, um einen geschlossenen Beitritt der zersplitterten völkischen Verbände zu vermeiden. Im neuen Statut sicherte er sich einen unbedingten Führungsanspruch. Anträge, die auf Mitgliederversammlung gestellt wurden, mussten vorab von dem Parteiführer gebilligt werden. Parteitage waren reine Propagandaveranstaltungen. Innerparteiliche Diskussionen oder politische Beratung gab es nicht. Die persönliche Bindung an den Führer war das grundlegende Organisationsprinzip der neuen NSDAP. Hitler bestand auf bedingungsloser Gefolgschaftstreue der Unterführer, der »Gauleiter«, in der konkreten Politik ließ er ihnen allerdings einen weiten Handlungsspielraum. Neben der SA und der SS (Schutzstaffel) entstanden eine Jugendorganisation, ein Frauenorden, eine Anzahl von Berufsverbänden – aber alle dienten ausschließlich propagandistischen Zwecken der Partei.

Als Nächstes stand Hitler vor der Aufgabe, den lästigen Konkurrenten Erich Ludendorff abzuschütteln, der während Hitlers Haftzeit zum unbestrittenen Führer der völkischen Rechten aufgestiegen war. Als 1925 Reichspräsident Friedrich Ebert starb, kandidierte Ludendorff, von Hitler überredet, für das Amt. Seine Kandidatur war völlig aussichtslos, er erhielt auch nur ein Prozent der Stimmen, war aber mit der verlorenen Wahl ins politische Abseits geraten. Damit war der einzige ernst zu nehmende innerparteiliche Rivale Hitlers ausgeschaltet.

Der Held der Völkischen

Erich Ludendorff war unter dem späteren Reichspräsidenten Paul Hindenburg Generalstabschef im Ersten Weltkrieg gewesen und durch seine militärischen Erfolge zum Kriegshelden verklärt worden. 1923 erschien sein Buch »Kriegsführung und Politik«, in dem er den Krieg als Naturgesetz darstellte und forderte, Deutschland »judenrein« zu machen.

In den folgenden Jahren wuchs die NSDAP zwar beachtlich – 1928 zählte die Partei 108 000 Mitglieder und gründete zahlreiche Nebenorganisationen. Aber die NS-Jugend, die unter Baldur von Schirach zur Hitlerjugend zusammengefasst wurde, blieb im Verhältnis zu den bürgerlichen Jugendverbänden, zur Gewerkschaftsjugend und zur Arbeiterjugend doch eher bedeutungslos. Das galt auch für die Nationalsozialistische Betriebszellenorganisation, die sich anschickte, die Arbeiterschaft zu organisieren. Bei den Reichstagswahlen vom Mai 1928 erhielt die NSDAP nur noch 12 Mandate. Alle Anstrengungen, die Industriearbeiter als Wähler für die NSDAP zu gewinnen, schlugen fehl. In den Großstädten schnitt die Partei deutlich schlechter ab als auf dem platten Land. Damit war die Strategie, über die Eroberung der großstädtischen Zentren an die Macht zu gelangen, in Frage gestellt. Auf dem platten Land hingegen, vor allem in den agrarischen Gebieten Norddeutschlands und östlich der Elbe, konnte sie überdurchschnittliche Erfolge erzielen. Um bäuerliche Wähler nicht zu verschrecken, zog Hitler selbst – trotz seines ausdrücklichen Verbots, irgendwelche Änderungen am »Programm der 25 Punkte« vorzunehmen – die ursprüngliche Forderung nach der Enteignung von Grund und Boden zurück. Die NSDAP sollte, obwohl sie über kein Agrarprogramm verfügte, ihre größten Wahlerfolge bei der bäuerlichen Bevölkerung in den ostelbischen Gebieten erzielen und das Erbe der extremistischen Landvolkbewegung antreten.

Die Mehrheit der west- und norddeutschen Gauleiter, unter ihnen auch Joseph Goebbels, sympathisierte mit sozialistischen Parolen. Hitler hingegen verwarf das 1926 eingeleitete Volksbegehren zur Verstaatlichung der Besitztümer abgedankter deutscher Fürsten als »jüdischen Bolschewismus«. Gleichzeitig blockierte er die Verabschiedung des von den nordwestdeutschen Gaulleitern vorgelegten Bamberger Programms, das pseudosozialistisch gefärbt war und die Anlehnung an die Sowjetunion forderte. Der Bruch mit dem linken Flügel der nationalsozialistischen Bewegung erfolgte dann mit dem Ausscheiden Otto Strassers aus der Partei im Juli 1930 unter dem Motto »Die Sozialisten verlassen die NSDAP«.

Der sozialistische Flügelmann

Otto, der jüngere Bruder von Gregor Strasser und Leiter vom Berliner »Kampfverlag«, stand für die sozialistische Ausrichtung der NSDAP. Nach heftigen Auseinandersetzungen mit dem »Führer« verließ er Deutschland. Seine Zeitschrift »Die deutsche Revolution« wandte sich zwar gegen Hitler, blieb aber nationalsozialistisch, antisemitisch und rassistisch.

Das hinderte die Partei nicht daran, an der antikapitalistischen Rhetorik festzuhalten, um die Industriearbeiterschaft anzusprechen. Goebbels wandte als Gauleiter von Berlin größte Propagandaanstrengungen darauf, so im Falle der Teilnahme an dem von der KPD ausgerufenen Streik der Berliner Verkehrsarbeiter im November 1932. Die Partei vermochte nur Randgruppen der Arbeiterschaft, vor allem im öffentlichen Dienst, zu gewinnen.

Aber seit dem Frühjahr 1929 änderte sich die politische Wetterlage. Die NSDAP erzielte in den Kommunal- und Landtagswahlen unerwartet große Erfolge. Sie sprach sowohl Neuwähler als auch Protestwähler an und baute ihr Terrain in der bäuerlichen Wählerschaft weiter aus. Die schleichende Wählerwanderung nach rechts schlug sich auch bei den bürgerlichen Parteien im Wechsel der Parteiführungen nieder, so der Wahl Alfred Hugenbergs als Vorsitzender der Deutschnationalen Volkspartei. Nach dem frühen Tod Gustav Stresemanns 1929 schwenkte auch die Deutsche Volkspartei in das offen antirepublikanische Lager.

Die Wahlen vom September 1930 bis zum November 1932 offenbarten eine tief greifende Aushöhlung der bürgerlich-liberalen Parteien. Die NSDAP besetzte die Freiräume, die dadurch entstanden. Sie drängte sich an die Stelle der freien Wählervereinigungen und der Protestparteien und erwies sich als äußerst erfolgreich darin, die hinter den bürgerlichen Parteien stehenden Vereine und Zusammenschlüsse zu unterwandern. Ein herausragendes Beispiel dafür stellte der Reichslandbund dar, der mächtige agrarische Interessenverband, der der

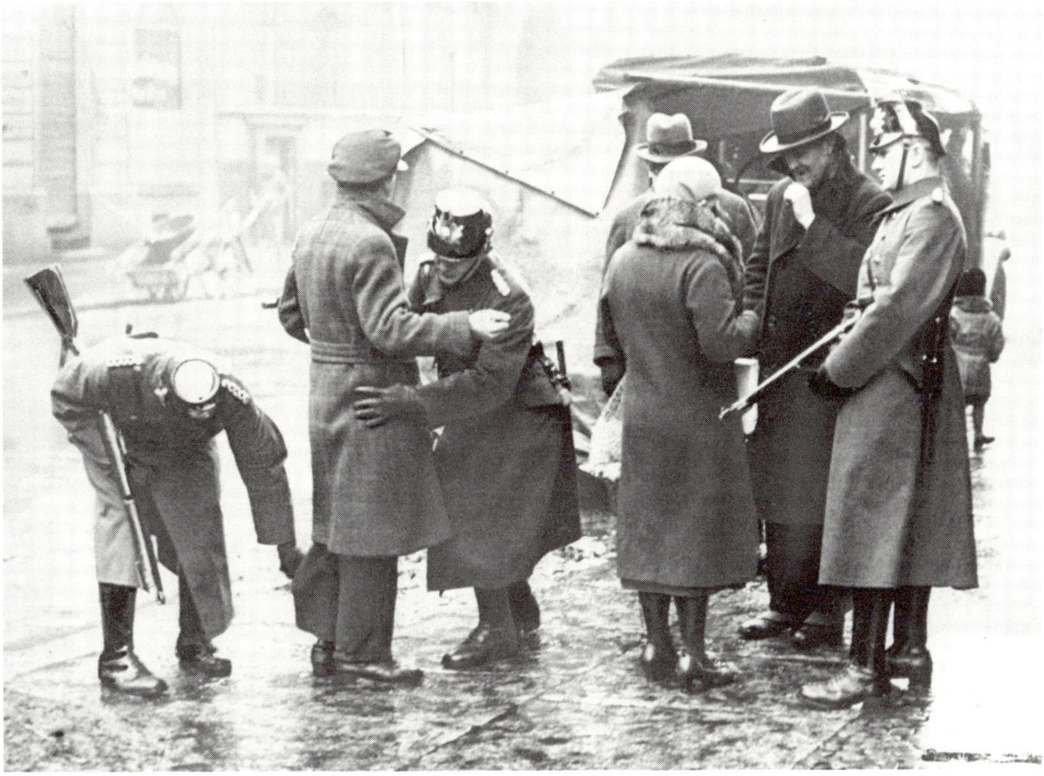

4. März 1933. Polizeirazzia in einem Berliner Arbeiterwohngebiet einen Tag vor den Reichstagswahlen – unter dem Vorwand, kommunistische Störungen zu vereiteln.

Deutschnationalen Volkspartei nahe stand. NSDAP-Mitglieder eroberten zunächst die regionalen, dann die zentralen Vorstandsposten und konnten so den Verband für die Partei einspannen und dadurch in den Wahlkämpfen seit dem September 1930 besonders in den agrarischen ostelbischen Gebieten Aufsehen erregende Mehrheiten gewinnen.

Dennoch konnte die Partei nicht hoffen, auf verfassungsmäßigem Weg die angestrebte unbeschränkte Macht zu erringen. Möglicherweise bot ein kommunistischer Aufstandsversuch die Chance, die Widerstände der bürgerlichen Parteien gegen eine »Machtübernahme« der NSDAP zu überwinden. Zwar hatte Hitler im Reichswehrprozess – in dem Offiziere angeklagt waren, weil sie gegen das Verbot politischer Betätigung verstoßen und sich für die NSDAP engagiert hatten – feierlich versichert, den Boden der Gesetzlichkeit nicht verlassen zu wollen. Er hatte indessen hinzugefügt, unter einer nationalsozialistischen Regierung würden »Köpfe rollen«. Reichswehrminister Wilhelm Groener hoffte trotzdem immer noch, Hitler »an den Pfahl der Legalität« binden zu können. Aber das war ein untauglicher Versuch am untauglichen Objekt.

Die NSDAP suchte sich in jeder Weise von den konkurrierenden bürgerlichen Parteien und auch von den Sozialdemokraten zu unterscheiden. Sie vermied es, irgendeine Mitverantwortung für die herrschenden Verhältnisse zu übernehmen. Sie beschränkte sich ausschließlich auf die Oppositionsrolle. Diese Taktik zahlte sich aus. Hitler konnte so die NS-Bewegung als grundsätzliche Alternative zu den vorausliegenden »14 Jahren« der »Novemberrepublik« hinstellen. Nur ausnahmsweise trat die NSDAP, wie in Thüringen und Oldenburg, vor 1933 in eine Koalitionsregierung mit den Deutschnationalen ein. In Thüringen profilierte sich Wilhelm Frick als Innen- und Volksbildungsminister mit radikalen antisemitischen Gesetzesentwürfen und sorgte für die Schließung des Bauhauses. Aber solche Koalitionen hatten keinen Bestand und wurden von den Wählern abgestraft.

Weimar und das Bauhaus

1919 gründete der Architekt Walter Gropius in der Goethe-Stadt Weimar das Bauhaus, in dem alle Kunstrichtungen unter einem Dach versammelt sein sollten. Das Bauhaus, zu dem viele berühmte Künstler gehörten, erwarb sich bald einen internationalen Ruf als Zentrum der Moderne. Eben das aber brachte das Weimarer Bürgertum auf den Plan. Ihr Kampf gegen diesen modernistischen »Kulturbolschewismus« führte zur Vertreibung des Bauhauses nach Dessau, 1932 dann nach Berlin. Am 11. April 1933 wurde das Bauhaus in Berlin polizeilich durchsucht, wenige Monate später geschlossen. Die bedeutendsten Bauhauskünstler wanderten aus Deutschland aus.

Wollten die Nationalsozialisten vorankommen, mussten sie versuchen, in der Reichspolitik aus der politischen Isolierung herauszutreten, ohne unliebsame Kompromisse einzugehen. Mit der Beteiligung der NSDAP am Volksbegehren gegen den Young-Plan verschaffte der Führer der Deutschnationalen Volkspartei, Alfred Hugenberg, dieser die Aufmerksamkeit des rechtsbürgerlichen Lagers und deren Beachtung in der von ihm gelenkten Rechtspresse. Das ermöglichte Hitler, die Doppelrolle des Außenseiters wie auch des Bündnispartners der bürgerlichen Rechten einzunehmen. Im Kampf gegen die Politik des Zentrumskanzlers Heinrich Brüning betrieb Hugenberg ein Bündnis sämtlicher rechts stehender Verbände, einschließlich der NSDAP, und proklamierte 1931 feierlich die »Harzburger Front«, einen Zusammenschluss der »Nationalen Opposition«. Das machte Hitler in bürgerlichen Kreisen endlich hoffähig. Hitler war jedoch von Anfang an entschlossen, sich aus Hugenbergs Umarmung wieder zu lösen.

Zahlungsunfähig

Der Youngplan regelte die im Versailler Vertrag festgelegten deutschen Reparationszahlungen neu. Aus Empörung über deren lange Laufzeit (bis 1988) riefen NSDAP, Stahlhelm und DNVP zu einem Volksentscheid gegen die »Versklavung Deutschlands« auf. Am 12. März 1930 wurde der Young-Plan vom Reichstag angenommen.

Inzwischen hatte die wirtschaftliche Krise, in der sich Deutschland auch noch mehr als ein Jahrzehnt nach dem verlorenen Ersten Weltkrieg befand, eine bis dahin nicht vorstellbare Massenarbeitslosigkeit hervorgerufen. Die Zahl der Arbeitslosen stieg auf über sechs Millionen. Die eben erst eingeführte Arbeitslosenversicherung konnte nur wenige und auch nur vorübergehend notdürftig unterstützen. Der englische Journalist Knickerbocker schilderte in seinem Buch »Deutschland so oder so« die trostlose Stimmung in einer Berliner Arbeiter-Kneipe, in der die Gäste auf den einzigen Besucher starrten, der sich ein Glas Bier leisten konnte. Die Massenarmut war verheerend. Die staatliche Sozialhilfe war nur ein Tropfen auf den heißen Stein. Überall sah man hungernde Menschen, die Schilder mit der Aufschrift trugen: »Ich suche jede Arbeit.« KPD und NSDAP machten sich die Not zunutze. Angesichts von Hunger und Arbeitslosigkeit hatte die Bevölkerung das Vertrauen in die Politik verloren und setzte auf diejenigen, die, wie Hitler, einen grundlegenden Neuanfang versprachen.

Seit dem Frühjahr 1929 konnte die Partei zunächst bei lokalen, regionalen, schließlich bei den Reichstagswahlen beträchtliche Stimmenzuwächse erzielen. Dabei half ihr eine umfassende Wahlwerbeorganisation, die von einer zentralen Reichswahlleitung unter Heinrich Himmler und Joseph Goebbels gelenkt wurde. Ihre Methoden nahmen in mancher Hinsicht die moderne Meinungsforschung vorweg: So waren beispielsweise die Politischen Leiter vor Ort gehalten, jeweils zu melden, wie die Wahlwerbung bei der Bevölkerung ankam. Zur Finanzierung ihrer aufwändigen Propaganda konnte die Partei auf Mitgliederbeiträge zurückgreifen, die selbst während der Krise strikt eingetrieben wurden. Bei öffentlichen Kundgebungen wurden Eintrittsgelder erhoben. Die Parteiredner wurden nach einem sorgfältig gestaffelten System honoriert. Eine spezielle Rednerschulung sorgte dafür, das mit der Vielzahl von Veranstaltungen benötigte Personal an Parteirednern bereitzustellen. Es gab finanzielle Zuwendungen seitens der Industrie, aber sie waren von untergeordneter Bedeutung.

Die außergewöhnlichen Wahlerfolge der NSDAP vom September 1930 bis zum Juli 1932, als sie 37,3 Prozent der Stimmen errang, verdankte sie nicht allein ihrer perfekten Wahlmaschine, sondern auch ihrer Fähigkeit, neue Wählergruppen, insbesondere Jung- oder frühere Nichtwähler, für sich zu mobilisieren und unterschiedlich motivierte Protesthaltungen in der Bevölkerung wirkungsvoll zu bündeln. Die NSDAP präsentierte sich glaubwürdig als Partei der jungen Generation – der Altersdurchschnitt ihrer Mitglieder lag weit unter dem der übrigen Parteien, mit Ausnahme der ebenfalls jugendlichen KPD. »Macht Platz, ihr Alten« war eine wiederkehrende Forderung von Gregor Strasser, Hitlers fähigstem Unterführer.

Es war den republikanischen Parteien in der Tat nicht gelungen, die jüngere Generation einzubinden, die gegen die überalterten Parteiapparatschiks polemisierte und anstelle der langweiligen Reden und Resolutionen eine kämpferische politische Auseinandersetzung bevorzugte. Dabei spielten Symbole wie Fahnen und Standarten, öffentliche Aufmärsche und Kundgebungen eine wichtige Rolle. Die NSDAP beherrschte dieses Instrumentarium und stellte sich erfolgreich als Repräsentant der Jugend und als Vorkämpfer einer »neuen Zeit« dar. Das war umso entscheidender, als der Anteil der unter 25-Jährigen an der Bevölkerung ungewöhnlich hoch war.

Über ein ernst zu nehmendes inhaltliches Programm verfügte die Partei nicht, aber sie schaffte es, inmitten der allgemeinen Krisenstimmung als glaubwürdige Alternative zum »Weimarer System«, wie die Rechte die Republik abschätzig bezeichnete, zu erscheinen. Mit der Zusicherung, den Parteienklüngel zu beseitigen, den Klassenkampf zu überwinden und eine wirkliche »Volksgemeinschaft« zu schaffen, gewann sie all jene, die entweder keine Bindung zu den bestehenden

Parteien besaßen oder sich von ihnen enttäuscht abgewandt hatten. Hemmungslos verleumdete die NS-Propaganda die SPD als »Novemberverbrecher« und agierte heftig gegen die kommunistische Partei. Die mutwillig herbeigeführten Zusammenstöße der SA mit KPD-Anhängern sollten die antikommunistischen Ressentiments in der Bevölkerung verstärken und die NSDAP als Retter vor dem befürchteten »bolschewistischen Umsturz« erscheinen lassen.

Ihre Anstrengungen hingegen, die Industriearbeiterschaft in das »nationale« Lager herüberzuholen und dem Einfluss von SPD und KPD zu entwinden, scheiterten fast vollständig, aber es gelang ihr, die bürgerlichen Mittelparteien in den Reichstagswahlen vom September 1930 bis zum Juli 1932 weitgehend aufzureiben. Nur das katholische Lager konnte sich noch behaupten. Seit 1920 hatte eine Wählerwanderung nach rechts eingesetzt, die unter den Auswirkungen der Inflation von 1923 zu einer fast vollständigen Auflösung des liberalen Lagers, einem Vordringen von Interessen- und Protestparteien und einer allgemeinen Parteienverdrossenheit führte. Das begünstigte die NSDAP in den Reichstagswahlen vom September 1930, in denen sie 18,3 Prozent der Stimmen errang. Neben bürgerlichen Wechselwählern vermochte sie vor allem Jungwähler und bisherige Nichtwähler zu mobilisieren, und die seit 1924 verschärfte Agrarkrise trieb ihr bäuerliche Protestwähler zu.

Parteimitglieder

Selbst 1935 war das Buhlen der Partei um die Arbeiterschaft – gemessen an anderen gesellschaftlichen Gruppen – immer noch ziemlich erfolglos. Jeder dritte Lehrer, aber nur jeder zwanzigste Arbeiter war NSDAP-Mitglied.

Nach dem 30. Januar 1933, als Hitler zum Reichskanzler ernannt worden war, bewarben sich viele um eine Mitgliedschaft, weil sie sich persönliche Vorteile davon versprachen. Wegen der vielen »Märzgefallenen«, die nach dem Ermächtigungsgesetz vom 23. März 1933 in die Partei eintraten, wurde ein jahrelanger Eintrittsstopp verhängt.

Einen Zwang, in die Partei einzutreten, gab es nicht. Auf Beamte und Angestellte, die wichtige Positionen bekleideten, wurde aber oft Druck ausgeübt.

1945 zählte die NSDAP 8,5 Millionen Mitglieder.

Das aufgewühlte politische Klima nach 1930 schuf zugleich günstige Bedingungen für Hitlers uneingeschränkten Führungsanspruch. Für den innerparteilichen Zusammenhalt war er unersetzlich. Der Parteiapparat war gänzlich auf seine Bedürfnisse zugeschnitten. Hitler überließ das politische Alltagsgeschäft seinen Untergebenen und schaltete sich nur in prestigeträchtigen Fragen ein. Sonst verbrachte er die Tage in den Münchner Cafés oder bei seinen Gönnern, wie der Verlegerfamilie Bruckmann. Seine Autorität als Parteiführer blieb davon unberührt. Die Gefolgschaftstreue der Unterführer hielt die Bewegung zusammen.

In blindem Glauben an den Erfolg lehnte Hitler Kompromisse ab. Er ging aufs Ganze und war entschlossen, keine Koalitionen zu schließen, die die Handlungsfreiheit der Partei einschränkten. Im Gegensatz zu dem Bild des entschlossenen und zielsicheren Politikers, das Goebbels' Propaganda von ihm zeichnete, war er nicht der kühle kalte Rechner, sondern er handelte aus einer Vision, ja, aus einer Zwangsvorstellung heraus und verschrieb sich dem Glauben, dass unbedingter Wille auch den Erfolg nach sich ziehen werde. Letzten Endes war er von der Loyalität der pragmatischer eingestellten Gefolgsleute abhängig.

Zu ihnen gehörte der Landshuter Apotheker Gregor Strasser. Er war ein glänzender Redner und ein großartiger Organisator, der aus einer zersplitterten Bewegung einen geschlossenen Parteiverband mit straffer Führung geformt hatte. Es gelang ihm jedoch nicht, die Gauleiter, die Hitler immer wieder zu Alleingängen ermunterte, am Zügel zu halten. Nach seinem Rücktritt im Dezember 1932 zerfiel die Partei in 36 voneinander unabhängige Gauverbände.

In der allgemeinen Krise der Republik und der Hektik dauernder Wahlkämpfe erwies sich Hitler als äußerst erfolgreicher Demagoge. Seit dem September 1930 wusste Goebbels in den sorgfältig inszenierten Auftritten, bei denen er moderne Medien wie Rundfunk und Film einsetzte, den Führerkult wirkungsvoll zu steigern. Aber die unablässigen Werbekampagnen der Partei brachten sie der Macht nicht näher, und es war fraglich, wie lange die Wahlmaschine auf Hochtouren und die Anhänger »bei der Stange« gehalten werden konnten. Besorgt notierte Goebbels, die NSDAP müsse endlich an die Macht kommen, denn sonst »siegen wir uns in den Wahlen tot«.

Der Demagoge

Joseph Goebbels (1897 bis 1945) war ein Aufsteiger aus einfachen Verhältnissen. Der promovierte Literaturwissenschaftler versuchte, sich nach dem Studium als Journalist und Dramaturg durchzuschlagen. 1924 gründete er eine Ortsgruppe der NSDAP. Als Gauleiter von Berlin und Herausgeber der Wochenzeitung »Angriff« nahm er eine führende Stellung in der Bewegung ein. Seine massenwirksamen Inszenierungen von Parteiauftritten trugen maßgeblich zum Erfolg der NSDAP bei. Nach der Machtergreifung wurde er Reichsminister für Volksaufklärung und Propaganda und erzwang die Ausschaltung von Juden aus dem Kulturleben. Seinem »Führer«, mit dem er das Ende des verlorenen Krieges im Bunker der Berliner Reichskanzlei erlebte, war er bis zum Schluss bedingungslos ergeben. Am 1. Mai, einen Tag nach Hitlers Selbstmord, brachten Joseph und Magda Goebbels ihre sechs Kinder und dann sich selbst um.

Die erste Kraftprobe ergab sich mit den Reichspräsidentenwahlen von März/April 1932. Reichskanzler Brüning wollte anstelle der verfassungsmäßig vorgesehenen Volkswahl Hindenburg durch den Reichstag wiederwählen lassen. Hitler lehnte das ab. Eine Mischung aus Instinkt und Respekt vor dem greisen Feldmarschall ließ ihn jedoch zögern, selbst bei den Präsidentschaftswahlen zu kandidieren. Aber die hochgespannten Erwartungen innerhalb der eigenen Partei setzten ihn unter Zugzwang. Eigentlich konnte er gar nicht kandidieren, da er kein deutscher Staatsbürger war. Dieses Hindernis wurde durch seine Ernennung zum Regierungsrat des Landes Braunschweig beiseite geräumt. Die NS-Führung setzte in einem atemberaubenden Wahlkampf alles auf eine Karte und stellte Hitler als »unsere letzte Hoffnung« heraus. Das im zweiten Wahlgang erreichte Ergebnis von 36,8 Prozent der Stimmen wurde in der Partei als deprimierend empfunden, hatte man sich doch schon auf die »Machtübernahme« vorbereitet.

Von dieser Vision ließ Hitler sich auch nicht abbringen. Als Reichskanzler Papen ihm nach den Juliwahlen die Vizekanzlerschaft antrug und ihn mit einigen Ressorts abspeisen wollte, reagierte er verärgert. Er verlangte für sich »die Staatsführung in vollem Umfange«. Reichspräsident Hindenburg, der den »böhmischen Gefreiten« (er verwechselte Braunau am Inn mit Braunau in Böhmen) verachtete, lehnte das ab. In einer öffentlichen Erklärung wies er Hitlers Forderung mit der Begründung zurück, dass dieser die angestrebte politische Macht »einseitig anzuwenden gewillt« sei. Hitler erlitt dadurch einen empfindlichen Prestigeverlust.

Auch in der Partei wurde dieser 13. August als schwerer Rückschlag empfunden, und Goebbels notierte: »Unter den Parteigenossen herrscht große Hoffnungslosigkeit, die SA ist verzweifelt.« Viele der bürgerlichen Anhänger verstanden nicht, warum Hitler nicht auf das Angebot eingegangen war, in eine Regierung unter dem Reichskanzler Papen einzutreten. Denn die NSDAP hatte sich bis dahin immer als Speerspitze der »nationalen Opposition« hingestellt. Dass sie sich jetzt *gegen* Hugenberg und Papen erklärte, stieß bei den gemäßigten Anhängern der Bewegung auf Unverständnis, die nunmehr zu den Deutschnationalen und der Deutschen Volkspartei zurückkehrten. Hitlers Rechtfertigung der Potempa-Morde verstärkte den Umschwung der öffentlichen Meinung.

Die Potempa-Morde

1932 wurden fünf SA-Männer, die in dem oberschlesischen Ort Potempa einen kommunistischen Bergmann ermordet hatten, zum Tode verurteilt. Hitler sandte ein Solidaritätstelegramm und mobilisierte zum Kampf gegen das Urteil. Reichskanzler Papen wandelte die Todesstrafe in eine lebenslängliche Zuchthausstrafe um. Nach der nationalsozialistischen Machtergreifung wurden die Mörder auf freien Fuß gesetzt.

Auch innerhalb der Partei regte sich Widerstand gegen die von Hitler verfolgte Politik unbedingter Opposition. Als Gregor Strasser ein Arbeitsbeschaffungsprogramm vorlegte, das breite Zustimmung bis in Gewerkschaftskreise und in die SPD hinein fand, ließ Hitler die bereits ausgedruckte Broschüre zurückziehen und einstampfen. Er wollte jeden Schritt vermeiden, der die Partei programmatisch festlegte. Viele verstanden diese Strategie nicht mehr und traten aus der Partei aus. Gleichzeitig rebellierten Teile der SA, sie wollten nicht mehr den parlamentarischen Weg des Machterwerbs gehen, sondern forderten direkte Aktionen. Die Partei war in einer tiefen Krise. Nur der Führerkult hielt die Bewegung noch zusammen.

Der einzige Lichtblick bestand in der Wahl Hermann Görings zum

Reichstagspräsidenten. Reichskanzler von Papen hatte am 12. September 1932 eine schwere Abstimmungsniederlage hinnehmen müssen. Sein Versuch, die Krise auszusitzen und alles auf ein umfassendes Programm zur Wirtschafts- und Sozialpolitik zu setzen, obwohl die organisierte Arbeiterschaft gegen den darin vorgesehenen Lohn- und Sozialabbau Sturm lief, scheiterte. Papen betrieb daraufhin einen Umbau der Verfassung, der die Reichsregierung vom Parlament unabhängig machen sollte. Der Reichstag wurde wieder aufgelöst, aber es war eine Illusion, sich davon eine Änderung der verfahrenen Lage zu erhoffen.

Gregor Strasser befürchtete, dass die NSDAP angesichts der allgemeinen Wahlmüdigkeit bei Neuwahlen mit beträchtlichen Stimmenverlusten zu rechnen hätte. Hitler und Goebbels setzten hingegen alles auf die Karte eines erneuten Wahlkampfes, obwohl die Kassen der NSDAP leer waren und die SA sich weigerte, weiterhin Saalschutzaufgaben zu übernehmen. Strassers Prognose sollte sich als richtig erweisen. Die Reichstagswahlen vom 5. November brachten der NSDAP einen schweren Rückschlag. Sie fiel von 37,3 Prozent im Juli 1932 jetzt, im November, auf 33,1 Prozent der Stimmen zurück. In dieser Situation zog Gregor Strasser aus der aussichtlosen Lage der Partei die Konsequenz, dass der Weg zur Macht nur über die Zwischenstufe einer Beteiligung an einem Koalitionskabinett führen konnte. Er versuchte, Hitler von der Notwendigkeit zu überzeugen, in die inzwischen von General Kurt von Schleicher, Papens Nachfolger, gebildete Präsidialregierung einzutreten. Schleicher hatte Strasser einen Ministerposten angeboten. Hitler hielt jedoch an der aussichtslos erscheinenden Forderung fest, selbst Kanzler zu werden. Strasser trat daraufhin im Dezember von seinen Parteiämtern zurück. Er hielt die »Alles-oder-nichts-Strategie« Hitlers für selbstmörderisch.

Ermordet

Gregor Strasser, in den frühen Jahren der Bewegung Hitlers bedeutendster Konkurrent, wurde 1927 Reichsorganisationsleiter der NSDAP und forderte die Vergesellschaftung der Banken und der Schwerindustrie, passte sich aber später Hitlers Kurs an. Im Gegensatz zu diesem war er bereit zu einer Beteiligung an der Reichsregierung, scheiterte damit aber an Hitler. Strasser trat von allen Ämtern zurück. Am 30. Juni 1934 wurde er ermordet.

Hitler sah in Strassers Vorgehen den Versuch, die Partei zu spalten. Er witterte Verrat und nahm den Mitgliedern der NS-Reichstagsfraktion einen persönlichen Treueschwur ab. Gleichzeitig machte er Strassers Parteireform rückgängig und verschaffte den Gauleitern freie Bahn, ihren Drang nach Selbstbestätigung ungezügelt auszuleben. Der Versuch, die NSDAP auf die Linie konstruktiver Politik zu lenken, war damit endgültig gescheitert. Strasser schied aus der aktiven Politik aus.

Gleichzeitig war auch Reichskanzler von Schleicher am Ende seines Lateins, nachdem er die größte Anstrengungen unternommen hatte, die NSDAP politisch einzubinden und die Krise zu beenden. Am 31. Januar 1933 musste der neue Reichstag einberufen werden, das schrieb die Verfassung vor. Allen war klar, dass er der Regierung das Vertrauen verweigern und sie zum Rücktritt zwingen würde. Ohne die Teilnahme der NSDAP war eine Rechtsregierung, wie Papen und Hugenberg sie anstrebten, die aber im Reichstag nicht den Hauch einer Mehrheit besaß, nur durch einen Staatsstreich an die Macht zu bringen. Schleichers konservative Gegenspieler wollten die bisher erreichten autoritären Errungenschaften nicht aufs Spiel setzen und eine Rückkehr zum Parlamentarismus um jeden Preis verhindern. Sie gaben sich im Übrigen der Illusion hin, dass die NSDAP ihren Charakter als politische Partei abstreifen und sich in einen kleinen Orden zur Führerauslese umwandeln werde, wenn erst einmal die Massenparteien der Arbeiterschaft zerschlagen sein würden. Und eben darin sahen sie die Hauptaufgabe Hitlers. Nach der Bildung einer »nationalen« Regierung sollte Hitler die Wahrnehmung der Regierungsgeschäfte den bürgerlichen Fachleuten überlassen.

Diese Lage nützte der gestürzte Papen, der nach wie vor das Vertrauen des greisen Reichspräsidenten besaß, dazu aus, um hinter dem Rücken von Schleicher Verhandlungen über eine Regierungsbeteiligung der NSDAP einzuleiten. Das war nicht einfach. Der extrem misstrauische Hitler musste von seinen eigenen Leuten an den Verhandlungstisch getragen werden. Er beharrte darauf, selbst Kanzler zu werden, mit drei Ministerämtern für die NSDAP. Immer wieder drohten die Gespräche zu scheitern. Hitler bewegte sich nicht. Papen, der schließlich nachgab, stand vor der Schwierigkeit, Hindenburgs Zustimmung zu dem angestrebten »Kabinett der nationalen Konzentration« mit Hitler als Kanzler, umrahmt von »zuverlässigen« Konservativen, zu gewinnen. Denn der Präsident hatte nur wenige Wochen zuvor Hitler wissen lassen, »dass ein von Ihnen geführtes Präsidialkabinett sich zwangsläufig zu einer Parteidiktatur« entwickeln werde.

In den sich anschließenden turbulenten Verhandlungen zum Jahresende wurde das Gerücht ausgestreut, die Reichswehr würde notfalls eine Militärdiktatur errichten. Papen täuschte dem Reichspräsidenten vor, die Zentrumspartei werde in das von ihm geplante Präsidialkabinett nachträglich eintreten und ihm so eine parlamentarische Mehrheit verschaffen. Das war jedoch eine Finte. Hindenburg sah sich angesichts der Bürgerkriegsdrohung dazu veranlasst, Hitler zum Kanzler zu ernennen. In aller Eile kam am 30. Januar die Vereidigung des Kabinetts zustande, ohne dass eine eingehende Aussprache der überwiegend aus dem amtierenden Kabinett übernommenen Minister stattgefunden hatte.

Hitlers konservative Partner, nicht zuletzt Alfred Hugenberg, ließen ihre Vorbehalte gegen die Übernahme des Kanzleramtes durch Hitler fallen. Wider besseres Wissen stimmten sie der erneuten Auflösung des Reichstages und Neuwahlen am 5. März zu, die Hindenburg damit begründete, dass dem deutschen Volk Gelegenheit gegeben werden müsse, »zur Bildung der neuen Reichsregierung Stellung zu nehmen«. Damit war das normale Verhältnis zwischen Neuwahlen und Regierungsbildung auf den Kopf gestellt. Offene Neuwahlen, also ohne die vorherige Berufung des »Kabinetts der nationalen Konzentration«, hätten möglicherweise eine Mehrheit für die republikanischen Parteien und damit eine Rückkehr zum parlamentarischen System gebracht. Eben das wollten Hitlers konservative Bündnispartner um jeden Preis verhindern. Die Bildung des Kabinetts Hitler war daher keineswegs das Ergebnis einer demokratischen Willensbildung, und seine Rechtmäßigkeit war mindestens zweifelhaft.

Der Medienzar

Alfred Hugenberg, der »Steigbügelhalter« Hitlers, war Direktor in der Firma Krupp, bis er sich in den zwanziger Jahren ein machtvolles Medienimperium aufbaute, über das er großen Einfluss auf die öffentliche Meinung ausübte. Dazu gehörte auch die Ufa, die größte Film- und Wochenschauproduktionsgesellschaft. Seit 1928 Führer der DNVP, organisierte er das Volksbegehren gegen den Young-Plan und sammelte die »Harzburger Front«. 1933 wurde er Minister für Wirtschaft und Ernährung, im Juni 1933 aber schon zum Rücktritt gezwungen.

Hugenberg und von Papen, die beiden nicht der NSDAP angehörenden Minister, und Hitler (v.l.n.r.).

Hitler musste es darum gehen, sich der Einbindung in die konservative Ministerriege unter Papen und Hugenberg, der in der deutschen Öffentlichkeit als der eigentliche starke Mann im Kabinett galt, zu entziehen. Hugenberg übernahm sowohl das Wirtschafts- wie das Landwirtschaftsministerium. Hitler hatte ihm die Zustimmung zu Neuwahlen – »die größte Dummheit meines Lebens« – mit der feierlichen Zusicherung abgerungen, dass die kommenden Wahlen, wie immer sie ausfallen würden, keinen Einfluss auf die vereinbarte Zusammensetzung des Kabinetts haben würden. Schon wenige Wochen später brach Hitler dieses Versprechen und erweiterte das Kabinett, dem ursprünglich nur Wilhelm Frick als Innenminister und Hermann Göring als Reichsluftfahrtminister angehörten, durch die Ernennung von Joseph Goebbels, Rudolf Heß und Ernst Röhm. Um in den anstehenden Neuwahlen eine absolute Mehrheit zu gewinnen und sich von den bürgerlichen Bündnispartnern zu befreien, suchte Goebbels die

Bildung des »Kabinetts der nationalen Konzentration« in eine »nationale Erhebung« umzudeuten und mit spektakulären Aufmärschen, Fackelzügen und Demonstrationen als Durchbruch in eine »neue Zeit« zu feiern. Vom ersten Tag an entfesselte Goebbels, der nun alle Möglichkeiten des staatlichen Rundfunks ausnützte, eine gigantische Wahlkampagne.

Mit dem Versprechen, es werde sich um die letzte Wahl in den nächsten hundert Jahren handeln, pressten Hjalmar Schacht und Hermann Göring der Industrie für die Kampagne umfangreiche Geldzuwendungen ab. Der Wahlkampf zielte in erster Linie auf die Ausschaltung der »marxistischen« Parteien. Hermann Göring, nun Chef der preußischen Polizei, bediente sich dabei der SA, die er zum Hilfsorgan der Polizei machte. Gleichzeitig wurde der Spielraum der Opposition durch Presse- und Versammlungsverbote sowie durch Verhaftungen immer weiter eingeschränkt. Mit der »Verordnung zum Schutz von Volk und Staat« vom 28. Februar 1933 war die Ausschaltung der politischen Linken auf ihrem Höhepunkt angelangt.

Der Bankier

Hjalmar Schacht, nach Annahme des Young-Plans als Reichsbankpräsident zurückgetreten, setzte sich als Mitglied des »Freundeskreises der Wirtschaft« für Hitlers Ernennung zum Reichskanzler ein. 1934 wurde er Reichswirtschaftsminister und Generalbevollmächtigter für die Kriegswirtschaft, dem es gelang, die finanziellen Mittel für Arbeitsbeschaffungsmaßnahmen und Aufrüstung bereitzustellen. 1937 trat er zurück. Im Nürnberger Prozess wurde er freigesprochen.

Den Hintergrund dafür bot der Brand des Reichstagsgebäudes am Abend des 27. Februar. Marinus van der Lubbe, ein holländischer Rätekommunist, hatte ihn auf eigene Faust gelegt, um damit gegen die Notlage der Arbeiterschaft zu protestieren. Zwar wurde der Brandstifter gleich gefasst, aber niemand, nicht einmal die vernehmenden Polizeibeamten, wollten glauben, dass der Brand das Werk eines Einzelnen war. Hitler und die NS-Prominenz waren überzeugt, dass es sich um eine Tat der Kommunisten handelte, um die Reichstagswahlen zu sabotieren. Prompt forderte Hitler, die Wahlen müssten, komme was wolle, stattfinden, und noch am Brandort schlug er die Kroll-Oper als Tagungsstätte des Parlaments vor.

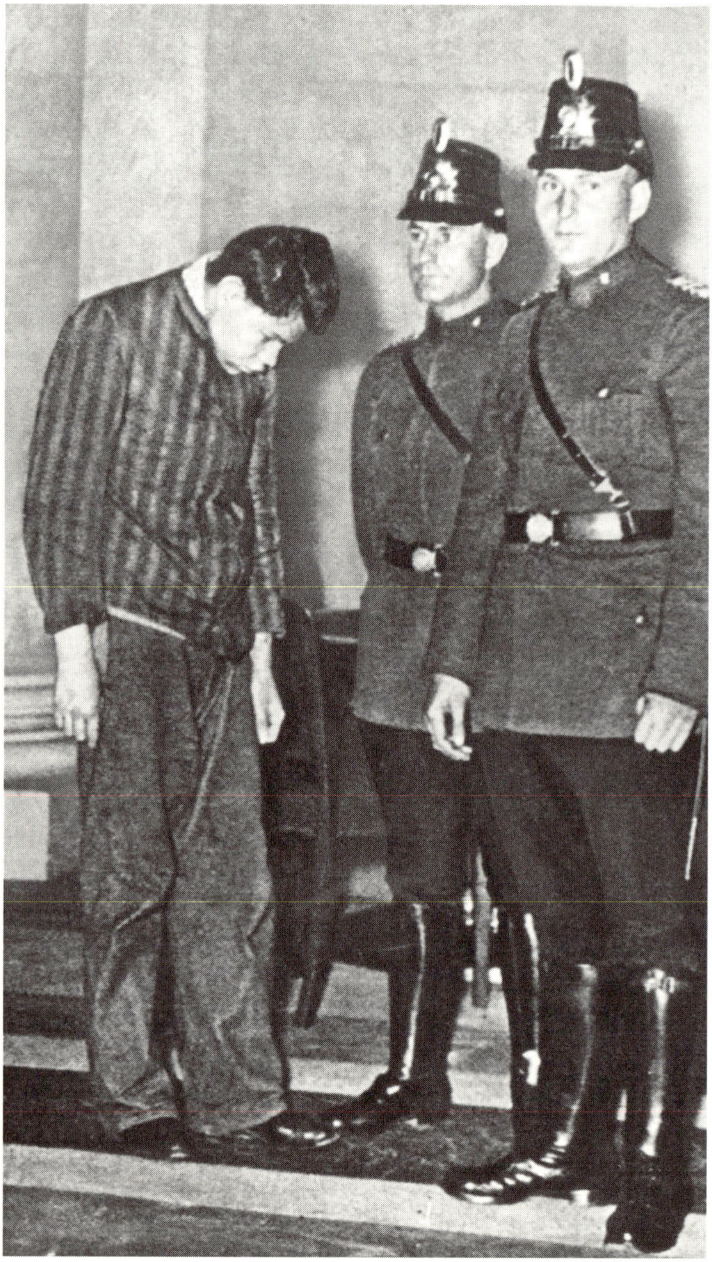

23. Dezember 1933. Der Holländer Marinus van der Lubbe (links) wird im Reichstagsbrandprozess zum Tode verurteilt.

Die NS-Führung reagierte äußerst nervös auf den Reichstagsbrand. Sie konnte sich keinen Reim darauf machen, warum die Kommunistische Partei auf die gegen sie gerichteten Provokationen so defensiv reagierte. Sie wussten nicht, dass Ernst Thälmann, der KPD-Vorsitzende, und das Zentralkomitee der Partei mit einem raschen Abwirtschaften der NSDAP rechneten und glaubten, die dann entstehende revolutionäre Situation würde den Kommunisten zugute kommen. Das war eine selbstmörderische Fehleinschätzung. Die NS-Führung hingegen erwartete spätestens am Wahlabend einen kommunistischen Aufstandsversuch. Der brennende Reichstag wurde als Fanal dafür gewertet. Göring ließ daher noch in der Nacht alle öffentlichen Einrichtungen, auch seine eigene Villa, durch Militär und Polizei bewachen und ordnete die sofortige Verhaftung aller kommunistischen Funktionäre an.

Aus der Sicht der Reichsregierung hätte ein kommunistischer Aufstand die ausgeklügelte Strategie der Machteroberung ernstlich gefährdet. Denn die Pläne, die in den Schubladen der Ministerien lagen, sahen für den Fall eines kommunistischen Putsches vor, den militärischen Ausnahmezustand auszurufen und die vollziehende Gewalt der Reichswehr zu übertragen. Die Wahlen hätten unter diesen Umständen ausgesetzt werden müssen, und der Plan des Kabinetts, sich durch ein Ermächtigungsgesetz vom Reichstag unabhängig zu machen, wäre ins Wanken geraten. Unter der Mitwirkung des Reichsministers des Innern Wilhelm Frick wählte man daher den Ausweg, statt des militärischen den zivilen Ausnahmezustand auszurufen, der auf eine weitgehende Ausschaltung der Grundrechte hinauslief.

Der Reichsinnenminister

Wilhelm Frick war 1930/31 der erste NS-Minister in einer Landesregierung (Thüringen), unter Hitler dann Reichsinnenminister. Seine Versuche, einen straff organisierten Einheitsstaat zu schaffen, scheiterten am Widerstand der Gauleiter, so dass er 1943 auf den Posten des Reichsprotektors von Böhmen und Mähren abgeschoben wurde.

Am Morgen des 28. Februars wurde vom Kabinett eiligst die Notverordnung »zum Schutz von Volk und Staat« verabschiedet und unverzüglich von Reichspräsident Hindenburg unterzeichnet. Die Verordnung gab der Regierung freie Hand zur Unterdrückung von KPD und SPD, zur Maßregelung der bürgerlichen Mittelparteien und unterstell-

Der Reichstagsbrand wird von den Nationalsozialisten mit sofort erfolgten Schuldzuweisungen für den Reichstagswahlkampf genutzt.

te die Länderpolizeien der Reichsregierung. Sie nahm das beabsichtigte Ermächtigungsgesetz weitgehend vorweg. Die Verordnung diente bis tief in den Zweiten Weltkrieg der Rechtfertigung der Verfolgung von Regimegegnern oder Juden. Man hat sie als »Grundgesetz des Dritten Reiches« bezeichnet.

Die tiefe Entfremdung zwischen beiden Arbeiterparteien schloss ein Zusammengehen von KPD und SPD aus. Die meisten Funktionäre der KPD waren bereits verhaftet und ihre Organisation in den Untergrund abgedrängt. Die Aufforderung der KPD an die SPD, eine »Einheitsfront von unten« zu bilden, war deshalb bloßes Wortgeklingel, zumal vor allem führenden Sozialdemokraten von Seiten der KPD vorgeworfen wurde, als »Sozialfaschisten« die »bürgerlich-imperialistischen« Kräfte zu unterstützen. Die SPD galt daher als »Hauptfeind« der KPD.

Aber auch unabhängig von diesem Bruderzwist spielte die organisierte Arbeiterbewegung trotz der eindrucksvollen Massenkundgebungen, welche die sozialdemokratisch geführte »Eiserne Front« – die Gegenorganisation zur »Harzburger Front« – bis zuletzt gegen die Nationalsozialisten veranstaltete, innenpolitisch keine entscheidende Rolle mehr. Es war ein Zeichen der Schwäche, dass die SPD und die freien Gewerkschaften an der verfassungsmäßigen Ordnung festhielten, während die Nationalsozialisten sich über die bestehende Rechtsordnung systematisch hinwegsetzten. Gleichzeitig gab es innerhalb der Freien Gewerkschaften Bestrebungen, sich von der SPD zu lösen und einen Ausgleich mit der Regierung zu finden, der den Fortbestand der Organisationen sichern sollte.

Hitler lehnte das von dem Koalitionspartner Alfred Hugenberg geforderte Verbot der KPD ab, da dies nur der SPD zugute kommen würde. Trotz der alles bis dahin Vorstellbare übertreffenden Propagandakampagne erhielt die NSDAP bei den Wahlen vom 5. März 1933 nur 43,9 Prozent der Stimmen. Nur zusammen mit dem deutschnationalen Koalitionspartner verfügte sie über eine knappe Mehrheit von 52 Prozent der Stimmen. Während die KPD massive Einbußen verzeichnete, ihre Kernwähler aber halten konnte, ging der Anteil der SPD-Wähler nur leicht zurück. Zur Zweidrittelmehrheit, die für die Verabschiedung des Ermächtigungsgesetzes benötigt wurde, bedurfte die Reichsregierung der Stimmen der zusammengeschmolzenen bürgerlichen Rechtsparteien und des Zentrums. Reichstagspräsident Hermann Göring ließ mit Hilfe der Zentrumspartei eine Änderung der Geschäftsordnung beschließen, die es erlaubte, »unentschuldigt« fehlende Abgeordnete für anwesend zu erklären – falls der Reichstag durch die Abwesenheit von Abgeordneten beschlussunfähig sein sollte.

Den Auftakt der entscheidenden Reichstagssitzung bildete der von Goebbels am 21. März inszenierte »Tag von Potsdam«. Die Feierstunde in der Garnisonskirche, in der sich die Reichstagsabgeordneten versammelten, sollte die Konservativen mit der neuen Regierung, das »alte« mit dem »neuen Deutschland« versöhnen und Preußentum und Nationalsozialismus miteinander verschmelzen. Der greise Reichspräsident Hindenburg erschien in seiner Feldmarschalluniform, der neue Reichskanzler Adolf Hitler im ungewohnten Frack am Grabe Friedrichs des Großen. Zu Ehren des im Exil befindlichen Kaisers Wilhelm II. wurde ein leerer Stuhl freigehalten, und ein protestantischer und ein katholischer Gottesdienst gewährten den Segen der Kirchen. Preußische Regimentsfahnen und Galauniformen sowie der Vorbeimarsch des traditionsgeprägten Infanterieregiments Nr. 9 prägten das Bild.

Goebbels ließ die Veranstaltung, mit der unter dem Läuten der protestantischen Kirchenglocken im Lande die »nationale Wiedererhebung« gefeiert wurde, reichsweit im Rundfunk übertragen. So wurden die bürgerlichen Partner Hitlers in dem Irrglauben gewiegt, die Regierung werde, wenn erst einmal die »Kommune«, wie die Propaganda Sozialdemokraten und Kommunisten verteufelte, beiseite geräumt sei, zu rechtsstaatlichen Verhältnissen zurückkehren.

Diese verhängnisvoll falsche Erwartung machte die bürgerlichen Parteien geneigt, in Hitlers Forderung einzuwilligen, das Reichskabinett zu ermächtigen, für einen Zeitraum von vier Jahren ohne die Zustimmung des Reichstages zu regieren. Schließlich hatte es schon in der Inflationskrise von 1923 eine zeitweise Ausschaltung des Parlaments gegeben. Trotzdem wurden von der Zentrumspartei die Eingriffe in die Beamtenrechte, die Verletzung der Eigenständigkeit der Länderregierungen und eine zu weitreichende Beschränkung der Rechte des Parlaments beanstandet. Hitler hielt das Zentrum mit Beschwichtigungen hin und sagte zu, dass ein Ausschuss des Parlaments regelmäßig über die Maßnahmen der Regierung unterrichtet werden würde. Wenige Tage später nahm er diese Zusicherung wieder zurück. Schließlich stimmte auch die Zentrumsfraktion der Ermächtigungsvorlage zu. Die übrigen bürgerlichen Parteien beugten sich dem Druck der Regierung, zumal sie fürchteten, dass eine Weigerung, wie Hitler erkennen ließ, zu einem Zustand der Rechtlosigkeit führen werde.

Nur die Sozialdemokraten brachten den Mut auf, sich Hitlers Zumutung zu widersetzen. Bereits beim Betreten der Kroll-Oper, in der der Reichstag seine Tätigkeit aufnahm, wurden sie von johlenden SA-Leuten bedroht. Der SPD-Vorsitzende Otto Wels begründete die Ablehnung des Gesetzes mit einer eindrucksvollen, von ständigen Unterbrechungen begleiteten Rede, in der er an das Rechtsbewusstsein des Volkes appellierte und auf die anhaltende Verfolgung seiner Partei aufmerksam machte. Höhnisch wies Hitler Wels' Kritik zurück und betonte, dass die Arbeiterbewegung nunmehr endgültig ausgespielt habe.

Das Ermächtigungsgesetz vom 23. März 1933 gab der Regierung freie Hand. Nun fielen alle Hemmungen, die bisher noch den fanatischen Kern der NSDAP und die SA etwas gezügelt hatten. Schon am 20. März verkündete Heinrich Himmler, nunmehr Chef der Bayerischen Polizei, die Errichtung des Konzentrationslagers in Dachau. Gleichzeitig drängte die NSDAP in einer »Parteirevolution von unten« die bisherigen kommunalen Politiker aus ihren Ämtern und erzwang einen umfassenden Personalaustausch zugunsten ihrer Anhänger. Parallel dazu setzte die SA Kommissare ein, die Betriebe und Unternehmen ihrer Kontrolle unterstellten und den Verwaltungsapparat kontrollierten. Den Eroberungsappetit der lokalen und regionalen Parteiapparate suchte der Reichsminister des Innern zu begrenzen, indem er Reichsstatthalter in den Ländern ernannte, die ihm untergeordnet waren. Gegenüber dem Bereicherungstrieb der NS-Funktionäre konnten sie wenig ausrichten, zumal Himmler und Heydrich die Befehlsgewalt über die politischen Polizeien der Länder, die spätere Gestapo, an sich zogen.

Der Reichsführer-SS

Er war seit den frühen Jahren der Bewegung dabei: Heinrich Himmler, aus einem streng katholischen Elternhaus, studierte Landwirtschaft, nahm am Hitlerputsch 1923 teil und wurde 1929 zum Reichsführer-SS ernannt. Im März 1933 ließ er das Konzentrationslager Dachau bauen. Nach der Verschmelzung von SS und Polizei war Himmler der Herr über den gesamten nationalsozialistischen Terror- und Unterdrückungsapparat und als »Reichskommissar für die Festigung deutschen Volkstums« zuständig für die Germanisierungspolitik in den besetzten Gebieten. 1943 zum Reichsinnenminister ernannt, stellte er die »Ausrottung des jüdischen Volkes« als auferlegte schwere Pflicht dar: »Dies durchgehalten zu haben und dabei (…) anständig geblieben zu sein, das hat uns hart gemacht.« Im April 1945 wurde er aller Ämter enthoben – Hitler hatte von seinen Absichten erfahren, Geheimverhandlungen über einen Waffenstillstand mit den Westmächten aufzunehmen. Im Mai 1945 beging er Selbstmord.

Gleichzeitig setzte eine antisemitische Welle in der NS-Bewegung ein, angeheizt von Julius Streicher, dem Nürnberger Gauleiter und Herausgeber des antijüdischen Hetzblattes »Der Stürmer«. Streicher rief mit Goebbels' Hilfe ein »Zentralkomitee zur Abwehr der jüdischen Boykott- und Greuelhetze« ins Leben. In den USA hatte es gegen die Angriffe auf jüdische Einrichtungen in Deutschland öffentliche Proteste gegeben, die die NS-Führung mit einem umfassenden Boykott jüdischer Geschäfte beantworten wollte. Der für eine Woche geplante Boykott wurde jedoch wegen Widerständen im Reichskabinett auf einen Tag begrenzt. Goebbels' Hoffnung, den Anstoß für eine breite antisemitische Volksbewegung zu geben, erfüllte sich nicht, vielmehr wurde der Boykott von der Mehrheit der deutschen Bevölkerung abgelehnt.

Mit dem »Gesetz zur Wiederherstellung des Berufsbeamtentums« vom 7. April 1933 beschritt die Regierung stattdessen den Wege einer gesetzlichen Verfolgung des jüdischen Volksteils. An das Gesetz schloss sich schließlich eine Vielzahl von Verordnungen an, die eine »Einengung des jüdischen Lebensbereichs« bezweckten und in den Nürnberger Gesetzen vom September 1935 ihren vorläufigen Höhepunkt fanden. Zugleich verstärkte die Propaganda den Druck auf die deutschen Juden, die zur Auswanderung genötigt werden sollten. Die anhaltenden »wilden« Übergriffe auf jüdische Geschäfte und Einrichtungen verbreiteten ein Klima unbegrenzten Terrors. Bürokratische und finanzielle Hindernisse wie die Erhebung der »Reichsfluchtsteuer« behinderten jedoch die jüdische Auswanderung.

Reichsfluchtsteuer

Wer auswandern wollte, musste 25 Prozent seines steuerpflichtigen Vermögens zahlen, sofern dieses (ab 1934) mehr als 50 000 Reichsmark betrug. Hinzu kamen die »Judenvermögensabgabe« und die eigentlichen Auswanderungskosten.

Nach der Unterdrückung der SPD ging das Regime dazu über, die freien und christlichen Gewerkschaften auszuschalten, zumal die eigene Gewerkschaft, die NS-Betriebszellenorganisation, zahlenmäßig bedeutungslos blieb. Dass die freien Gewerkschaften bereit waren, sich mit dem neuen Regime zu arrangieren und ihre Verbindung zur SPD zu lösen, nützte ihnen nichts. Goebbels erklärte den 1. Mai zum »nationalen Tag der Arbeit« und arrangierte eine riesige Massenveranstaltung in Berlin auf dem Tempelhofer Feld. Dort verkündete Hitler, eine echte Volksgemeinschaft schaffen zu wollen, die den Gegensatz der Klassen überwinden sollte. Am Tag darauf besetzten SA und Hilfspolizei die Häuser der Freien Gewerkschaften, beschlagnahmten deren Vermögen, übernahmen die Gewerkschaftspresse und verhängten Schutzhaft gegen die leitenden Funktionäre. Nur den christlichen Gewerkschaften wurde noch eine gewisse Schonfrist eingeräumt.

»Schutzhaft«

Die »Schutzhaft« war eines der wirkungsvollsten Instrumente des NS-Regimes zur Ausschaltung seiner Gegner. Sie gestattete die zeitlich unbegrenzte Inhaftnahme von Personen, die angeblich »durch ihr Verhalten den Bestand und die Sicherheit des Volkes und Staates« gefährdeten. Den Festgenommenen wurden keine Rechtsmittel gewährt. Erste Opfer waren vor allem Kommunisten, Sozialdemokraten und Gewerkschafter sowie Juden. Ende Juli 1933 befanden sich bereits mehr als 25 000 Personen in »Schutzhaft«.

Die »Deutsche Arbeitsfront«, die an die Stelle der gleichgeschalteten Gewerkschaftsverbände trat, sollte nicht nur Arbeiter und Angestellte, sondern auch die Unternehmer einbinden. Die neue Massenorganisation, die auf Betreiben Robert Leys entstand, war jedoch keine gewerkschaftliche Interessenvertretung. Die Festsetzung der Löhne wurde so genannten Treuhändern der Arbeit übertragen, die dem Reichswirtschaftsministerium unterstellt waren. Die früheren Betriebsvertretungen wurden aufgelöst, und die Wahrnehmung der Belegschaftsinteressen oblag jetzt Vertrauensräten, die weder wirklichen Einfluss noch das Vertrauen der Arbeiterschaft besaßen. Mit dem »Gesetz zur Ordnung der nationalen Arbeit« vom 20. Januar 1934 wurde den Unternehmern die Funktion des Betriebsführers übertragen und jede beratende Mitwirkung der Belegschaften unterbunden.

Der »Reichstrunkenbold«

Robert Ley, als Gauleiter einige Jahre zuvor wegen Alkoholismus entlassen, sorgte 1933 für die Zerschlagung der Gewerkschaften und schuf die Ersatzorganisation »Deutsche Arbeitsfront« (DAF), der 25 Millionen Mitglieder angehörten, und deren Freizeitorganisation »Kraft durch Freude«. Er gründete Adolf-Hitler-Schulen als Ausleseinstrument für den NS-Führungsnachwuchs. »Dass wir ein Insekt totschlagen, das uns piesackt«, so formulierte er in einer Rede, »ist uns allen etwas ganz Natürliches. Nichts anderes bedeutet es, wenn wir uns eines Juden entledigen.« In Nürnberg erhängte er sich noch vor Prozessbeginn in seiner Zelle.

Die Zerschlagung der organisierten Arbeiterbewegung und die Schaffung der Deutschen Arbeitsfront zerstörten alle Ansatzpunkte für einen Widerstand der Industriearbeiter. Durch die Wiederbelebung der Konjunktur kam es zu einem allmählichen Rückgang der Arbeitslosigkeit, die 1936 schließlich in Vollbeschäftigung und Arbeitskräftemangel umschlug. Zwar blieben die Reallöhne niedriger als vor Beginn der Krise, aber verlängerte Arbeitszeiten glichen dies aus, sodass die Masse der Arbeiterschaft sich mit dem neuen Regime abfand.

Gleichzeitig arrangierte sich die NS-Führung mit dem nun als »Reichsstand der deutschen Industrie« verfassten Großunternehmertum. Die jüdischen Vorstandsmitglieder des früheren Reichsverbandes der Deutschen Industrie mussten ausscheiden. Die Wirtschaft konnte durchsetzen, dass die Arbeitsfront nicht in die Tarifpolitik eingreifen durfte. Die mittelständischen Unternehmen waren weniger erfolgreich, trotz der Versprechungen im Parteiprogramm der NSDAP verloren sie rasch an Einfluss. Hingegen gelang es Walter Darré, dem Schöpfer des »Agrarpolitischen Apparats« der NSDAP, nach dem Rücktritt Hugenbergs das Landwirtschaftsressort zu übernehmen und einen berufsständischen Zusammenschluss der landwirtschaftlichen Interessenverbände herbeizuführen, der nach Kriegsbeginn eine reibungslose Lebensmittelbewirtschaftung erleichterte.

Der atemberaubende Machteroberungsprozess, der nach dem 30. Januar 1933 eingesetzt hatte, drängte die bürgerlichen Bündnispartner Hitlers immer mehr an den Rand. Zum Zeitpunkt der Regierungsbildung hatte Papen noch damit geprahlt, Hitler in dem konservativen Kabinett zu zähmen. »Wir haben ihn in die Ecke gedrängt, dass er quietscht«, äußerte er zu einem Vertrauten. Aber schon mit der Zustimmung zur Reichstagsbrandverordnung vom 28. Februar hatten die konservativen Partner wichtige Machtpositionen widerstandslos preisgegeben. Papens Vereinbarung mit Hitler, dass dieser nur in seiner Anwesenheit von Hindenburg empfangen werden durfte, wurde alsbald beiseite geschoben, zumal der Reichspräsident sich auf sein Gut Neudeck zurückzog und das Interesse an den Regierungsgeschäften verlor, sodass Hitler freie Hand hatte.

Der Handlungsspielraum der konservativen Bündnispartner wurde immer mehr eingeschränkt, ihre Organisationen sahen sich zunehmenden Angriffen der SA oder Maßregelungen des Reichsministers des Innern ausgesetzt. Die in die Kampffront Schwarz-Weiß-Rot umgewandelte Deutschnationale Volkspartei ging schließlich in der NSDAP auf, die Mehrheit ihrer Reichstagsabgeordneten trat zur NSDAP-Fraktion über. Ende Juni wurde Alfred Hugenberg zum Rücktritt gezwungen. Unter dem Druck des Vatikans, der mit dem Reich ein Konkordat abschließen wollte, löste sich die Zentrumspartei – und noch vorher die Bayerische Volkspartei – freiwillig auf. Die Deutsche Demokratische Partei hatte diesen Schritt schon Anfang Juni vollzogen. Reichsinnenminister Frick verfügte seinerseits am 22. Juni das Verbot der SPD.

Die Widerstandslosigkeit, mit der die bürgerlichen Parteien ihre Selbstauflösung vollzogen, überraschte sogar Hitler, der darin eine schrittweise »Vollendung des totalen Staates« sah. Das Mitte Juli verabschiedete »Gesetz gegen die Neubildung von Parteien« brachte auch formal den Beginn des Einparteienstaates. Hitler ließ seine Politik durch eine Volksbefragung am 12. November billigen, mit der eine Neuwahl zum Reichstag auf der Grundlage einer Einheitsliste verbunden war. In beiden Fällen verzeichnete das Regime 95 Prozent Ja-Stimmen, nicht zuletzt durch die Koppelung mit dem im Oktober 1933 vollzogenen Austritt Deutschlands aus dem Völkerbund, der als Anlass für die Volksabstimmung diente. Denn die Forderung nach militärischer Gleichberechtigung schien unabweisbar und wurde von einer großen Mehrheit der Bevölkerung begrüßt.

Die Parteien waren nunmehr aufgelöst, die Interessenverbände gleichgeschaltet, und die Medien, Presse und Rundfunk, standen unter vollständiger Kontrolle des Regimes. Der Polizeistaat machte jede Opposition mundtot. Die Kirchen arrangierten sich mit dem Regime. Der »Pfarrernotbund« und die »Bekennende Kirche« protestierten zwar gegen die extrem antisemitisch eingestellten »Deutschen Christen« und deren Versuch, eine protestantische Reichskirche unter ihrer Regie zu gründen, aber eine breitere Wirkung erzielte der Protest nicht. Auch der Katholizismus schloss seinen Frieden mit dem NS-Regime. Das mit Hitler abgeschlossene Reichskonkordat drängte die katholischen Verbände in den kirchlichen Raum zurück, schien aber die Stellung der Kirche zu sichern – was sich allerdings schon in den folgenden Jahren als gefährlicher Irrtum herausstellen sollte.

Das Reichskonkordat

Am 20. Juli 1933 wurde das Konkordat zwischen dem Deutschen Reich und dem Heiligen Stuhl unterzeichnet, das der Kirche das Eigentum, die Freiheit des religiösen Bekenntnisses und die selbständige Ordnung kirchlicher Angelegenheiten garantierte. Neu ernannte Bischöfe mussten den Treueeid auf die nationalsozialistische Regierung leisten. 1937 protestierte der Papst in seiner Enzyklika »Mit brennender Sorge« gegen die Konkordatsbrüche des NS-Regimes, das zahlreiche katholische Geistliche verhaften ließ.

Nur die Reichswehr kam noch als mögliche Gegenkraft zur Führerdiktatur in Frage. Die Reichswehrführung hatte die Bildung des Kabinetts Hitler nachdrücklich unterstützt, der seinerseits versprach, die Aufrüstung zu fördern und die Rückkehr zur allgemeinen Wehrpflicht außenpolitisch durchzusetzen. Die Reichswehr sah sich neben Partei und Beamtenschaft als dritte Säule des entstehenden Führerstaates. Daher dämpfte Hitler den Ehrgeiz Ernst Röhms, der die SA zu einem mehr als drei Millionen Mitglieder umfassenden Verband ausbaute und sie an die Stelle der bewaffneten Macht treten lassen wollte.

Geschürt durch Röhms Rivalen Göring, Himmler und die Reichswehrführung kam es seit Anfang 1934 zum offenen Konflikt. Hitler beendete ihn mit einer für ihn bezeichnenden »Flucht nach vorn«, mit der Ermordung der Obersten SA-Führung und einer Reihe von missliebig gewordenen Persönlichkeiten, nachdem Röhms Gegner gezielte Gerüchte über einen angeblich bevorstehenden SA-Putsch verbreitet hatten. Der gleichgeschaltete Reichstag stimmte einem von der Regierung eingebrachten Gesetz zur »Niederschlagung hoch- und landesverräterischer Angriffe« einhellig zu und legitimierte damit die Morde des 30. Juni 1934 als angeblichen Akt der »Staatsnotwehr«.

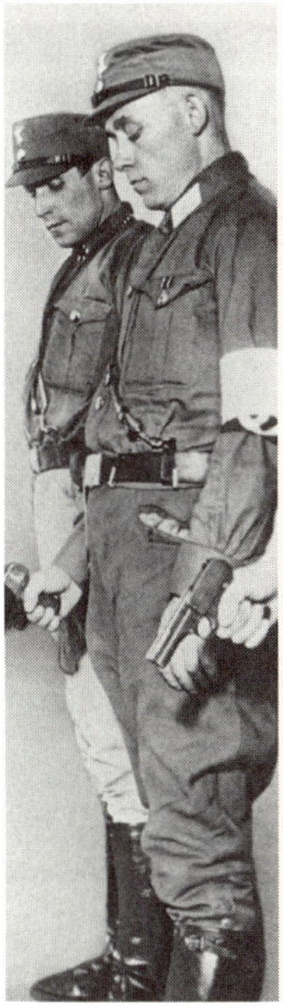

Ein Dorn in Hitlers Auge

Ernst Röhm war Hauptmann im Ersten Weltkrieg gewesen und hatte, wie Heß und Ludendorff, 1923 am Hitler-Putsch teilgenommen. Nach Differenzen mit Hitler arbeitete er 1928 als Militärberater in Bolivien. Ein Jahr später holte Hitler ihn zurück und ernannte ihn zum Stabschef der Sturmabteilungen (SA). Röhms Forderung nach einer »zweiten Revolution« ließen ihn in zunehmenden Gegensatz zur Reichswehr geraten und waren Hitler, der auf die Zusammenarbeit mit der Reichswehr setzte, bald ein Dorn im Auge. Am 30. Juni 1934 wurde Röhm wegen angeblicher Putschpläne verhaftet und einen Tag später erschossen.

SA-Verbände misshandelten und ermordeten politische Gegner der Nationalsozialisten.

Obwohl es sich um einen offenen Bruch des Rechtsstaates handelte, fand Hitlers Vorgehen breite Zustimmung in der Öffentlichkeit. Darin wurde von den meisten ein erster Schritt gesehen, sich von den »Radikalinskis« in der Bewegung zu trennen und Übergriffen der Partei künftig entgegenzutreten. Das war ein bitterer Irrtum. Mit den Morden vom 30. Juni begann der Aufstieg der später zur Waffen-SS werdenden SS-Verfügungstruppe, die sich für den Diktator unentbehrlich gemacht hatte.

Die Wehrmacht begrüßte die »Säuberungsaktion«, bei der auch ihr früherer Oberbefehlshaber Kurt von Schleicher ermordet wurde. Und da sich ihre außen- und wehrpolitischen Ziele weitgehend mit denen der NSDAP deckten und sie für einen klaren Vorrang der Aufrüstung eintrat, war sie zu ideologischen Konzessionen bereit, nicht zuletzt dem Reichswehrgesetz von 1935, das auch die Entlassung jüdischer Offiziere vorsah. Am Todestag des Reichspräsidenten Hindenburg ließ sich die Wehrmacht am 2. August 1934 auf Hitler vereidigen, der jetzt die Ämter des Reichspräsidenten und des Reichskanzlers in sich vereinigte. Die Reichswehr erhoffte sich davon eine Festigung ihrer Stellung innerhalb des Regimes.

Damit war das letzte mögliche Gegengewicht zum unbeschränkten

Der SA-Führer Ernst Röhm in seinem Arbeitszimmer. Am 30. Juni 1934 wird er verhaftet und ins Gefängnis München-Stadelheim gebracht. Weil er es ablehnt, sich selbst zu erschießen, wird er am 1. Juli 1934 von zwei SS-Leuten hingerichtet.

Führerstaat gefallen. Der von Reichsminister für Volksaufklärung und Propaganda Joseph Goebbels vorangetriebene Hitler-Kult hatte entscheidend dazu beigetragen. Nach dem 30. Juni 1934 gab der Staatsrechtler Carl Schmitt, der mit dem Nationalsozialismus sympathisierte, das Schlagwort aus: »Der Führer schützt das Recht.« Das stellte die wirklichen Verhältnisse auf den Kopf. Hitler und seine Parteigänger brauchten sich nicht mehr an Recht und Gesetz gebunden zu fühlen. Die um sich greifende Willkürherrschaft musste über kurz oder lang zur Auflösung oder Unterwanderung staatlicher Autorität führen, wenngleich viele in der NSDAP enttäuscht darüber waren, dass die Macht weiterhin in den Händen der überwiegend konservativ eingestellten Beamten lag.

Der Aufstieg der Nationalsozialisten hatte sich in mehreren Stufen

20. Februar 1938. In einer Reichstagsrede zieht Hitler Bilanz seiner ersten fünf Regierungsjahre.

vollzogen. Nach einer raschen, aber auf Bayern begrenzten Wachstumsphase von 1919 bis 1923 brachte der gescheiterte »Marsch auf die Feldherrnhalle« in München vom November 1923 einen schweren Rückschlag. Von 1924 bis 1928 dehnte sich die Partei auf das gesamte Reichsgebiet aus. Es entstanden erste Nebenorganisationen wie die SS und die Hitlerjugend. Die Partei wuchs auf über 100 000 Mitglieder an, und die mit ihr konkurrierenden völkischen Organisationen gingen in der NSDAP auf. Aber die Wahlergebnisse blieben enttäuschend.

In einer dritten Phase von 1929 bis zum November 1932 nahm die NSDAP hingegen einen unerwartet raschen Aufstieg, der von einem Ausverkauf der bürgerlichen Parteien der Mitte begleitet war, die zum Teil auf die Größenordnung von Splitterparteien zusammenschrumpften.

Die Phase der Machteroberung vom Dezember 1932 bis zum Sommer 1935 begann mit einer empfindlichen Wahlniederlage im November 1932. Die offenkundige Schwächung der NSDAP, die an die Grenze ihres Wählerwachstums gelangt war, bewog die konservativen Bündnispartner Hitlers, ihn mit ins Boot zu holen und zu glauben, ihn »zähmen«, an die Kandare legen und im »Kabinett der nationalen Konzentration« aushungern zu können. Ganz unplausibel schien das nicht, da die Zusammensetzung der NSDAP-Wähler rasch wechselte und die Mitgliedschaft mit Ausnahme eines harten Kerns nicht sehr stabil war. Aus offenen Neuwahlen wäre die NSDAP mit schweren Verlusten hervorgegangen und vermutlich auseinander gefallen. Aber dies wollten auch die bürgerlichen Partner vermeiden, da sie fürchteten, dass Neuwahlen eine Rückkehr zum parlamentarischen System von Weimar bringen könnten.

Mit Hitlers Ernennung zum Kanzler wurde die NSDAP zu einer umfassenden Massenbewegung. Der Zustrom von so genannten »Märzgefallenen« in die Partei stieg schließlich so stark an, dass sie eine Eintrittssperre verfügte, die erst 1937 wieder aufgehoben wurde. Mit dem Ermächtigungsgesetz 1933 und der Vereinigung der Ämter von Reichskanzler und Reichspräsident 1934, dem Verbot politischer Parteien, der »Gleichschaltung« der Verbände und öffentlichen Einrichtungen und der Ermordung der Führungsriege der SA, die nach einer »zweiten Revolution« gierte, war der Prozess der Machteroberung im Wesentlichen abgeschlossen und zeichneten sich die Umrisse des reinen »Führerstaates« bereits ab.

Die Dynamik und Geschwindigkeit, mit der sich dieser Prozess vollzog, unterstützt von dem zunehmenden Terror von Gestapo und Polizeiapparat, nahmen Gegnern und Mitspielern den Atem. Als im Herbst 1933 die erste öffentliche Ernüchterung einsetzte, die Goebbels mit »Anti-Miesmacherkampagnen« bekämpfte, war es zu spät, um dem Größenwahn und Machthunger Hitlers noch entgegenzutreten. Obrigkeitsgläubigkeit und die Erwartung, das Dritte Reich werde einen grundlegenden nationalen Aufbruch nach innen und außen herbeiführen, verstärkten die politische Blindheit, mit der viele Deutsche die neuen Machthaber bejubelten und die Verfolgung von Regimegegnern und Juden verdrängten. Die versprochene »Volksgemeinschaft« war von Anfang an eine Lüge.

Hilke Lorenz

»Mit dem Führer auf Fahrt«

Wie die Nationalsozialisten den Alltag eroberten

Sie leben noch, Karl, Annemarie und Annedore. Als die Nationalsozialisten in Deutschland an die Macht kamen, waren sie Kinder – Karl und Marianne acht Jahre alt, Annedore erst fünf. Knapp neun Millionen Kinder und Jugendliche lebten damals in den deutschen Grenzen. Auch für sie brach mit dem Jahr 1933 eine neue Zeit an, die ihr Leben grundlegend veränderte.

Der 30. Januar 1933 war ein besonderer Tag. Das spürte auch Karl. Alle in seiner Familie hatten auf diesen Tag gewartet, an dem der greise Reichspräsident Paul von Hindenburg den Führer der nationalsozialistischen deutschen Arbeiterpartei (NSDAP) Adolf Hitler zum Reichskanzler ernannte. Nun, so hofften sie, würde sich alles ändern, und zwar zum Guten, zumindest für die, die heißen Herzens an den »Führer« glaubten. Und in Karls Familie tat man das.

Immer wieder klingelte es an der Wohnungstür in Duisburg. Freunde und Verwandte kamen vorbei, um auf den Sieg der Bewegung anzustoßen. Alle waren in Festlaune. Endlich waren sie einmal auf der Seite der Gewinner. Der Fortschritt war ihrer. In einem Land, in dem viele seit der Niederlage im Ersten Weltkrieg das Gefühl gehabt hatten, nur noch Verlierer zu sein. Jeder wollte nun hören, was der Rundfunkempfänger dem NSDAP-Ortsgruppenleiter Friedrich Walter, Karls Vater, in die gute Stube meldete. Alle wollten sie teilhaben an den Ereignissen in Berlin, wo die Menschen mit Fackelzügen den Anbruch einer neuen Zeit begrüßten. Adolf Hitler, der neue Reichskanzler, sprach zu seinen Anhängern. Die bellende, alles durchdringende Stimme sollte bald regelmäßig in jedes Haus kommen.

Auch der achtjährige Karl empfand diesen Abend als eine ganz persönliche Bestätigung. Denn längst lief er mit seinen Freunden im knallenden Marschschritt – »Eins, zwei, eins, zwei« – durch die Straßen. Wie kleine Soldaten legten sie die Hände an die Naht ihrer kurzen Hosen, setzten zackig einen Schritt vor den anderen und schmetterten Lieder wie »Deutschland muss leben/Deutschland muss leben/und wenn wir sterben, wenn wir sterben müssen! Deutschland muss leben!«

Mit solchen markigen Texten stimmten sie sich, ohne es zu merken, auf das Kommende ein. Sie gewöhnten sich noch im Frieden an den Gedanken des Krieges, sie machten sich im Spaß mit dem blutigen Ernst vertraut, sie öffneten dem Gedanken an den Tod eine Tür in ihr junges Leben. Sie glaubten, es sei ihr eigener Wunsch, was die Nazis ihnen in den kommenden Jahren immer wieder einbläuen würden: dass der Einzelne sich einzufügen hätte in die Volksgemeinschaft – ausscheren verboten. Der Gleichschritt, den sie übten, sollte das Land künftig durchziehen, und wer den nicht mitmachte, der würde ausgegrenzt werden.

Wer Ohren hatte zu hören, dem konnte nicht entgehen, dass Deutschland in diesen Jahren immer lauter wurde – beim Marschieren in den Straßen, beim Schmettern der Gemeinschaftslieder, bei den oft bellenden Reden der Parteibonzen im Radio, beim schneidigen Führergruß oder beim öffentlichen Aufmarsch der SA. Lange vor Kriegsbeginn entstand so eine soldatische Gesellschaft, in der alle, auch Frauen und Kinder, nach den Prinzipien von Befehl und Gehorsam organisiert wurden. Das Land, so der Traum der Nazis, sollte eine gigantische Kaserne werden, nach innen ein System totaler Kontrolle, nach außen eine einzige Waffe.

Dem von den Nazis eingeforderten totalen Gehorsam hatte sich Friedrich Walter, Karls Vater, schon lange verschrieben. Der Sohn einer Arbeiterfamilie, der 1914 beim Ausbruch des Ersten Weltkriegs seine Schiffbauerlehre abgebrochen hatte, um sich als Freiwilliger zu melden, hatte sich in den ungewissen Jahren nach dem verlorenen Ersten Weltkrieg für die NSDAP entschieden. Nur sie, so glaubte er, könne sein Land aus der Misere führen. Den Versailler Vertrag, in dem die Siegermächte seinem Heimatland 1919 die Friedensbedingungen diktiert hatten, empfand er als Schmach und Schande, die Besetzung des Ruhrgebiets durch französische Soldaten hatte er selbst miterlebt.

Vertrag von Versailles

Im Spiegelsaal von Versailles unterzeichnete die deutsche Delegation 1919, nach dem verlorenen Ersten Weltkrieg, den Friedensvertrag. Deutschland sollte seine Kolonien und zahlreiche Gebiete abtreten, unter anderem das Saarland, und Rüstungsbeschränkungen zustimmen. Als besondere Demütigung wurde dabei die so genannte Kriegsschulderklärung empfunden – dass Deutschland »als Urheber für alle Verluste und Schäden verantwortlich« sei. Die NS-Bewegung bezeichnete den Vertrag dann auch als »Diktat von Versailles« und stieß damit auf breite Zustimmung in der Bevölkerung. Reichskanzler Hitler brach mit der »Erfüllungspolitik« seiner Vorgänger, führte 1935 widerrechtlich die allgemeine Wehrpflicht ein und ließ die Wehrmacht 1936 ins entmilitarisierte Rheinland einmarschieren. Dieses Vorgehen ließ er sich durch eine Volksabstimmung »absegnen« – hätten die französischen Nachbarn ihre Truppen mobilisiert, hätten sich die Deutschen zurückziehen sollen, so Hitlers Befehl. Am 30. I. 1937 erklärte Hitler, dass er die »deutsche Unterschrift« unter den Vertrag »feierlichst« zurückziehe.

Auch sein eigenes Leben schien ein Scherbenhaufen zu sein. Seine Schiffbauerlehre hatte er nicht abgeschlossen, und der Dienst an der Waffe hatte zu keinem Sieg geführt. Zusammen mit seinem Vater hatte Walter nach dem Ende des Krieges ein kleines Geschäft eröffnet, in dem sie Bilder rahmten – eine Arbeit, mit der er die Familie gerade über Wasser halten konnte. Wie viele andere hoffte er, dass eine radikale Änderung des nationalen Geschicks, ein Auslöschen der Kriegsniederlage, auch die privaten Lebensbedingungen ändern könnten.

Oft hatte er seinem Sohn Karl die grausige Geschichte erzählt, wie ein französischer Soldat ihm mit dem Gewehrkolben die Zähne ausgeschlagen hatte, weil der Deutsche ihm nicht Platz machen wollte. Diese Geschichte vom Auftrumpfen des Siegers über den Besiegten ließ auch den halbwüchsigen Sohn nicht kalt. Die ewigen Klagen der Eltern, wie ungerecht das deutsche Volk behandelt werde, fanden in ihm einen aufmerksamen Zuhörer. So lernte er, wer Freund, wer Feind ist, was als gut und was als böse zu bewerten ist, wer zu einem hält und vor wem man sich in Acht nehmen muss. Und wer für die Armut zu Hause verantwortlich war. Denn die Auswirkungen der verheerenden Weltwirtschaftskrise im Herbst 1929 bekam der Junge in der eigenen Familie zu spüren. Das Geschäft, das der Vater nach dem Tod des Groß-

Das *Deutsche Jungvolk* (Jungen von 10–14 Jahren), auch *Pimpfe* genannt, und die eigentliche *Hitlerjugend* (HJ) (Jungen von 14–18) tragen Uniformen.

vaters allein weitergeführt hatte, musste schließen. Wer ließ in dieser Zeit schon noch Bilder rahmen? Die Menschen kämpften um ihr täglich Brot, um die Miete am Monatsende, um die Schuhe für die Kinder. Taschengeld gab es für Karl nicht. Er suchte mit seinen Spielgefährten die Müllkippen nach Altmetall ab, um sich von den zwei Pfennig, die er so manchmal verdiente, eine Tüte Nüsse zu kaufen.

In Deutschland gab es 1933 fast sieben Millionen Arbeitslose. In den Augen von Friedrich Walter war die Demokratie viel zu schwach, um ein so großes Problem zu lösen, ja, eigentlich war sie verantwortlich dafür, dass es den Deutschen so schlecht ging. Im Reichstag, dem Parlament, wurde ja nur geredet und nicht gehandelt. Friedrich Walter setzte seine ganze Hoffnung in die NSDAP, eine Partei, die Schlagkraft demonstrierte, straffe Ordnung und Disziplin. 1930 wurde er NSDAP-Ortsgruppenleiter – stolz spazierte er in seiner braunen Uniform durch die Stadt. Für ihn, der vorher eine gescheiterte Existenz gewesen war, hatten sich mit 1933 alle Hoffnungen erfüllt. Er hatte wieder ein gesichertes Einkommen in der Verwaltung des Reichsarbeitsdienstes, und die Familie zog in eine größere und schönere Wohnung um. Karl bewunderte den Vater und wollte so sein wie er.

So trat er mit seinen acht Jahren in die Hitlerjugend ein. Eigentlich war er dafür noch zu jung, denn vor 1933 lag das Mindestalter für Mitglieder bei 14, nach der Machtübernahme bei zehn Jahren. Aber bei Karl wurde eine Ausnahme gemacht. Das war eine Auszeichnung. Die Nazis wollten die Jugend zwar unter ihre Kontrolle bringen, aber die Aufnahme in ihre Organisationen sollte als Belohnung und nicht als Selbstverständlichkeit erscheinen.

Die Hitlerjugend

Am 1. Dezember 1936 wurde die Hitlerjugend zur Staatsjugend erklärt. Mit zehn Jahren konnten die Jungen »Pimpfe« werden, ab vierzehn gehörten sie der eigentlichen HJ an. Die Mädchen gingen bis zum Alter von vierzehn zu den Jungmädeln (JM), danach in den Bund Deutscher Mädel (BDM).

Anfang 1933 hatte die Hitlerjugend 100 000 Mitglieder. Ende 1934 waren es schon knapp 3,6 Millionen Jungen und Mädchen. Das war fast die gesamte Jugend zwischen zehn und achtzehn Jahren.

Wer in die HJ eintrat, der war in einer Welt, in der fremde Worte mehr galten als die der eigenen Eltern. Waren, wie in Karls Elternhaus, auch die Erwachsenen auf Seiten der Nazis, fiel das nicht so auf. Standen die Eltern den Nazis distanziert oder gar kritisch gegenüber, wurde die

Beziehung weit komplizierter. Wessen Wort galt mehr – das der HJ-Führer oder das der Eltern? Und was berichteten die eigenen Kinder möglicherweise in der HJ über die Gespräche zu Hause?

Karl kannte solche Probleme nicht. Sein Vater freute sich, dass der Sohn zu einem rechten Kerl, einem harten Mann, einem zähen Kämpfer erzogen wurde. Karl und seine Freunde übten sich in Geländespielen, im Anpirschen, Verstecken, Ausspähen und Anschleichen. Und sie sangen das hohe Lied der Treue, der Bereitschaft, sein eigenes Leben einzusetzen, und des Gemeinschaftsgeistes. Karl und seine Freunde wollten so mutig, treu und loyal wie Old Shatterhand und Winnetou in Karl Mays Abenteuer- und Indianerromanen sein. Sie ahnten nicht, dass ihre Ideale durch die neuen Machthaber eines Tages für ganz andere Ziele missbraucht werden würden – Sturmangriffe auf Maschinengewehrstellungen zu laufen, Geiseln zu erschießen, Städte zu bombardieren, bei bitterer Kälte, fern der Heimat, in flachen Schützenlöchern die Stellung zu halten, auch wenn das den sicheren Tod bedeutete.

Am 17. Juni 1933 wurde Baldur von Schirach zum Jugendführer des Deutschen Reiches berufen. Die gesamte Jugendarbeit in Deutschland unterstand damit seiner Aufsicht und Kontrolle. Baldur von Schirach war ein Scharfmacher, ein glühender Judenhasser, und er wusste, dass der Zugriff auf die Kinder und Jugendlichen leichter wäre, wenn es nichts anderes als die Hitlerjugend mehr gab. Also löste er die anderen Jugendorganisationen auf, und einige verbot er sogar, die katholischen Pfadfinder beispielsweise oder die evangelische Jugend. In welchem Geist er die deutsche Jugend zu erziehen gedachte, daraus machte er kein Hehl:

»Das Jungvolk erklärt dem Muttersöhnchen den Krieg. Jungvolkerziehung ist Erziehung zur Selbständigkeit. Noch nie gab es eine so große Zahl selbständiger Jungen. Sie sehen mit einer gewissen Verachtung auf das herab, was man landläufig ›Kinder‹ nennt, und ärgern sich maßlos, wenn sie von Erwachsenen so bezeichnet werden. (...) Mit ›Kinder‹ bezeichnen wir die nichtuniformierten Wesen niedriger Alterstufen, die noch nie einen Heimabend oder einen Ausmarsch mitgemacht haben ... Oh, ein Pimpf versteht schon etwas von der Welt! Wenn er unterwegs seine Hose zerrissen hat, näht er sie selbst wieder zusammen. (...) Kinder pflegen in ähnlichen Situationen zu heulen und nach der Mutter zu schreien. Pimpfe sind auf sich selbst gestellt. Kinder verreisen nur in Begleitung Erwachsener. Pimpfe gehen mit ihrem Führer auf Fahrt. Andere Eltern sprechen von ihrem Kinde, die Pimpfeneltern reden von ihrem Sohn. ›Mein Sohn, der Pimpf!‹ In diesem Satz liegt die tiefe Wandlung unserer Jugend.«

Baldur von Schirach (1907–1974)

Er wurde schon als Zwanzigjähriger in die Reichsleitung der NSDAP berufen und gehörte sehr früh zum engeren Kreis um Hitler. Ihm oblag die Führung der nationalsozialistischen Hochschulbewegung, im Juni 1933 wurde er Reichsjugendführer und damit zuständig für die außerschulische Erziehung der Jugend, die durch Spiele und Abenteuer an den Nationalsozialismus herangeführt werden sollte. Ab 1940 war er Gauleiter und Reichsstatthalter in Wien, verantwortlich für die Deportation der Wiener Juden. Nach Kriegsende tauchte er unter dem Namen Richard Falk unter, wurde aber im Juni 1945 festgenommen und zu zwanzig Jahren Haft verurteilt.

Eines Tages bekam Karl Besuch von seinem Vetter, einem strammen Hitlerjungen. Der nahm auch hier, auf dem Land, zusammen mit Karl an der durchorganisierten Freizeit teil. Ein Marsch stand auf dem Programm. Ein so genanntes Fähnlein, 150 begeisterte Jungen, zogen los. Sie trugen eine Fahne mit sich, die mit dem weißen Blitz auf schwarzem Grund. Wie immer auf ihren Märschen sangen sie, denn Marschlieder lenken nicht nur die Füße, sondern auch die Gedanken. »Grüßet die Fahnen, grüßet die Zeichen, grüßet den Führer, der sie schuf! Grüßet alle, die für sie starben, folget getreulich ihrem Ruf! Tag und Nacht gen Feinde lasst uns der Fahne Hüter sein, ob wir siegen, ob wir fallen, unsere Fahne bleibe rein.«

Von den Menschen, an denen sie vorbeizogen, erwarteten sie Respekt vor der Fahne, einen zackigen Gruß an das Symbol, das für sie die nationalsozialistische Bewegung verkörperte – und auch ihre eigene neue Macht. Sie waren keine Kinder mehr – sie, die Pimpfe, waren die Zukunft. Da stand einer am Wegesrand, der das Stück Stoff, das für die Jungen fast religiöse Bedeutung hatte, nicht grüßen wollte. Der nicht die Hand reckte und auch nicht die Hacken zusammenschlug. Karls Vetter reagierte ohne zu zögern: Er ohrfeigte den Mann. Karl stand daneben und fand nichts dabei. Mit Menschen, die sich der nationalen Idee in den Weg stellten, hatte er kein Mitleid. Sie waren nur im Wege.

Respekt gegenüber Älteren? Das war für die Jungen kein selbstverständliches Gebot mehr. Respekt verdiente nur noch, wer zur braunen Bewegung gehörte. Mit jedem Zeltlager, mit jedem Marschausflug wurde so der Keil zwischen Eltern und Kinder tiefer getrieben und die Kluft zwischen den alten und den neuen Werten immer unüberbrückbarer. Mitgefühl zum Beispiel gehörte nicht mehr zu dem Tugendkatalog, der dem Nachwuchs bei Heimabenden eingetrichtert wurde. Zäh wie Leder, hart wie Kruppstahl, schnell wie die Windhunde sollten sie sein. So hatte es Adolf Hitler, von dem sie nur als ihrem »Führer« sprachen, 1934 auf dem Nürnberger Parteitag unter dem Applaus der Zuhörer gefordert. Sie, die Jungen, waren das neue Deutschland.

So wie Karl und sein Vetter dachten viele. Ihre Antwort auf alles, was ihnen von oben gesagt wurde, hieß von nun an »Jawoll!« und nicht mehr »Warum?«. – »Führer befiehl, wir folgen« wurde die Maxime allen Handelns. Widerspruch war verboten, und er regte sich auch kaum.

Die Jugend verabschiedete sich rasch vom Alten. Es gefällt Heranwachsenden, wenn das, was den Eltern wichtig ist, an Bedeutung verliert. Grußformeln wie »Guten Tag«, oder »Grüß Gott« waren immer seltener zu hören. Bereits im Januar 1934 wurde an den Schulen der so genannte deutsche Gruß eingeführt. Auch viele Briefe wurden jetzt mit »Heil Hitler« geschlossen – offizielle ohnehin, aber auch private. Jede Begrüßung und jeder Abschied wurde ein Schwur auf die neue Zeit. Das Ich unterwarf sich zunehmend der Volksgemeinschaft.

Für Marianne, die in einer Kleinstadt bei Stuttgart lebte, waren diese Veränderungen des Alltags viel schwerer zu verarbeiten als für Karl. Sie stammte aus einer tief gläubigen evangelischen Familie, die der Ideologie der Nationalsozialisten höchst kritisch gegenüberstand. Marianne war zehn Jahre alt, als der Klassenlehrer eines Tages in der Parteiuniform der NSDAP im Unterricht erschien. In Sütterlinschrift schrieb er »Heil Hitler« an die Tafel und verkündete mit fester Stimme: »Ab heute sagen wir nicht mehr Guten Morgen, sondern Heil Hitler.« Und dabei schlug er die Hacken zusammen und reckte die rechte Hand forsch zum Hitlergruß nach oben. Marianne erschrak. Bisher hatten sie in der Schule, die bis 1933 evangelisch gewesen war, zu Unterrichtsbeginn immer einen Choral gesungen. Diese Zeiten waren jetzt vorbei.

Der deutsche Gruß

Wer diesen Gruß verweigerte, konnte bestraft werden. Bei öffentlichen Veranstaltungen sollte dem »Führer« ein laut gebrülltes Heil entgegengebracht werden.

Karl machte in seiner Schule am Rande des Ruhrgebiets ähnliche Erfahrungen, aber ihn erschreckten sie nicht. Der Musiklehrer, eigentlich ein stadtbekannter sympathisch verrückter Zeitgenosse, der mit seinen Angorakatzen spazieren ging, verlor seine Anstellung. Der Ersatz für den Hinausgeworfenen war ein Vertreter der neuen Zeit, ein Parteigenosse, PG, wie man kurz sagte. Er trug im Unterricht auf Hochglanz polierte Lederstiefel und weit ausgewölbte militärische Reiterhosen. Das als Morgengruß gesungene Lied »Gott grüße dich« schaffte er nicht ab, aber er versah es mit einem neuen Text: »Heil Hitler heil«, sang die Klase von nun an. Und alle mussten mitsingen. Kein Lehrer protestierte. Keiner riskierte das, denn der nationalsozialistische Staat erwartete von seinen Beamten unbedingte Loyalität und die Mitgliedschaft in der NSDAP, erst recht von den Lehrern. Vielen fiel das auch gar nicht schwer, sie standen voller Begeisterung hinter den Nationalsozialisten.

Aber es gab auch Menschen, die anders dachten. Einer von Karls Lehrern gehörte zu diesen Zweiflern, die ohne Begeisterung in die NSDAP eintraten – andernfalls, so hatte man ihm eröffnet, werde er seine Stelle verlieren. Das konnte sich der Beamte, der früher einmal Vorsitzender eines SPD-Ortsvereins gewesen war und deswegen ohnehin misstrauisch beobachtet wurde, nicht leisten. Er hatte fünf Kinder. Also fügte er sich. Aber so einer blieb unberechenbar – und die nationalsozialistischen Machthaber setzten darauf, dass die Kinder ein wachsames Auge auf den möglichen Abweichler richteten.

Auch Mariannes Vater stand dem System fern. Er weigerte sich, Parteigenosse zu werden. Der ehemalige Reichstagsabgeordnete des Christlich-Sozialen Volksdienstes, einer evangelischen Bewegung, konnte es nicht mit seinem Gewissen vereinbaren, nun einer Partei beizutreten, gegen die er einst mit so prophetischen Parolen wie »Soll Tod und Grauen in Deutschland herrschen?« gekämpft hatte. Seine Geschichte zeigt, dass der Allmachtappetit der Nazis von einem Quäntchen Zivilcourage im Alltag gebremst werden konnte. Mariannes Vater, Beamter im Wirtschaftsministerium, fand einen Fürsprecher in einem Vorgesetzten, der entweder seine Motive achtete oder seine fachliche Qualifikation nicht missen wollte. Der hielt die Hand über den Parteilosen und verhinderte dessen Entlassung. Nicht verhindern konnte er, dass eine schon erfolgte Beförderung Mariannes Vater wieder aberkannt und seine Bezüge gekürzt wurden.

Um diese Nischen eines nicht gleichgeschalteten Handelns und Denkens klein zu halten, vielleicht sogar ganz zu schließen, brauchten die Nazis ein Mittel, um überall und jederzeit präsent sein zu können, sich in Familien, Büros und Läden einzunisten. Die Technik lieferte ihnen eines – den Rundfunk. Böse-scharfsinnig begriffen sie die Möglichkeiten dieses neuen Mediums, das überall hinreichte, Botschaften ohne Zeitverlust vom Absender zum Empfänger brachte und aufpeitschende Reden oder erlogene Nachrichten mit schmissiger Musik, volkstümlicher Komik und vornehmer Klassik dekorierte. Joseph Goebbels, Hitlers Reichsminister für Volksaufklärung und Propaganda, sah den Rundfunk als neue Waffe in einem Krieg um die Herzen und Köpfe, die für die Aufrüstung des Reiches ebenso wichtig war wie Bomber und Panzer. Sein Ministerium trieb die Entwicklung eines preiswerten, zuverlässigen Radios für alle voran, des so genannten Volksempfängers. Er sollte künftig in Küchen und in Kneipen, an Stammtischen und an Arbeitsplätzen stehen. »Der Rundfunk ist hier erster und einflussreichster Mittler zwischen geistiger Bewegung und Volk, zwischen Idee und Menschen«, schrieb Propagandaminister Goebbels. Der Volksempfänger schweißte Führer und Gemeinschaft zusammen.

Der Volksmund wusste, was der Minister sich vom Radio erhoffte, und taufte den Volksempfänger »Goebbelsschnauze«. Der Name verrät auch, was die Nazis sich erträumten: ihr Mund an aller Ohr. Auf der 10. Deutschen Funkausstellung, im August 1933, wurde das

Reichspropagandaminister Joseph Goebbels begutachtet auf der Funkausstellung Berlin 1938 den »Volksempfänger«.

neue Radiomodell der Öffentlichkeit präsentiert. Mit einem Preis von 76 Reichsmark war es wesentlich billiger als seine Vorgänger. Die hatten noch 200 bis 400 Reichsmark gekostet und als Luxusartikel gegolten. Der erschwingliche Volksempfänger, dessen kleine Variante dann bald darauf nur noch 35 Reichsmark kostete, trat einen rasanten Siegeszug an. Bei seiner Vorstellung waren 100 000 Exemplare verfügbar, zwei Jahre später waren 1,3 Millionen Exemplare auf dem Markt. Bei Ausbruch des Krieges waren es rund 3,5 Millionen. Hochgerechnet konnten die Machthaber 1935 von 6,7 Millionen und 1939 von 12,4 Millionen Rundfunkteilnehmern ausgehen. 1941 verfügten 61 Prozent der Haushalte über ein Radio. Und wer keinen Volksempfänger hatte, signalisierte, er wolle nicht zum Volk gehören, er interessiere sich nicht für die Worte des Führers.

Die Nazis sprachen diesen Zwang ganz offen aus. In einem Aufruf der »Nationalsozialistischen Rundfunkkammer« vom Oktober 1933 hieß es: »Es darf in diesen Tagen, da sich Würde, Ehre und Einheit des deutschen Volkes vor aller Welt in machtvollen Bekenntnissen kundtun sollen, kein deutsches Haus geben, in dem nicht ein Rundfunkgerät vorhanden ist, das jederzeit die unmittelbare Verbindung jedes Volksgenossen mit dem Führer und seinen Mitkämpfern in der Regierung und der Partei herstellt. … Die jüngsten politischen Ereignisse haben wieder bewiesen, dass Rundfunkhören keine Angelegenheit der persönlichen Unterhaltung, sondern staatspolitische Pflicht und Notwendigkeit ist.«

Auch das Kino sollte künftig kein Ort der bloßen Unterhaltung mehr sein. Aber Goebbels war alles andere als ein plumper dummer Propagandachef. Seine Vorstellungen, wie diese neuen bei den Massen beliebten Medien am besten einzusetzen wären, waren sogar sehr modern. Zwar wurde fortan jedes Drehbuch im Propagandaministerium geprüft, und ohne Zustimmung der Behörde konnte kein Film mehr gedreht werden. Nur anmerken durfte man das den Filmen nicht: Goebbels wusste, das würden die Menschen nicht mögen. Das Unmerkliche, so glaubte er, wirkt am stärksten. »Das Schaffen der kleinen Amusements wollen wir ebenfalls nicht unterdrücken. Man soll nicht von früh bis spät Gesinnung machen«, so redete er.

Er verpflichtete allerdings alle, die in der großen Unterhaltungsindustrie und Kultur arbeiteten, der ihm unterstehenden Reichskulturkammer beizutreten. Wer das nicht tat, galt als politisch nicht verlässlich. Wer unliebsam auffiel und ausgeschlossen wurde, fand fortan in Deutschland keine Arbeit mehr als Schauspieler, Sänger, Regisseur, Tänzer oder Drehbuchautor.

Auch bei den Jugendlichen wurde der Film als wirksames Propagandainstrument eingesetzt. 1934 wurden extra Jugendfilmstunden eingeführt. Diese Veranstaltungen der Hitlerjugend standen Jugendlichen unter 18 Jahren offen. Im Jahr 1934/35 gab es 371 solcher Veranstaltungen mit knapp 220 000 Besuchern, im ersten Kriegswinter 1939/40 schon 3,5 Millionen jugendliche Besucher. Sie sahen in der Deutschen Wochenschau, die vor jedem Hauptfilm lief, was Goebbels bereit war, ihnen über den Fortgang des Krieges preiszugeben. Sie sahen siegende deutsche Soldaten. Und in die Knie gezwungene Feinde.

»Die weiß, was sie will«

»Wenn wir an die Macht kommen, müssen Sie unsere Filme machen«, soll Hitler ihr 1932, bei der ersten Begegnung, gesagt haben. Leni Riefenstahl (1902–2003) machte als Filmregisseurin Karriere im NS-Staat. Sie selbst sah sich als unpolitische Künstlerin, aber ihr Film »Triumph des Willens« über den Nürnberger Parteitag der NSDAP war ein wirkungsvoller Propagandafilm, der Hitler wie ein überirdisches Wesen erscheinen ließ. »Eine Frau, die weiß, was sie will«, notierte Goebbels in seinem Tagebuch. 1936 bekam sie den Auftrag, einen Film über die Olympischen Spiele in Berlin zu drehen. Um die 40 000 Meter Film über das »Fest der Völker und der Schönheit« zu schneiden, brauchte Riefenstahl fast zwei Jahre. Erstmals bei Olympia wurde das Fernsehen eingesetzt. Etwa 160 000 Menschen erlebten in Berliner, Potsdamer und Leipziger Fernsehstuben und in drei in Berlin eingerichteten Groß-Fernsehstellen Direktübertragungen der sportlichen Höhepunkte.

1938: Der Führer beglückwünscht die Regisseurin Leni Riefenstahl zu der Uraufführung ihres Films über die Olympischen Spiele 1936.

Auch auf dem Land, wo es gar keine Kinos gab, fanden viele solcher Veranstaltungen statt. Dorthin fuhren die Kinomobile, die nachmittags Filme für Kinder, abends für Erwachsene zeigten. Der Nationalsozialismus, der viele Künstler außer Landes gejagt, ins KZ gesteckt oder ermordet hatte, gab sich hier als fesche, moderne Kulturmacht, die frischen Wind in die Provinz oder in strenge Elternhäuser blies. Auf der Leinwand sangen, steppten, tanzten, ulkten, schmachteten

Schauspieler wie Marika Rökk, Heinrich George, Hilde Krahl, Heinz Rühmann, Werner Krauss und Hans Moser, auch noch als schon die Bomben auf Deutschland fielen. Denn gute Laune, so Goebbels, sei »kriegswichtig«: »Sie zu erhalten, und zwar gerade dann, wenn wir besonders schwere Belastungen zu ertragen haben, ist ein dringendes Erfordernis einer erfolgreichen Kriegsführung an der Front und in der Heimat.«

So durchdrang der Nationalsozialismus alles in dieser Gesellschaft und eroberte mit seinen Volksempfängern und seiner Filmindustrie auch die privaten Rückzugsräume der Menschen. Es sollte keine geschützten ideologiefreien Bezirke mehr geben. Die Schulen, die Kinos, die Wohnzimmer, sie alle waren zu Aufmarschplätzen der Nazis geworden. Und die Allgegenwart der braunen Macht wollte auch nicht vor den Institutionen Halt machen, die bisher dem staatlichen Zugriff entzogen waren: den Kirchen.

Schon am 4. Januar 1934 hatte Reichsbischof Ludwig Müller allen evangelischen Pfarrern jegliche politische Kritik in ihren Predigten verboten. Von nun an nannten sich die zumindest äußerlich und oft auch innerlich Systemtreuen »Deutsche Christen«. Mariannes Religionslehrer war also keine staunenswerte Ausnahme, als er ausgerechnet die Bergpredigt, einen zentralen Text des sanftmütigen Christentums, ganz im Sinne der Nationalsozialisten interpretierte. Er schwärmte, wenn Jesus in diesen Tagen vom Himmel herabstiege, wäre er begeistert vom Winterhilfswerk (WHW), von der Nationalsozialistischen Volkswohlfahrt (NSV), ja, er würde über die beiden Einrichtungen, in denen die Menschen zum Einsatz für die Gemeinschaft zwangsverpflichtet wurden, sogar sagen: »Das habt ihr gut gemacht!« Der Sohn Gottes würde Adolf Hitler ausdrücklich dafür danken.

In der Schule schluckten Marianne und ihre christlich erzogenen Freundinnen ihren Protest hinunter und schwiegen. Aber im Bibelkreis, zu dem sie sich noch immer halb verboten, halb erlaubt – er war nun als ganz privates Treffen deklariert – auf dem alten Friedhof ihres Heimatstädtchens trafen, da hielten sie mit ihrer Ablehnung dieser braunen Bibelinterpretation nicht hinter dem Berg. Hier waren sie schließlich unter sich. Hier, dachten sie, in dieser Gruppe der Gläubigen, hörte endlich einmal kein Hakenkreuzeiferer mit. Und doch musste unter den Mädchen eins gewesen sein, das weitererzählte, was im Bibelkreis gesprochen wurde. Denn am nächsten Morgen fing der Religionslehrer, der zugleich Schulrektor war, Marianne auf dem Weg ins Klassenzimmer ab. Er nahm sie mit in sein Büro. »Was«, so wollte er wissen, »habt ihr gestern im Bibelkreis besprochen?« Marianne blieb bei der Wahrheit, ohne sich ganz zu verraten. »Wir haben die Bergpredigt noch einmal mit Ihrem Unterricht verglichen.« Der Rektor entließ sie in ihre Klasse, ohne die Antwort zu kommentieren. Das musste er auch nicht. Seine Botschaft war bei der Elfjährigen angekommen. Marianne wusste nun, dass dem System nichts verborgen blieb. Schlimmer noch: Sie wusste nun, dass jemand ihr das Gesicht einer Freundin zeigte, aber als Spitzel und Verräterin agierte. Das Misstrauen, der Zweifel, ein Gefühl von Einsamkeit zogen in ihr Denken ein. Nun verstand sie, warum die Eltern, wenn sie über Politik und über die Nazis sprachen, die Fenster schlossen und prüften, ob die Wohnungstür zu war. Bisher hatte sie das fast für eine übertriebene Vorsichtsmaßnahme gehalten. Sie wusste jetzt, was die Mutter meinte, wenn sie ihr frühmorgens ein »Pass auf, was Du sagst« mit auf den Schulweg gab.

Doch nicht alle Kinder standen an der Seite ihrer Eltern, wenn diese auf Distanz zu dem braunen Regime blieben. Annedore war »ein begeistertes Hitlermädel«, als sie mit zehn Jahren in die HJ eintreten durfte. Ihr Vater war ein religiöser Mann und Lehrer auf der Schwäbischen Alb, der die Nazis voller Misstrauen beäugte. Annedore aber wollte zu den Jungmädeln gehören, eine Uniform tragen wie die anderen Mädchen auch – schwarzer Rock mit angeknöpfter weißer Bluse und schwarzem Halstuch, das von einem Lederknoten zu einer Art Schlips gebunden wurde. Das trugen alle, die zwischen dem zehnten und 14. Lebensjahr bei den Jungmädeln aufgenommen wurden. Und sie waren stolz darauf, wie alle anderen, aber anders als die Eltern zu sein.

Dem Tag ihrer Vereidigung fieberte Annedore geradezu entgegen. Am 20. April, Hitlers Geburtstag, wurden die Jungen und Mädchen feierlich in die Hitlerjugend aufgenommen – als schenke das Land dem Führer symbolisch seine Kinder. Annedores Patenonkel, der selbst keine Kinder hatte, spendierte ihr zu diesem Anlass eine der schönen braunen Kletterwesten. Die machte die Uniform erst komplett. Aber nicht jede Familie konnte sich eine solche Anschaffung leisten, die Kletterweste war sehr teuer. Annedore war selig, als die Scharführerin ihr beim feierlichen Gelöbnis zum Zeichen der Aufnahme in die Hitlerjugend den Lederknoten, der das Halstuch zusammenhielt, bis zum Hals hochzog. Nun gehörte auch sie endlich dazu.

Nach dem Prinzip »Jugend führt Jugend« finden Heimabende oder Fahrten in die nähere Umgebung statt. Die Teilnahme ist attraktiv – hier ist man frei von der elterlichen Bevormundung.

Das umtriebige Mädchen, das gerne unter Menschen war, tauchte voller Begeisterung in die Gemeinschaft ein. Auch Annedore empfand diese Zeit wie viele ihres Alters – es war immer etwas los: in Wochenend- und Ferienlagern, wo Mädchen und Jungen lernten, sich im Gelände mit Kompass und Karte zurechtzufinden; singend und marschierend zogen sie durch ihre Heimat. Dass sie dabei immer mehr in den Zugriff des Staates gerieten, der diese Jugend nach seinen eigenen Vorstellungen formen wollte, war ihnen selbst gar nicht bewusst. Wohl aber ihrem »Führer«:

»Diese Jugend, die lernt ja nichts anderes, als deutsch denken, deutsch handeln, und wenn diese Knaben mit zehn Jahren in unsere Organisationen hineinkommen und dort oft zum ersten Male überhaupt eine frische Luft bekommen und fühlen, dann kommen sie vier Jahre später vom Jungvolk in die Hitlerjugend, und dort behalten wir sie wieder vier Jahre, und dann geben wir sie erst recht nicht zurück in die Hände unserer alten Klassen- und Standeserzeuger, sondern nehmen wir sie sofort in die Partei, in die Arbeitsfront, in die SA oder die SS, in das Nationalsozialistische Kraftfahrerkorps und so weiter. Und wenn sie dort zwei Jahre oder anderthalb Jahre sind und noch nicht ganze Nationalsozialisten geworden sein sollten, dann kommen sie in den Arbeitsdienst und werden dort wieder sechs und sieben Monate geschliffen, alles mit einem Symbol, dem deutschen Spaten. Und was dann nach sechs oder sieben Monaten noch an Klassenbewusstsein oder Standesdünkel da oder da noch vorhanden sein sollte, das übernimmt dann die Wehrmacht zur weiteren Behandlung auf zwei Jahre, und wenn sie nach zwei, drei oder vier Jahren zurückkehren, dann nehmen wir sie, damit sie auf keinen Fall rückfällig werden, sofort wieder in die SA, SS und so weiter, und sie werden nie wieder frei sein ihr ganzes Leben!«

Dämonisch klingt dieser letzte Satz für heutige Ohren. Für Annedore aber war es damals die Zugehörigkeit zu einer Welt, »in der es an nichts gefehlt hat«. Die Abende im HJ-Heim zum Beispiel. An manchen Orten waren das Räume im Schulhaus, an anderen Orten wurden ehemalige Vereinsheime inzwischen aufgelöster Jugendorganisationen beschlagnahmt. Annedore spielte leidenschaftlich gern Theater, und hier durfte sie voller Inbrunst Minnelieder krähen oder hingebungsvoll in die Rolle einer blonden Edelfrau schlüpfen.

Auch die Märsche quer durchs Gelände liebte sie. Ihr machte es nichts aus, dass man auch den Mädchen, um ihre Kräfte zu stärken, Ziegelsteine in den Rucksack packte. Strapazen empfand sie dabei nicht: »Wir haben gesungen, immer nur gesungen«, das ist ihr bis heute im Gedächtnis geblieben. Sie war auch mit Feuereifer bei der Sache, wenn es galt, eine Morgenfeier zur Verleihung des Ehrenkreuzes der deutschen Mutter zu begleiten. Frauen, die vier und mehr Kinder hatten, wurden so geehrt. Der neue Staat wollte Kinder, viele Kinder haben, die ganz im »deutschen Geist« erzogen werden konnten. Bei solchen Anlässen lief Annedore manchmal ein Schauer den Rücken hinunter, so groß und bedeutungsvoll erschien ihr alles. Und sie war Teil dessen.

Die Nazis waren Meister darin, solche Gemeinschaftsgefühle zu wecken. Sie wussten Feiern und Feste gerade um solcher Wirkungen willen kalkuliert in Szene zu setzen. Bei den Sonnenwendfeiern zum Beispiel, einem alten germanischen Brauch, auf den zurückgegriffen wurde, um die Menschen von den christlichen Kirchen und deren

Botschaften zu entfernen, kam das ganze Dorf zusammen. Unter Fanfarenstößen und Trommelwirbel wurde im Schein von Fackeln und Scheiterhaufen gefeiert. Wenn das Feuer weiter heruntergebrannt war, sprang Annedore, wie andere auch, darüber – ohne jede Angst. Damit konnte sie vor allen ihren Mut unter Beweis stellen, ihre Tauglichkeit für die neue Zeit. Und so ein Zeichen war nötig, wenn man vorankommen wollte, vor allem wenn man selbst eine kleine Führerin in der großen Jugendorganisation werden wollte. Jugend führt Jugend, auf diesem Prinzip baute die Hitlerjugend auf. Das schuf die Illusion von Selbstbestimmtheit – auch wenn über allem der Reichsjugendführer wachte.

Der Ausbruch aus dem Elternhaus, das abenteuerliche Gegenangebot zum langweiligen Alltag zwischen Hausaufgaben und Hilfe im Haushalt, war in Wahrheit von oben streng reglementiert und durchgeplant. Nichts blieb dem Zufall überlassen. Ein Lehrplan schrieb vor, was Pimpfe, Hitlerjungen, Jungmädel und BDM-Backfische aufzunehmen hatten. Die Kleinen, die Zehn- bis Vierzehnjährigen, wurden im ersten Jahr mit den germanischen Göttern und Helden vertraut gemacht. Im zweiten Jahr sollten sie alles über die »Großen Deutschen« wie Hermann, den Cheruskerfürsten, über den Südtiroler Freiheitshelden Andreas Hofer und über den ersten deutschen Reichskanzler Bismarck lernen. Im dritten Jahr wurde die Vorgeschichte des Dritten Reiches abgehandelt. Das Leben von Leo Schlageter zum Beispiel, schon 1922 Mitglied der NSDAP, der Sabotageakte organisiert hatte, als das französische und belgische Militär das Ruhrgebiet besetzten, nachdem Deutschland mit seinen Reparationszahlungen aus dem Ersten Weltkrieg in Verzug geraten war. Schlageter wurde hingerichtet. Von da an galt er in der nationalsozialistischen Bewegungen als Märtyrer, der für den politischen Kampf gestorben war. Und im vierten Jahr ging es um die Größen der nationalsozialistischen Bewegung: um Adolf Hitler und seine Mitstreiter. Wichtig war bei allen Themen die »weltanschauliche Ausrichtung«. »Der Kampf ums Reich«, »Das Volk und sein Bluterbe«, »Das Volk und sein Lebensraum«, so hießen die Einheiten, und fast unmerklich wurden so aus den Heimabenden Einstimmungen auf den Krieg.

Rassenlehre war auch so ein Thema, bei dem sie lernten, wer dazugehört, wer nicht. Nach solchen Unterrichtsstunden taxierte Annedore ihre Mitschülerinnen und Mitschüler ganz neu und teilte sie, wie sie es gelernt hatte, in »ostische« und »germanische« Menschen ein. Einen kleinen Jungen mit auffällig rundem Kopf kanzelte sie eines Tages ab: »Wenn du auch noch schwarze Haare hättest, hättest du einen richtigen ostischen Rundschädel und müsstest zu den Polacken.«

Im Weltbild der Nazis gab es für alles einen Schuldigen. Was Annedore am Morgen des 10. November 1938, dem Tag nach der so genannten »Reichskristallnacht«, einer Nacht gezielter und geplanter Ausschreitungen gegen die jüdische Bevölkerung, auf dem Weg vom Bahnhof zum Gymnasium sah, ließ sie nicht entsetzt sein über das Bild, das sich ihr bot. Im Gegenteil: Sie war mit den anderen ja extra einen Umweg gegangen, weil sie gehört hatten, dass »irgendetwas mit den Juden gewesen sei in der vergangenen Nacht«. Als sie die eingeschlagenen Scheiben der Geschäfte sahen und Schaufensterpuppen, in denen Glassplitter staken, führten die Gymnasiastinnen einen regelrechten Freudentanz auf. Die Erziehung zum Hass hatte Früchte getragen.

9. November 1938

In dieser Nacht vom 9. auf den 10. November wurden überall die Synagogen in Brand gesetzt, Wohnungen verwüstet, Tausende von Geschäften geplündert und zerstört und etwa 25 000 jüdische Männer und Jugendliche verschleppt. Die jüdische Bevölkerung hatte eine »Sühneleistung« von einer Million Reichsmark aufzubringen und die durch den »Volkszorn« in der »Reichskristallnacht« entstandenen Schäden umgehend zu beheben. Ab sofort wurde Juden jede Form des Einzelhandels, des Markt- und Messegeschäfts wie auch der Besuch kultureller Veranstaltungen untersagt. Ihre Firmen wurden »arisiert«. Damit war das deutsche Gesellschaftsleben praktisch »judenfrei«. Es folgten Berufsverbote, die Einschränkung der Freizügigkeit und der Bewegungsfreiheit, der Zwangsverkauf jüdischen Eigentums – nach und nach ihre völlige Entrechtung. Es war die Vorstufe zur Deportation in die Vernichtungslager. Protest von ihren nichtjüdischen Nachbarn erhob sich kaum irgendwo.

Aber nicht nur bei den Heimabenden der HJ lernten die Jungen und Mädchen das neue Weltbild, sondern auch in den Schulen wurde jeder Unterrichtsstoff politisch ausgerichtet, selbst die Mathematik. Im »Handbuch für Lehrer« aus dem Jahr 1935 waren Aufgaben vorgegeben, mit denen sich die Mathematik »in den Dienst nationalpoli-

Ein Hitlerjunge schildert im Unterricht den Luftangriff auf ein englisches Schiff.

tischer Erziehung« stellen ließ. »Der Bau einer Irrenanstalt erfordert sechs Millionen Reichsmark«, hieß es da. »Wie viele Siedlungen zu je 15 000 Reichsmark hätte man dafür bauen können?« So wurde den Kindern beim Knobeln an Matheaufgaben ganz nebenbei vermittelt, wie belastend körperlich und geistig Behinderte für den »Volkskörper« waren. Was lag da näher, als über eine andere Lösung des Problems nachzudenken?

Auch an neue Formen des Krieges konnte man sich rechnend gewöhnen. »Ein moderner Nachtbomber kann 1800 Brandbomben tragen. Auf wie viele Kilometer Streckenlänge kann er diese Bomben verteilen, wenn er bei einer Stundengeschwindigkeit von 250 Kilometern in jeder Sekunde eine Bombe wirft?«

Wenn die Kinder am Mittagstisch oder beim Abendbrot von solchen Rechenaufgaben erzählten, dann war die Politik immer dabei. Aber das war sie ohnehin, denn selbst das Essen auf dem Teller war inzwischen Teil einer durchorganisierten Volksbewegung geworden. In der Ideologie der Nationalsozialisten kam der Ernährung eine zentrale Rolle zu. Nur ein Volk, das sich selbst ernähren kann, hieß es, sei stark. Gemeint war: kriegstüchtig – die Versorgung musste klappen, auch wenn die Handelslinien ins Ausland unterbrochen waren. Und wie ließ sich die Bedeutung der Lebensmittelversorgung stärker ins Bewusstsein heben als durch einen zentralen Feiertag? Der nationalsozialistische Staat war gerade ein Dreivierteljahr alt, da erklärte Adolf Hitler den ersten Sonntag des Oktobers zum »Tag des deutschen Bauern«. Die Zeit staatlich organisierter Erntedankfeste hatte begonnen.

Im niedersächsischen Bückeberg fand diese Inszenierung von nun an statt. 1936 berichtete die örtliche Tageszeitung, »165 Sonderzüge, 30 mehr als im Vorjahr«, seien zu erwarten, 85 000 Teilnehmer reisten ins Weserbergland. Wer nicht anreiste, konnte in der Zeitung lesen, was er an diesem Tag zu tun hatte – nämlich vor dem Radio zu sitzen. »Der Deutsche Rundfunk, dessen Programm am Sonntag im Zeichen des Erntedankes steht, überträgt von 12 bis 14 Uhr auf allen deutschen Sendern den Staatsakt auf dem Bückeberg mit der Rede des Führers.«

Für Annedore begann ihr erstes staatliches Erntedankfest als Jungmädel mit einer Morgenfeier. Die Samstagszeitung ihres Heimatortes kündigte sie an: »Das Fest wird wie im vergangenen Jahr mit einer Morgenfeier der gesamten Hitlerjugend auf dem Platz am Rathaus eingeleitet. Die Jungen legen in schlichter Weise ihr Bekenntnis zum Bauern dar: ›Der Boden ist unser Leben.‹ Verbunden ist damit die Flaggenhissung, bei der die Parteimitglieder teilnehmen.« Annedores Mutter wird an diesem Sonntag vermutlich einen Eintopf gekocht haben. Denn das reichsweite Eintopfessen war ebenfalls seit Oktober 1933 Pflicht. Auf 50 Pfennig wurden die Kosten für die Suppe veranschlagt. Was dabei gegenüber einer üblichen Mahlzeit eingespart wurde, sollte ans Winterhilfswerk gespendet werden. Mancherorts kontrollierten überzeugte Parteigenossen, ob der Nachbar den Eintopfsonntag in den Wintermonaten auch wirklich einhielt. Manchmal löffelte man die Suppe auch gemeinsam, beim öffentlichen Eintopfessen, aus. So dehnte die staatliche Ordnung ihre Kommandogewalt sogar auf den Herd und den Speiseplan aus.

Wenn der Führer eine Rede hielt, war Zuhören Pflicht. »Heute abend um acht Uhr eröffnet der Führer in einer großen Kundgebung in der Deutschlandhalle das Winterhilfswerk 1936 auf 1937«, schrieb die Zeitung in Annedores Heimat wenige Tage nach dem Erntedankfest. Selbst Annedores Eltern setzten sich an solchen Abenden vor den

Rundfunkempfänger, obwohl der Vater vor Aufregung und Widerwillen oft Nasenbluten bekam, einmal sogar so heftig, dass Annedore loslaufen musste, um den Notarzt zu holen. Aber die Eltern wagten nicht, sich dieser Verordnung zu widersetzen, das war gefährlich, und ihre eigene Tochter hörte dem Gebell, Geknurre und Geraune des »Führers« aus dem Äther begeistert zu.

»Lebensnotwendige Vermehrung«

Die für das »Winterhilfswerk« gesammelten Gelder wurden zunehmend auch für die Hitlerjugend und für den »Lebensborn« verwendet, eine 1935 gegründete SS-Vereinigung, die den »Kinderreichtum in der SS« fördern sollte. In einer Festrede zum Jubiläum der Universität München forderte Gauleiter Paul Giesler im Januar 1943 die Studentinnen auf, dem Führer ein Kind zu schenken. Hitler regte für die Zeit nach dem »Endsieg« die Ehe zu dritt an, zur »lebensnotwendigen Vermehrung« der Geburtenrate.

Das Winterhilfswerk war für Annedore eine große Sache. Die Nationalsozialisten hatten diese Nothilfeaktion im September 1933 gegründet. Damit sollten Spenden für die Ärmsten der Gemeinschaft gesammelt werden, für Arbeitslose und Rentner zum Beispiel. Aber diese Wohlfahrtsaktion diente vor allem auch der Erziehung der Helfenden. Kinder und Jugendliche lernten dabei, sich in den Dienst von Volk und Partei zu stellen und von anderen Volksgenossen Gefolgschaft zu verlangen. Nicht ohne Aufdringlichkeit klapperten die jungen Helfer ihre Nachbarschaften ab und verkauften den Volksgenossen Winterhilfswerkabzeichen. »Luftschutz tut not«, »Der Führer dankt«, »Jedem

Kind ein Bett«, »Sichert den Sieg über Hunger und Kälte« oder »Aufwärts aus eigener Kraft« stand auf den Ansteckknadeln aus Holz, Eisen oder Kupfer.

Annedore zog leidenschaftlich gern mit ihren etwa 100 Ansteckern und der Sammelbüchse los, die sie auffordernd schüttelte. Keinen, der an ihr vorbeiging, ließ sie aus. Sie sprach jeden an. Und die meisten kauften dem Mädchen die Ware ab. Manche der guten Sache wegen. Manche dank ihres Verkaufstalentes. Manche, weil sie fürchteten, ohne das Abzeichen als jemand zu gelten, dem es an Begeisterung für die braune Sache fehlte.

Der Ehrgeiz der Sammlerinnen wurde durch einen Wettbewerb angespornt. Annedore hatte am Ende die besten Verkaufszahlen vorzuweisen – und wurde mit einem Rundflug über ihre Heimatstadt belohnt, in einem einmotorigen Flugzeug, in dem nur sie und der Pilot saßen. Das war ein richtiges Abenteuer in einer Zeit, in der Flugreisen noch nicht alltäglich waren. Entsprechend stolz war Annedore – auch wenn ihr während des Flugs speiübel geworden war, sodass sie sich gleich nach der Landung der Länge nach auf den Rasen am Rande des Rollfelds legen musste. Ihr Fleiß und Einsatz waren vor den Augen aller belohnt worden, darauf kam es an.

Auch Marianne und ihre Schwester sammelten für das Winterhilfswerk. Nicht Geld, sondern Altpapier, das sie montags in der Schule sortierten, wogen und dann in Listen eintrugen. Aus Kochüberresten wurde »Seife für unsere Soldaten an der Ostfront« gemacht, wie man den Schülerinnen erklärte. Ein Geruch von ausgekochten Suppenknochen hing im Klassenzimmer, wenn die Schülerinnen ihre Essensreste von zu Hause mitbrachten. Die Jugendlichen lieferten ihre Ski ab, opferten Spielzeug, sammelten Altmetall – alles fürs Vaterland. Taubnesseln, Huflattich, Zinnkraut, Löwenzahn, Kamille, Schachtelhalm, Fingerhut, Gänseblümchen, Ebereschenbeeren, Birken-, Lorbeer-, Holunder-, Brombeer- und Erdbeerblätter – auch solche Heilkräuter wurden gesammelt und abgeliefert. Mal an einen Händler, mal an die NS-Frauenschaft, wo sie getrocknet und zu »deutschem Tee« verarbeitet wurden. Das Land raffte und sparte und sammelte – der Krieg brauchte Rohstoffe.

Schweine für den Führer

Ein Mädchen aus Hattingen erhielt vom Ortsgruppenleiter folgende schriftliche Anerkennung: »Dem Inhaber zum Zeichen des Danks, den Eltern zur Ehre, gegenüber der Nation zum Beweis, bestätigen wir wie folgt: Rosemarie sammelte im Winter 1936 bis Mai 1937 in dem ihr zugeteilten Bereich die Küchenabfälle zwecks Verwertung zur Schweinemast. Auf diese Weise konnten der Allgemeinheit zusätzlich 92 gemästete Schweine zugeführt werden. Der Erfolg war nur möglich, weil die Eltern die Notwendigkeit des Sammelns erkannten und man nicht auf Rang und Stand sah, sondern sich mühte, Sozialist der Tat zu sein.«

Auch den Rohstoff kindlicher Arbeit. Denn das Land leerte sich. Die Väter, Brüder, Söhne und Freunde verschwanden – Ende August 1939 standen viereinhalb Millionen Männer unter Waffen. Am 1. September überfielen die Deutschen Polen – Schulklassen wurden zusammengelegt, weil immer mehr Lehrer ins Feld zogen. Von nun an kamen die Familien nur noch bei gelegentlichen Fronturlauben der Männer zusammen. Der Kontakt mit den an der »Heimatfront« Zurückgebliebenen beschränkte sich auf Päckchen und Briefe. Auf dieses Verschwinden waren die Kinder jahrelang vorbereitet worden. Es ging darum, fürs Vaterland einzutreten. 30 Millionen Briefe, so schätzt man, sind in den Jahren des Zweiten Weltkriegs zwischen den Soldaten und ihren Familien hin- und hergeschickt worden – so wie der der zehnjährigen Gertrud an ihren Vater vom September 1941:

»Mein lieber Pappi! Ich hoffe, dass es Dir gut geht. Der Krieg schreitet vorwärts. Wir haben in der Schule immer verfolgt, wo die deutschen Soldaten stehen. Wir haben seit dem 28. August wieder Schule (…). Wir haben nur noch drei Lehrer und zwei Lehrerinnen. Unsere Klasse ist voll von Schülern. Wir sind zusammen 58 Kinder. Ich will fleißig lernen, dass ich nächstes Jahr wieder versetzt werde. In (…) sieht man viele Soldaten und Kriegswagen. Bald wirst Du wohl auf Urlaub kommen. Aus Groß- (…) sind schon viele Soldaten gefallen. In Russland haben schon 27, wie unser Lehrer erzählte, ihr Leben lassen müssen. Es wird hier oft schon kalt. In der Schule ist die Heizung verbessert, dass wir im Winter nicht frieren brauchen. (…) Hunger leiden wir nicht. Die Engländer brummen manchmal über unser Haus weg, aber Bomben werfen sie nicht. In der Niedergrafschaft sind viele russische Gefangene. Die sollen sehr dumm aussehen. Einer ist kürzlich ausgebro-

»Tag der Wehrmacht«

chen und hat in der Nähe des Lagers eine Frau ermordet. Man hat ihn geschnappt, und sicher wird er schon erschossen sein. Morgen geht's nach Bremen. Sei herzlich gegrüßt von Deiner Trudelein«

Den Krieg bekamen bald auch jene zu spüren, die nicht an der Front standen. Bereits am 27. August 1939 wurden einzelne Lebensmittel rationiert.

Lebensmittelmarken

Vier Tage vor dem Krieg gegen Polen wurden Textilien, Tabak und bestimmte Lebensmittel der »vorläufigen Sicherstellung des Bedarfs des deutschen Volkes« unterworfen. Aber erst gegen Ende des Krieges entstand vielerorts eine Not, die nicht mehr durch Lieferungen aus den besetzten Ländern und auch nicht mehr durch den Schwarzmarkt ausgeglichen werden konnte. Zwangsarbeiter, Kriegsgefangene und KZ-Häftlinge wurden buchstäblich »ausgehungert«. Besonders polnischen und russischen Zwangsarbeitern wurden wegen angeblich »schlechter« Arbeit die Rationen gekürzt.

Fleisch, Brot und Fett wurden nur noch gegen Lebensmittelkarten abgegeben. Die zur Verfügung stehende Nahrungsmenge schnurrte im Kriegsverlauf immer weiter zusammen. Gab es Ende September 1939 noch 2400 Gramm Brot pro Normalverbraucher und Woche, waren es Mitte März 1945 nur noch 1778 Gramm. Die Fleischration sank von 500 auf 222 Gramm. Ebenso die Menge Fett. Statt 270 gab es nur noch 109 Gramm. Zum Einkaufen brauchten Karl, Marianne und Annedores Mütter seit 1939 also nicht nur Geld. In ihren Portemonnaies steckten fortan die Lebensmittelmarken, die ihnen erst die Berechtigung gaben, ein Stück Fleisch oder ein Brot zu kaufen. Zu Hause wurde improvisiert. Die Mütter und Großmütter backten zu Weihnachten Nussecken aus Haferflocken, und aus Äpfeln kochten sie einen Brotbelag, der die Marmelade ersetzen sollte und fürchterlich im Hals kratzte. Das war der Einsatz, den man zur Kriegsweihnacht an der Heimatfront leisten konnte.

Appell an die deutsche Hausfrau

»Es ist selbstverständlich, dass man gewisse Einschränkungen auf sich nehmen muss, wenn man Großes erreichen will. Und darum wende ich mich an die deutschen Hausfrauen. Eine große Verantwortung liegt auf ihren Schultern. Sie müssen in erster Linie immer die Speisen auf den Speisezettel setzen, die jahreszeitlich bedingt sind, die vorhanden sind … Es ist eine Sünde, wenn man immer gerade das kaufen und haben will, was in dem Augenblick nicht durch die Natur hervorgebracht wird.« *Rede von Göring am 28. Oktober 1936*

In der Schule steckten die Kinder Fähnchen auf die Landkarte von Europa, um an den Siegeszügen der deutschen Soldaten zumindest im Geiste teilhaben zu können. Sie führten Kriegstagebücher, in die sie Zeitungsartikel über die siegreiche deutsche Reichswehr klebten. »Luftwaffe traf elf Handelsschiffe« stand dort beispielsweise am 2. März 1941. Oder »Große Operationserfolge im Osten« hielt Mariannes siebenjährige Schwester Lisa in großen Lettern über zwei Seiten in ihrem Tagebuch fest, bald nachdem die Deutschen im Juni 1941 in die Sowjetunion einmarschiert waren. Auf der Rückseite dieser gesammelten Zeitungsmeldungen fanden sich die Schachecke, Karikaturen und die Ergebnisse der regionalen Fußballspiele, als sei das alles ein ganz normaler Juni. Nur die Mahnung, dass von 21.30 bis 5.24 Uhr als Vorsichtsmaßnahme zu verdunkeln sei, ließ anderes ahnen.

Im Radio hörten die Kinder mit ihren Müttern das »Wunschkonzert für die Wehrmacht«. Mit dem deutschen Überfall auf Polen war diese Sendung zu einer wirklichen Verbindung zwischen Heimat und Front geworden. »Soldaten der deutschen Wehrmacht! Einmal herhören!«, wandte sich Ende 1939 der Rundfunkchef in Goebbels Propagandaministerium an die Truppe: »Ihr habt uns (…) in den letzten Wochen viele Feldpostbriefe geschrieben, und wir entnehmen aus diesen Feldpostbriefen immer wieder eines: den Wunsch nach Musik. Viele von euch baten uns, doch einmal ihre Lieblingsstücke zu spielen. Diese Wünsche wollen wir – soweit als möglich – gerne erfüllen. Und darum veranstaltet der Großdeutsche Rundfunk am Sonntag, dem 1. Oktober 1939, von 16 bis 20 Uhr das erste große Wunschkonzert für die Wehrmacht. Wir werden dann vier Stunden gemeinsam verleben und Front und Heimat durch unser Wunschkonzert auf das engste verbinden.« Schon für die erste Sendung wurden in 23 117 Feldpostbriefen Wünsche für das Wunschkonzert angemeldet. Viele der damals bekannten Schauspieler trugen zu dem Wunschkonzert bei, auch der populäre und von Göring besonders geschätzte Schauspieler Gustaf Gründgens. Die »Stimme der Heimat« war an allen Fronten zu hören:

»So weit die Grenzen der Heimat gespannt, / steht ihr, Soldaten, zum Schutz für das Land. / Steht als ein starker, lebendiger Wall, als ein doppelter Wall aus Herzen und Stahl – und euch alle umschließt ein gemeinsames Band. Die Heimat, für die ihr steht und wacht / Die Heimat ist bei euch bei Tag und Nacht / (…) Und wenn diese Stimme euch Bruder nennt / So wisst ihr, wer diese Stimme ist: Es ist die Heimat, die euch grüßt / Die Heimat, die keinen der Söhne vergisst. Und wenn diese Stimme euch angerührt, mit euren Gedanken nach Hause euch führt / so habt ihr, wo immer ihr einsam seid, einen Herzschlag lang über Raum und Zeit / die Treue und Liebe der Heimat gespürt.«

Pakt mit den Mächtigen

Viele seiner jüdischen Kollegen verließen Deutschland, weil sie keine Arbeitsmöglichkeit mehr hatten oder um ihr Leben fürchteten. Gustaf Gründgens (1899–1963) blieb und machte, von Hermann Göring befördert, Karriere. Er war kein Parteimitglied, aber er verlieh dem NS-Regime als Intendant und als Schauspieler künstlerischen Glanz. Sein Ex-Schwager, der vor den Nazis ins Ausland geflüchtete Schriftsteller Klaus Mann, veröffentlichte 1936 im Amsterdamer Exil den Roman »Mephisto«, der unverkennbar Gründgens' Pakt mit der Macht zur Vorlage hatte. In seinem Entnazifizierungsverfahren wurde Gründgens von zahlreichen Künstlern entlastet und 1946 aus der russischen Internierungshaft entlassen.

Mittwochs und sonntags von 17 bis 20 Uhr wurden fortan Musikwünsche erfüllt, später nur noch an den Sonntagen. Beliebt war auch die Rubrik »Geburtsregister« innerhalb dieses Programms, durch das der Soldat an der Front schneller als per Post erfuhr, wenn er Vater geworden war. Im Mai 1941 wurde das Wunschkonzert eingestellt. Sein Nachfolger hieß nun »Volkskonzert«. Aber der erfolgreichste Schlager des Zweiten Weltkriegs war in keiner dieser beiden Sendungen gespielt worden. Es war der Soldatensender Belgrad, der im August 1941 eine Woche lang zum Sendeschluss einen bis dahin gefloppten Schlager der Sängerin Lale Andersen spielte: »Lili Marleen« – bis das Lied abgesetzt wurde, weil Goebbels es für »unheroisch« hielt. Denn um ein Haar, so erzählt der Text, wäre ein Mann bereit gewesen, aus Liebe zu Lili Marleen sein Vaterland im Stich zu lassen. Das passte nicht ins Weltbild der Nationalsozialisten.

Aber sie hatten die Rechnung ohne die Radiohörer gemacht. Aus Griechenland, Kroatien, Kreta und Nordafrika meldeten sich protestierende deutsche Soldaten und baten um Wiederaufnahme des Liedes. Das Regime wusste, wann es nachgeben musste. »Lili Marleen« lief von nun an immer zum Sendeschluss um 21.55 Uhr und verbreitete sich über alle Kriegsschauplätze. Aus ihm sprachen Sehnsucht und

Hoffnung auf ein Wiedersehen. Für die meisten war daran noch lange nicht zu denken, viele erlebten es gar nicht mehr.

Auch Karl wurde Soldat. Ebenso Annedores geliebter Schwager, der Mann ihrer großen Schwester. Und auch Mariannes Bruder und der Mann ihrer Schwester wurden eingezogen. Selbst den Zuversichtlichen wurde langsam bange, denn immer häufiger blieben die Briefe der Ehemänner, Brüder und Schwager aus. Stattdessen kamen offizielle Schreiben, mit denen Eltern vom Tod ihres Sohnes in Kenntnis gesetzt wurden. »Möge Ihnen die Gewissheit, dass Fritz sein junges blühendes Leben für den Weg Großdeutschlands und unseren Führer hingab, ein kleiner Trost sein in Ihrem schweren Leid, das Sie betroffen hat«, schrieb ein Hauptfeldwebel im März 1942. Fritz war nur 20 Jahre alt geworden. Zwei Jahre vor seinem Tod hatte er sein Abitur gemacht.

Das Land dünnte aus. Und das Regime sorgte sich um die abnehmende Zahl an Arbeitskräften. Die Männer fehlten. Für unverheiratete Frauen unter 25 Jahren war deshalb schon im Februar 1938 ein Pflichtjahr in der Land- oder Hauswirtschaft eingeführt worden. Die Teilnahme daran galt als Voraussetzung für eine spätere Berufstätigkeit. Nicht nur für Marianne hieß das, die gewohnte Umgebung zu verlassen und in fremden, meist kinderreichen Familien zu helfen – und sich selbst zu beweisen, dass Heimweh ihr nichts anhaben konnte. Härte gegen sich selbst galt es zu zeigen, das hatte sie schon als Jungmädel gelernt.

So kam Marianne während ihres Pflichtjahres 1941 für mehrere Monate zu einer Leipziger Familie mit sechs Kindern, die sich kein Hausmädchen mehr leisten konnte. Marianne sollte die Lücke füllen, aber sie tat sich schwer damit. Noch bevor der Morgen dämmerte, musste die Fünfzehnjährige aufstehen, ihr Zimmer aufräumen und dann das Frühstück für eine achtköpfige Familie zubereiten. Danach wusch sie die Kinder, zog sie an, kaufte ein, putzte, sechs Tage die Woche für zehn Reichsmark im Monat. Marianne hatte Sehnsucht nach zu Hause.

Annedore räumte mit ihren Schulfreundinnen Trümmer in einer von alliierten Bomben zerstörten Großstadt beiseite. Über das Entsetzliche, was sie dabei zu sehen bekamen, über die Toten, über die Zerstörung, sprachen sie nicht. In den Ferien rückte Annedore in den Zulieferbetrieb einer Munitionsfabrik ein, wo sie Gewinde für Granatköpfe drehen, eine Nut in das Metall fräsen musste. Bei der Einweisung in ihre kriegswichtige Tätigkeit war sie auch ermahnt worden, unter keinen Umständen mit den ebenfalls im Betrieb schuftenden russischen Fremdarbeitern zu sprechen – eine Belehrung, die Annedore überflüssig fand. Für sie waren das Feinde. Und sie arbeitete dort an den Waffen, damit diese Feinde besiegt wurden, denn schließlich wollte sie nicht, wie Goebbels es immer als schlimmste Zukunftsperspektive ausmalte, im Fall von Deutschlands Niederlage »auf der größten Sklavenplantage der Welt« arbeiten.

Für Annedore war die Maschine, an der sie saß, ihre Waffe im Krieg. Für die gefangenen Russen hatte sie keinen Blick. Bis ihr eines Tages ein Fehler unterlief. Der Dorn, mit dem sie fräste, sprang aus seiner Halterung. Instinktiv griff Annedore in die Maschine – und augenblicklich vermischte sich ihr Blut mit der öligen Gleitflüssigkeit. Ihr Finger war schon zerfetzt, aber zurückziehen konnte sie ihn nicht. Sie stand unter Schock und war wie gelähmt. Es war der neben ihr arbeitende Russe, der sofort begriff, was geschehen war. Er sprang zu Annedore, legte den Haupthebel um und brachte den Fleischwolf zum Stehen. Als die Maschine anhielt, strahlte er über das ganze Gesicht. In diesem Moment nahm Annedore im gefangenen »Untermenschen«, wie die Nazis die Russen nannten, zum ersten Mal den Menschen wahr, der ihr lachend und in gebrochenem Deutsch Trost zusprach: »Glück gehabt.« Von da an brachte sie dem jungen Russen jeden Tag einen Apfel mit. Heimlich, verbotenerweise.

Mit dieser Erfahrung tat sich ein erster Riss in Annedores Weltbild auf. Es war gar nicht so lange her, dass sie mit ihrer Jungmädelgruppe losgezogen war, um bei dem Spektakel in der Kreisstadt dabei zu sein, als eine junge Frau, die angeblich ein Liebesverhältnis mit einem Polen gehabt hatte, öffentlich gedemütigt wurde. Annedore und ihre Freundinnen, alle 14 Jahre alt, standen am Straßenrand und schauten zu, wie man der Frau die Haare vom Kopf schor und ein Schild umhängte: »Ich habe deutsches Blut geschändet.« Mit lautstarker Empörung trieben die Mädchen, zusammen mit anderen Passanten, die Frau durch die Straßen. Während die Männer an der Front für das Vaterland kämpften, sollten sie sicher sein können, dass an der Heimatfront alles mit rechten Dingen zuging. Zwangsarbeiter und Kriegsgefangene, die unter Verdacht standen, ein Verhältnis mit einer deutschen Frau eingegangen zu sein, wurden hingerichtet. Den beteiligten Frauen drohte oft sogar die KZ-Haft.

Annedore hatte damals kein Mitleid mit der Frau gehabt. Dass ihr

Im Zuge der Kriegsproduktion arbeiten ab Januar 1943 auch Frauen und Mädchen verstärkt in der Rüstungsproduktion.

durch die Freundlichkeit eines anderen dann doch erste Zweifel an dem kamen, woran sie all die Jahre geglaubt hatte – das war eine Chance, die nicht jeder erhielt. Annedore ergriff sie. Marianne, die sich nur widerwillig in die braune Ordnung gefügt hatte, atmete auf, als französische Soldaten im Mai 1945 ihr Heimatstädtchen befreiten. Endlich konnte der Ortsgruppenleiter dem beständig widersprechenden Vater nicht mehr damit drohen, ihn »am Birnbaum vor seinem Haus zu hängen«. Und Karl, der Soldat, der einen feindlichen Kopfschuss nur mit

Aus verbotener Liebe zu einem »Fremdarbeiter« am Pranger.

viel Glück überlebt hatte, geriet für ein paar Wochen in amerikanische Kriegsgefangenschaft. Der Weg zurück nach Hause durch ein in Trümmern liegendes Land führte ihm anschaulich vor Augen, dass im Namen des Vaterlandes, von dem er als Junge immer gesungen hatte, vieles geschehen war, was er sich in seiner jugendlichen Begeisterung nicht vorzustellen gewagt hatte.

Mirjam Pressler

Himmel und Hölle

Von Leipzig nach Theresienstadt

Sie war gerade vierzehn geworden und lebte nun schon seit drei Wochen mit fast siebzig anderen Jugendlichen in Ahrensdorf auf einer Hachschara, die von der zionistischen Jugendorganisation geleitet wurde und sie durch eine landwirtschaftliche Ausbildung auf ein Leben in Palästina vorbereiten sollte. Hannelore gehörte zu einer ziemlich großen Gruppe von Mädchen, die aus Leipzig, Dresden, Magdeburg, Halle und anderen Städten stammten. Sie war die Jüngste, die Kleinste und die Dünnste, und anfangs hatte ihr niemand geglaubt, dass sie schon vierzehn war. »Unser Püppchen«, sagten die anderen, und sie hörte das lieber als »Hanna«, ein Name, gegen den sie sich standhaft wehrte. Obwohl die anderen sagten, wie wichtig es sei, einen jüdischen Namen zu haben. Da war ihr »Püppchen« schon lieber. Außerdem verschaffte ihr die Rolle als Nesthäkchen immer wieder Vorteile: mal einen Nachschlag beim Essen, mal die Befreiung von einer Arbeit, von der die anderen meinten, sie sei »zu schwer für die Kleine«.

Es war ein sehr heißer Tag, als Sami, ihr Madrich, zum Feld kam, wo sie gerade Rüben hackten. »Alle herhören«, sagte der Gruppenleiter und nannte acht Namen, zu denen auch Hannelores gehörte. »Ihr fahrt noch heute nach Hause«, sagte er. »Für euch haben wir Plätze in Dänemark. Ihr fahrt nach Hause und haltet euch bereit, bis ihr den Termin für die Abreise bekommt.«

»Aber wieso Dänemark«, protestierte Mira, Samis jüngere Schwester. »Wir wollen nach Palästina.«

Sami schaute sie böse an. »Ihr fahrt nach Dänemark und damit Schluss!« Er zögerte, dann fügte er hinzu: »Seid froh, dass ihr aus diesem verdammten Land hinauskommt. Ihr seid die Glücklichen, die Auserwählten.«

»Ich will aber nach Palästina«, sagte Mira wütend, und ein paar andere Mädchen nickten zustimmend, strafften die Schultern und ballten die Fäuste.

»Du tust, was man dir sagt«, fuhr Sami seine Schwester an. »Du gehst, und wenn ich dich höchstpersönlich zum Bahnhof prügeln müsste.« Mira presste die Lippen zusammen und schwieg. Auch Hannelore sagte nichts, obwohl sie ebenfalls nicht von Dänemark geträumt hatte.

Spät abends kamen sie in Leipzig an. Mira und Rachel, die beide schon siebzehn waren, brachten »das Püppchen« noch nach Hause, man konnte sie doch nicht allein in der Dunkelheit herumlaufen lassen.

Die Mutter weinte, als sie ihre Tochter sah. »Ich weiß es schon«, sagte sie. »Die von der Organisation haben mir Bescheid gesagt.« Später, als sie nebeneinander in dem großen Bett lagen, sagte sie in die Dunkelheit: »Ich hätte euch nie zum Bund gehen lassen dürfen, Helene und dich. Jetzt nehmen mir die Zionisten auch noch die zweite Tochter weg.«

»Soll ich hier bleiben?«, fragte Hannelore. »Sie können mich nicht zwingen, soll ich hier bei dir bleiben?«

Zionismus

»Das jüdische Volk hat kein Vaterland; es hat keine eigene Regierung, keine Vertretung. Es ist überall anwesend und nirgends zu Hause.« Leon Pinsker, ein junger russischer Arzt, schrieb dies 1882. Freiheit und Sicherheit für Juden sei nur in einem »eigenen Land« zu gewährleisten.

Aber erst Theodor Herzl (1860–1904), Korrespondent der Wiener Zeitung »Neue Freie Presse«, gelang es, eine internationale politische Bewegung anzustoßen, die alle Kräfte in den Aufbau eines eigenen »Judenstaates« in Palästina steckte. 1897 fand in Basel der erste Kongress der »Zionisten« statt. Zion – Jerusalem – sollte die künftige Heimstätte werden. »In Basel«, so schrieb Herzl in sein Tagebuch, »habe ich den Judenstaat gegründet. Wenn ich das heute laut sagte, würde mir universelles Gelächter antworten. Vielleicht in fünf Jahren, jedenfalls in fünfzig, wird das jeder verstehen.«

»Nein«, sagte die Mutter. »Du gehst. Helene hat auch geschrieben, ich soll schauen, dass ich dich aus Deutschland rausbekomme. Und wenn dein Vater noch leben würde, hätte er es ebenfalls gewollt. Und jetzt schlaf. Gute Nacht.« Die Mutter drehte ihr den Rücken zu und sagte nichts mehr. Aber Hannelore hörte an ihren unregelmäßigen, gepressten Atemzügen, dass sie sich bemühte, das Weinen zu unterdrücken.

Ein paar Tage später standen sie mit ihren Rucksäcken am Bahnhof, vor dem Zug, der sie nach Hamburg bringen sollte. Rachel war aufgeregt, sie freute sich auf die Fahrt. Mira sah blasser aus als sonst, jede Aufsässigkeit war aus ihrem Gesicht verschwunden.

»Bitte, Mira, pass auf meine Kleine auf«, sagte Hannelores Mutter und fing an zu weinen. Mira nickte, legte die Arme um Hannelores Schulter und schob sie in das Dritte-Klasse-Abteil, in dem Rachel schon auf einer Holzbank saß. Auf eine Handbewegung Miras hin rutschte sie zur Seite und machte den Fensterplatz frei. Mira half Hannelore, ihren Rucksack in das Gepäcknetz zu heben, dann drückte sie sie auf den Fensterplatz. Hannelore schaute hinaus auf den Bahnsteig. Ihre Mutter sah unter den vielen anderen Menschen noch kleiner und blasser aus als sonst, ganz verloren und sehr allein.

Als sich der Zug in Bewegung setzte, hob Hannelore die Hand und winkte. Auch ihre Mutter hob die Hand. Sie wurde kleiner und kleiner, und erst, als sie sie nicht mehr erkennen konnte, dachte Hannelore: Ich habe ihr gar nicht Auf Wiedersehen gesagt. Es ging alles viel zu schnell, ich habe ihr gar nicht richtig Auf Wiedersehen gesagt. Sie kauerte sich in die Ecke, legte den Arm über das Gesicht, als wolle sie schlafen, und überließ sich ihrer Traurigkeit.

»Wieso wir?« hörte sie Rachel fragen, leise, um die anderen Fahrgäste nicht zu stören, und Mira antwortete ebenso leise: »Wir sind alle acht staatenlos, wir haben keinen deutschen Pass. Und auch keinen polnischen.«

»Gott sei Dank«, sagte Rachel, »sonst wären wir mit den anderen nach Polen zurückgeschickt worden.«

Sie schwieg, und Hannelore wusste, dass sie jetzt an ihre Freundinnen dachte, die vor einigen Monaten aus Deutschland ausgewiesen worden waren, alle Juden mit polnischer Staatsbürgerschaft. Auch aus Hannelores Klasse waren innerhalb weniger Tage viele Schülerinnen verschwunden.

Polenaktion

Etwa 17 000 Juden polnischer Staatsangehörigkeit wurden im Oktober 1938 von der Gestapo verhaftet und aus Deutschland abgeschoben. Viele von ihnen hausten unter katastrophalen Bedingungen in Pferdeställen oder in ausgedienten Militärbaracken an der deutsch-polnischen Grenze, unter ihnen die Familie Grünspan aus Hannover. Ihr 17-jähriger Sohn Herschel verübte in Paris ein Attentat auf den Botschaftssekretär Ernst von Rath. Für die Nationalsozialisten war das ein willkommener Vorwand für ein staatlich organisiertes Pogrom gegen die jüdische Bevölkerung. Am 9. November 1938 brannten die Synagogen.

In Halle und in Magdeburg stiegen drei weitere Mädchen ihrer Hachschara-Gruppe zu, jetzt fehlten nur noch Rosa und Bella. Ein paar Stunden später kamen sie in Hamburg an. Mira führte sie zu einem anderen Zug, der sie nach Kiel bringen sollte, zur Fähre nach Dänemark. Sie schien auf einmal viel älter zu sein, es war, als habe sie die Rolle ihres Bruders übernommen.

Auf der Fähre trafen sie Rosa und Bella und noch andere aus der Organisation, sie waren insgesamt fünfundzwanzig Jugendliche, die meisten älter als Hannelore. Manche sahen fast erwachsen aus, aber Mira sagte: »Sie sind alle unter achtzehn.« Auch ein junger Mann und eine junge Frau waren mit dabei, Madrichim, die Hannelore und den anderen sagten, was sie tun mussten. Hannelore ließ alles über sich ergehen. Später wusste sie von der Reise nur noch, wie groß das Meer gewesen war, wie unendlich groß, und nicht blau, wie sie immer gedacht hatte, sondern grau.

Als die Fähre in Dänemark anlegte, dämmerte es schon. Einige Mädchen fingen an zu singen, aber Schoschi, die Madricha, eine große Frau mit harten Zügen und einer unangenehm hohen Stimme, befahl ihnen, still zu sein. »Wir müssen nicht unbedingt auffallen«, sagte sie. Schoschi kam aus Holland, wohin sie nach dem Anschluss Österreichs an Deutschland mit ihrer Familie geflohen war, und sie sprach ein österreichisches Deutsch, das in Hannelores Ohren sehr seltsam klang.

Ein Bus brachte sie in ein Zeltlager mit vielen Kindern, die jüngsten waren vielleicht zehn, zwölf, die ältesten achtzehn. Hannelore lief wie ein Hündchen hinter Mira her, ständig besorgt, sie ja nicht aus den Augen zu verlieren. Und sie war froh, als sie auch einen Schlafplatz neben ihr zugewiesen bekam.

Wochen vergingen. Es war wie auf der Hachschara. Sie mussten beim Kochen helfen, beim Aufräumen, vor allem beim Kartoffelschälen, das Hannelore am meisten hasste. Aber sie machten auch Spiele, und bei gutem Wetter zündeten sie abends ein Feuer an und sangen und tanzten. Wenn es regnete, blieben sie in ihren Zelten und bekamen Unterricht in der Geschichte des Zionismus und in Hebräisch.

Hannelore beteiligte sich an allem, aber es war, als sei nur ein Teil von ihr hier, als würde nur ein Teil von ihr lachen und singen, und der andere wäre in Leipzig geblieben, in der engen, etwas düsteren Zweizimmerwohnung. Oft holte sie heimlich den Umschlag mit den Fotos, den ihre Mutter ihr mitgegeben hatte, aus dem Rucksack und betrachtete die Bilder. Besonders abends, auf ihrem Strohsack, dachte sie an ihre Mutter, die immer kränklich und traurig gewesen war und auf die sie nun nicht mehr aufpassen konnte, wie sie es Helene versprochen hatte. Helene, der großen Schwester, die vor drei Jahren nach Palästina ausgewandert war und in einem Kibbuz nicht weit von Haifa lebte.

Unerwünscht

Die Flucht der europäischen Juden vor dem Naziterror wurde zusätzlich dadurch erschwert, dass sie in den meisten Ländern unerwünscht waren. Und selbst die wenigen aufnahmewilligen Länder verschärften mit zunehmendem Einwanderungsdruck die – vor allem finanziellen – Aufnahmebedingungen. Das galt selbst für Palästina, wo die britische Mandatsmacht seit 1937 die Zahl der Einwanderer auf 10000 jährlich beschränkte. In den Jahren 1933 bis 1941 konnten sich deshalb nur etwa 55000 Flüchtlinge nach Palästina retten.

In Deutschland befanden sich noch etwa 170000 Juden, als 1941 die Ausreise verboten wurde. Der größte Anteil von ihnen lebte in Berlin, nämlich 73000. Bis 1941 hatten rund 15000 Flüchtlinge im fernen China ein Exil gefunden: Die internationale Zone von Shanghai wurde einer der wichtigsten Zufluchtsorte. Dorthin kam man per Schiff oder mit der Transsibirischen Eisenbahn. An Papieren genügten der Reisepass und gültige Transitvisen.

April 1933. Jüdische Ärzte werden boykottiert.

Ab und zu schrieb sie einen Brief, den sie mit Lea unterzeichnete, ihrem neuen hebräischen Vornamen, an den sich Hannelore aber ebenso wenig gewöhnen konnte wie an Hanna. Wenn Helene doch nicht weggegangen wäre, dachte sie oft, und nie: Wenn Lea doch nicht weggegangen wäre ...

Die dänischen Kinder hatten das Sommerlager verlassen, es wurde stiller. Am 1. September überfielen die Deutschen Polen, am 3. September erklärten Frankreich und Großbritannien Deutschland den Krieg. Nicht nur die Mädchen reagierten bedrückt, auch die Jungen wurden schweigsam. Sie wussten nicht, was sie sagen sollten. Alle, das war Hannelore klar, dachten an ihre Familien zu Hause, die sie nun wohl für lange Zeit nicht mehr sehen würden. Sie gingen abends früh schlafen, und gesungen wurde auch nicht mehr. »Macht doch nicht solche Gesichter«, sagte Schoschi. »Seid froh, dass ihr noch rechtzeitig rausgekommen seid. Es war doch zu erwarten, dass Hitler einen Krieg anfangen würde.« Mira fuhr sie giftig an: »Du hast ja auch keine Eltern und Geschwister in Deutschland.«

Die Tage wurden kürzer, die Abende kühler, und dann, es waren vielleicht zwei Wochen seit Kriegsbeginn vergangen, sagte man ihnen, dass das Lager aufgelöst würde. Sie würden nach Kopenhagen fahren und dort verschiedenen jüdischen Familien zugeteilt werden. »Jede von uns allein?«, fragte Hannelore erschrocken. »Kann ich nicht bei Mira bleiben?«

Schoschi schüttelte den Kopf. »Das geht nicht. Aber du wirst Mira oft genug sehen, wir werden auch in Kopenhagen unsere Gruppenabende weiterführen.«

Kopenhagen war groß und verwirrend. Hannelore lief neben Schoschi her, die so schnell ging, dass sie kaum Schritt halten konnte. Als sie sich endlich zu einer kurzen Rast auf eine Bank setzten, sagte Schoschi: »Wenn du gefragt wirst, wie du heißt, sagst du Hanna, verstanden? Nur Hanna. Hannelore klingt einfach zu deutsch für Dänemark. Also, wie heißt du?«

»Hanna Lemberger.« Schoschi tätschelte ihr die Wange und Hanna zuckte zurück. Hanna, nicht Hannelore.

Die Familie, die Hanna aufnahm, musste reich sein, denn sie bewohnte das ganze erste Stockwerk eines schönen, alten Hauses. Sechs Zimmer für vier Personen, Vater, Mutter und zwei Kinder, das Dienstmädchen und die Köchin schliefen in einer Kammer unterm Dach. Frau

Golde begrüßte Hanna auf Deutsch. Ihre Aussprache klang so lustig, dass Hanna lachen musste und sich gleich etwas wohler fühlte.

Sie teilte das Zimmer mit Britta, die nur zwei Jahre jünger war als sie, und dem siebenjährigen Dani. Und weil weder Britta noch Dani deutsch sprachen, dauerte es nicht lange, und Hanna lernte, sich auf Dänisch mit ihnen zu verständigen. Wenn die Kinder in der Schule waren, setzte sich Frau Golde manchmal mit ihr hin und gab ihr Unterricht. Aber das geschah nicht oft, ihre Arbeit bei einer jüdischen Wohlfahrtsorganisation ließ ihr wenig Zeit. Das meiste lernte Hanna von Stine, der Köchin. Stine war alt und geduldig, sie brachte Hanna nicht nur das Kochen bei, sondern auch Dänisch. Ihr war es zu danken, dass Hanna sich so gut einlebte. Und auch der Tatsache, dass sie sich häufig mit Mira traf, zusätzlich zu dem Gruppentreffen jeden Freitagabend. Mira hatte nicht so viel Glück gehabt mit ihrer Familie, sie musste sehr viel arbeiten und hoffte inständig, dass die Organisation einen neuen Platz für sie finden würde.

Den ganzen Winter über blieb Hanna bei der Familie Golde, und auch in den ersten Monaten des Jahres 1940. Sie nahm an einem Handarbeitskurs teil, der etwas Abwechslung in ihr Leben brachte, und ihr Dänisch wurde immer besser. Wenn es keinen Krieg gegeben hätte, wenn sie nicht immer ihre Mutter vor sich gesehen hätte, wie sie allein in der engen Küche saß und das Foto des Vaters anschaute, das dort an der Wand hing, hätte Hanna sich fast wohl gefühlt.

Dann kam der 9. April 1940. Flugzeuge brausten über die Stadt und Herr und Frau Golde verboten den Kindern, das Haus zu verlassen. Ständig kamen Leute, saßen mit Herrn und Frau Golde im Wohnzimmer, diskutierten oder hörten Radio.

Dänemark wird besetzt

Noch im Mai 1939 hatte Dänemark mit Deutschland einen Nichtangriffspakt geschlossen, was Hitler aber nicht daran hinderte, das kleine Land zu besetzen. Die Regierung und der dänische König blieben im Amt. Nach Streiks und Sabotageakten wurde im August 1943 das Kriegsrecht verhängt. »Bevollmächtigter des Deutschen Reiches« wurde Werner Best, der 1949 in Kopenhagen zum Tode verurteilt, zwei Jahre später aber begnadigt und in die Bundesrepublik entlassen wurde.

Die Deutschen waren in Dänemark einmarschiert und hatten, ohne auf Widerstand zu stoßen, das kleine Land besetzt. Erst als ein paar Tage später ganz sicher war, dass es nicht zu Kriegshandlungen kommen würde und dass die Regierung weiter im Amt blieb, durfte Hanna wieder zu ihrem Kurs. Doch jedes Mal, wenn sie deutsche Soldaten in Uniform sah, bekam sie Angst und musste sich zwingen, ruhig an ihnen vorbeizugehen. So wie sie sich zwingen musste, nicht zu reagieren, wenn sie deutsche Worte hörte.

Zwei, drei Wochen später teilte ihnen Schoschi bei einem Gruppenabend mit, dass sie Kopenhagen verlassen würden, es sei langsam zu gefährlich mit den vielen deutschen Soldaten. »Für dich haben wir schon einen Platz auf einem Bauernhof, Hanna«, sagte Schoschi. »Du bist jetzt auch alt genug, um für deinen Lebensunterhalt zu arbeiten. Du bist in den letzten Monaten gewachsen und kräftiger geworden.«

Das stimmte. Frau Golde hatte schon neue Kleidungsstücke für Hanna besorgen müssen, denn die Sachen, die sie aus Deutschland mitgebracht hatte, waren ihr zu eng und zu kurz geworden. »Und außerdem kommt Mira ganz in deine Nähe, eure Bauernhöfe liegen nur drei, vier Kilometer voneinander entfernt«, sagte Schoschi noch.

Der Abschied von der Familie Golde fiel Hanna nicht schwer. Sie waren gut zu ihr gewesen, das stimmte, aber die Aussicht, auf dem Land zu leben, wie sie es immer gewollt hatte, war sehr verlockend. Noch dazu in Miras Nähe. Mira war allmählich so etwas wie eine große Schwester geworden. Hanna überlegte manchmal, ob sie sie wirklich so gern hatte oder ob es nur Gewöhnung war, und sie gestand sich ein, dass es ihr gar nicht gefiel, wie die Ältere sie immer herumkommandierte. Aber dann dachte sie, dass sie sich bei Helene ja auch nie gefragt hatte, ob sie sie eigentlich gern hatte oder nicht. Unter Schwestern tat man das nicht.

Es war ein schöner, sonniger Tag im Mai, als sie mit der Fähre auf die Insel Fünen fuhren. Hanna hatte wieder ihren Rucksack auf dem Rücken, doch zusätzlich schleppte sie noch eine Leinentasche. Ihre Besitztümer hatten sich vermehrt. Frau Golde hatte ihr drei Tage vor ihrer Abfahrt, zu ihrem fünfzehnten Geburtstag, noch einen neuen Trainingsanzug, zwei Nachthemden und ein deutsch-dänisches Wörterbuch geschenkt. Außer Hanna und Mira waren auch Rachel und Bella dabei, dazu noch weitere Jugendliche aus Deutschland. Manche kannte sie nicht, andere hatte sie schon auf der Fähre getroffen.

Die Bauern, zu denen Hanna gebracht wurde, hießen Andersen. Das gefiel Hanna, weil es sie an ihre Lieblingsmärchen erinnerte. Die Familie bestand aus dem Bauern, einem großen, kräftigen Mann mit einem roten Vollbart, und seiner Frau, die klein und dick war und Hanna an ihre Tante Rosa erinnerte. Björn, der Sohn, erlernte die Landwirtschaft bei einem Onkel auf der Insel Seeland. Zum Hof gehörten noch Bente, die Magd, und Göran, der Knecht, der Hanna neugierig anstarrte. »Sie sieht aus wie ein Mensch«, sagte er schließlich, »gar nicht wie eine Jüdin.«

Frau Andersen lachte und fragte: »Wie hast du dir denn vorgestellt, dass Juden aussehen?«

Göran kratzte sich am Kopf, zuckte mit den Schultern und murmelte: »Anders. Anders als wir.«

Hanna sollte das Zimmer mit Bente teilen. Sie erschrak, als sie das hörte. Bente war eine ältere, grobknochige Frau mit mürrisch nach unten gezogenen Mundwinkeln. Aber schon nach kurzer Zeit fand Hanna heraus, dass sich hinter Bentes abstoßendem Äußeren eine warmherzige Frau verbarg.

Arbeit war nichts Neues für Hanna, sie hatte schon überall mithelfen müssen, trotzdem fiel es ihr schwer, sich an das Leben auf dem Hof zu gewöhnen. Morgens, kaum dass es hell wurde, musste sie aufstehen und Bente beim Feueranmachen und der Zubereitung des Frühstücks helfen. Göran, der Knecht, war um diese Zeit schon im Stall, fütterte und molk die Kühe. Nach dem Frühstück in der großen Küche musste Hanna sich um die Hühner kümmern, bevor sie wieder zu Bente ging, um im Haushalt zu helfen oder Gartenarbeit zu erledigen. Zuweilen wurde sie auch zum Heuen oder Hacken auf einen Acker geschickt. Oft tat ihr der Rücken so weh, dass sie die Hacke fallen ließ und sich am liebsten auf die Erde gelegt und geweint hätte, doch dann dachte sie an ihre Schwester Helene, die in Palästina ebenfalls schwere Landarbeit verrichten musste, und griff wieder nach der Hacke. In der ersten Zeit schmierte ihr Bente abends, vor dem Schlafengehen, eine übelriechende Salbe auf die Hände, gegen die Blasen. Die Blasen heilten, und neue bildeten sich nicht mehr.

Die Mädchen ihrer Gruppe trafen sich, zusammen mit einigen anderen, einmal in der Woche bei Schoschi, die im nahen Nyborg lebte. Eine Dänin hatte ihr einen Kellerraum zur Verfügung gestellt, den sie sich für ihre Gruppenabende herrichteten und »Zentrum« nannten.

Alle kamen mit Fahrrädern zu den Abenden. Das war etwas Neues für Hanna, die Fahrrad fahren erst lernen musste. Frau Andersen lachte ungläubig, als sie hörte, dass Hanna es nicht konnte, und Göran sagte: »Vielleicht können Juden nicht Fahrrad fahren.« Hanna hatte schon gelernt, Görans Bemerkungen zu überhören. Aber als sie es endlich konnte und nicht mehr dauernd abspringen musste, machte ihr das Fahrradfahren großen Spaß.

Manchmal fuhr sie auch abends, nach der Arbeit, zu Mira, oder Mira kam zu ihr, solange die Tage noch lang und hell waren.

Über Deutschland sprachen sie selten. Was hätten sie auch sagen sollen? Sie erfuhren wenig. Bei den Andersens stand das Radiogerät im Wohnzimmer und wurde nur abends angestellt, wenn Bente und Hanna die Küche sauber machten, bevor sie ins Bett gingen. Natürlich hörten sie im Zentrum von Hitlers Vormarsch im Westen und von seinen überraschenden Siegen, und sie diskutierten darüber, ob Amerika wohl in den Krieg eintreten würde. Sehr selten sprachen sie auch über die Bombenangriffe auf deutsche Städte, die seit Mai von der britischen Luftwaffe geflogen wurden. Bomben, das war klar, konnten nicht zwischen Juden und Nazis unterscheiden.

Bombennächte

Im Mai 1940 eröffneten britische Bomber über dem Ruhrgebiet den Luftkrieg gegen Deutschland. Die Angriffe erfolgten fast immer bei Nacht und aus großer Höhe, um nicht von den deutschen Jägern und Flaks abgeschossen zu werden. Kleinere Ziele konnten aus dieser Höhe kaum getroffen werden. Die Engländer konzentrierten sich auf das Flächenbombardement deutscher Städte, um die Zivilbevölkerung zu demoralisieren. 600 000 Tonnen Bomben fielen auf das »Deutsche Reich«.

Hanna schrieb manchmal an ihre Mutter, aber sie wusste nicht, ob die Briefe auch ankamen. Ab und zu erhielt sie eine Postkarte. Darauf stand immer dasselbe: »Mir geht es gut. Sei brav, mein geliebtes Kind, und Gott schütze dich.« Die Karten steckte Hanna in den Umschlag mit den Fotos. Sei brav. Als ob sie je etwas anderes als brav gewesen wäre. Die Karten kamen immer seltener, und Hanna vermied es auch, zu oft an früher zu denken, weil es sie traurig machte. Einmal träumte sie von ihrer Mutter und wachte weinend auf, als Bente ihr die Haare streichelte und sie in den Arm nahm und tröstete, wie ihre Mutter es nie gemacht hatte. »Der Krieg geht vorbei«, sagte Bente mit sanfter Stimme. »Du wirst sehen, dieser Scheißkrieg geht vorbei, und dann wird alles wieder gut. Diese Nazis soll der Teufel holen.« Und während sie weiter vor sich hin schimpfte, hörte sie nicht auf, Hanna zu streicheln.

Am nächsten Morgen war sie so mürrisch wie immer, aber Hanna vergaß diese Nacht nie. Und als Bente ein paar Wochen darauf eine schwere Darmgrippe bekam, pflegte Hanna sie, so gut sie konnte.

Der Winter war lang und kalt und die Gruppenabende wurden auf Sonntagnachmittag verlegt, weil niemand bei der Kälte durch die stockdunkle Nacht fahren konnte. Wäre Mira nicht gewesen, hätte Hanna sich vollkommen verloren gefühlt. Mira erlaubte ihr nicht zu jammern. »Reiß dich zusammen«, sagte sie, wenn Hanna sich beklagte. »Reiß dich zusammen. Was wir hier haben, ist das Paradies im Vergleich zu dem, was unsere Leute durchmachen müssen.«

Die Entrechtung

Wenige Tage nachdem überall in Deutschland die Synagogen brannten, wurde den deutschen Juden untersagt, Konzerte, Kinos oder Theater zu besuchen, ab 15. November 1938 durften jüdische Kinder keine öffentlichen »deutschen« Schulen mehr besuchen, ab 3. Dezember mussten alle Juden Führerscheine und Autopapiere abgeben, zwei Monate später Schmuck, Besteck und Edelmetalle. Sie wurden zu Vermögensabgaben und zu Zwangshypotheken auf ihre Häuser und Wohnungen gezwungen, im April 1939 verloren sie dann auch noch jeglichen Mieterschutz, so dass sie jederzeit aus den Wohnungen gewiesen werden konnten.

Hanna schwieg, wie immer, wenn die Ältere sie so anfuhr. Über zu Hause durfte nicht gesprochen werden. »Wir leben jetzt hier in Dänemark«, sagte Mira immer, wenn Hanna ein Wort über Leipzig herausrutschte. »Und irgendwann ziehen wir nach Palästina. Das ist es, was zählt, sonst nichts. Deutschland liegt hinter uns, merk dir das.«

Nur ein einziges Mal zeigte sich ein Riss in Miras harter Schale. Das war, als sie von den Söhnen ihrer Bauernfamilie erzählte, die sich wegen einer Kleinigkeit geprügelt hatten. »Ich weiß gar nicht mehr, warum ich mich früher immer mit Sami gestritten habe«, sagte sie mit einer Stimme, die auf einmal wie die eines kleinen Mädchens klang. »Es tut mir so Leid.« Doch dann sagte sie wieder mit ihrer alten Stimme: »Dumme Sentimentalitäten, davor müssen wir uns hüten!« Und Hanna wusste, dass sie diese Szene nicht mehr erwähnen durfte.

Der lange Winter verging, mit dem Frühling kamen auch wieder die Arbeiten im Garten und auf dem Feld. Hanna genoss es, hinauszukommen. Ihren sechzehnten Geburtstag feierte sie nicht, sie hatte ihn vergessen. Erst als sie ein paar Tage danach das Datum auf einer Zeitung sah, merkte sie, dass der 29. April 1941 vorbeigegangen war wie jeder andere Tag.

Ende Juni 1941 marschierte die deutsche Wehrmacht in Russland ein, trotz des Nichtangriffspakts, den Hitler 1939 mit Stalin geschlossen hatte, und an den Gruppenabenden im Zentrum waren alle Mädchen still und bedrückt. Auch bei der Feier zu Rosch-Haschana, dem jüdischen Neujahrsfest, dessen Vorabend in diesem Jahr auf Sonntag, den 21. September, fiel, konnten sie nicht fröhlich sein. Bis Mira das Glas Wein, das sie gerade in der Hand hielt, auf einen Schluck leer trank und rief: »Hört endlich auf, solche Gesichter zu machen! Die Nazis können nicht gewinnen. Russland wird ihr Untergang, auch wenn es jetzt nicht so aussieht. Aber ihr könnt euch darauf verlassen, Russland wird ihr Untergang. Schon Napoleon ist an Russland gescheitert.« Alle klatschten und lachten, und Hanna war sehr stolz auf Mira.

»Unternehmen Barbarossa«

Mira sollte Recht behalten. Am 22. Juni 1941, um 3 Uhr in der Frühe, waren deutsche Truppen über die Grenzen der Sowjetunion vorgerückt. Das »Unternehmen Barbarossa« hatte begonnen. Aber dieser Krieg wurde kein »Blitzkrieg«. Stalins Truppen kämpften ausdauernder als erwartet. Und die Deutschen hatten, wie schon Napoleon, den russischen Winter unterschätzt, der sie 30 km vor Moskau mit minus 30 Grad überfiel. Motoren und Waffen versagten in der Kälte, und die Panzer froren fest im Schlamm. Der Kampf um die Stadt Stalingrad war die Wende. Am 31. Januar 1943 mussten die Deutschen aufgeben.

Hanna wurde zunehmend geschickter bei der Arbeit, hatte melken gelernt, konnte mit der Sense umgehen, als hätte sie nie etwas anderes gemacht, wusste, mit welchem Schwung das Heu gewendet wurde, und bei der Kartoffelernte stellte sie sich so gut an, dass ihr der Bauer vom Markt ein neues, buntes Kopftuch mitbrachte. Und als Göran im Spätherbst den Hof verließ, um seinem erkrankten Vater zu helfen, übernahm sie die Verantwortung für den Stall mit den sechs Kühen.

Trotzdem hielt sie den Winter kaum aus. Er kam ihr noch länger, noch kälter und noch dunkler vor als der letzte, und noch immer war Krieg. Die Zeitungen waren voll mit Siegesberichten der deutschen Wehrmacht, egal, ob in Frankreich, Russland, Griechenland oder sogar in Afrika. Und obwohl die USA nach dem Angriff der Japaner auf Pearl Harbor ihre Neutralität aufgegeben hatten, rückte das Kriegsende in immer weitere Ferne, und damit auch die Aussicht, sie könnten endlich nach Palästina fahren. Hanna hatte das Gefühl, als würde Palästina langsam zu einer Fata Morgana. Mira sagte: »Es liegt nur an dem verdammten Winter, dass du so niedergeschlagen bist.«

Aber auch dieser Winter ging vorbei.

Die einzige Änderung, die 1942 passierte, war, dass Schoschi Dänemark verließ und sie einen neuen Madrich bekamen. Er hieß Efraim, war noch ziemlich jung und sehr nett. Alle Mädchen schwärmten für ihn, auch Hanna. Aber sie merkte bald, dass sich zwischen ihm und Mira etwas anbahnte, jedenfalls besuchte die Freundin sie jetzt seltener, manchmal nur alle zwei Wochen. Aber Hanna war nicht neidisch, schließlich war sie erst siebzehn, und Mira war zwanzig. Mit zwanzig hatten die Mädchen früher oft geheiratet.

Im Sommer kam eine Karte von ihrer Mutter. Sie würde umziehen, schrieb sie, mit Tante Dora zusammen. Hanna wusste nicht, was sie davon halten sollte. Tante Dora war eine entfernte Verwandte und Hanna merkte, dass sie sich nicht einmal mehr erinnerte, wie Tante Dora aussah. Eigentlich wusste sie auch nicht mehr genau, wie ihre Mutter aussah. Wenn sie an sie dachte, sah sie nur das Gesicht von den Fotos vor sich. Sie schämte sich und hielt sich für ein Ungeheuer, wagte aber nicht, mit Mira darüber zu sprechen.

Nach der so genannten »Wannsee-Konferenz« vom 20. Januar 1942 beginnen die Transporte in die Vernichtungslager. Jüdische Bürger Würzburgs werden zum Sammeltransport nach Osteuropa geführt.

Wannseekonferenz

Am 20. Januar 1942 rief Reinhard Heydrich, Chef des Reichssicherheitshauptamtes, in Berlin Mitarbeiter seines Amtes, hohe SS-Offiziere und Staatssekretäre zusammen. Er wollte alle Beteiligten über die Deportationen und die Pläne zur Vernichtung der europäischen Juden informieren und die Arbeit der verschiedenen Dienststellen koordinieren. Adolf Eichmann, Abteilungsleiter bei Heydrich, erstellte das Protokoll und berichtete später bei seinem Prozess, dass die Beteiligten sogar noch freimütiger über die mörderischen Pläne gesprochen hätten als das Protokoll festhielt. Andere Teilnehmer konnten sich in ihren späteren Vernehmungen nicht daran erinnern und bestritten auch, je eine Abschrift des Protokolls erhalten zu haben.

Efraim, der neue Madrich, versuchte, die Mädchen aufzumuntern. Er organisierte für den 1. Januar 1943 eine Neujahrsfeier. »Jeder Grund zum Feiern soll uns recht sein«, sagte er. »Habt ihr nicht früher, daheim, auch die christlichen Feiertage mitgefeiert?« –

»Alle außer Ostern«, sagte Rachel. »Aber ich finde deine Idee prima.« Sie hatten verschiedene Gruppen von anderen Inseln eingeladen. Es gab Musik, es wurde gesungen und getanzt, wie früher auf der Hachschara. Hanna betrachtete die Jungen und Mädchen, die sie schon lange kannte. Sie kamen ihr so fremd vor. Und dann merkte sie, woran es lag. Die meisten unterhielten sich auf Dänisch miteinander. »Chawerim und Chawerot«, sagte Efraim bei seiner Ansprache. »Lasst uns hoffen, dass das Jahr 1943 uns unserem Ziel Palästina näher bringt.«

Aber das Jahr ging erst einmal so langweilig weiter wie die letzten beiden. In der Dunkelheit aufstehen, Tiere versorgen, Frühstück, arbeiten, Mittagessen, arbeiten, Abendessen, schlafen. Bei den Gruppenabenden sprachen sie auch über die Deportationen der Juden Europas in den Osten, in so genannte Konzentrationslager. Es machte ihnen Angst, auch wenn sie sich nichts darunter vorstellen konnten. Ab und zu kamen Gerüchte auf, die Deutschen wollten auch die dänischen Juden deportieren, aber nichts passierte. »Dänemark ist sicher«, sagten die meisten. »Hier müssen die Juden noch nicht einmal einen Stern tragen.« Es war so leicht, sich in Sicherheit zu wiegen.

Der Eichmann-Prozess

Der israelische Geheimdienst hatte den SS-Mann und Leiter des SS-Referats für »Judenangelegenheiten« Adolf Eichmann in Argentinien aufgespürt und entführt. Eichmann, der Organisator der Deportationen der Juden in die Konzentrationslager, war 1946 den Amerikanern entkommen. 1961 wurde ihm in Israel der Prozess gemacht. Hannah Arendt, aus einer jüdischen Familie in Königsberg stammend und von den Nazis in die Emigration getrieben, war als Prozessbeobachterin dabei und schrieb ein umstrittenes Buch: »Eichmann in Jerusalem. Ein Bericht über die Banalität des Bösen« – die Taten, die Eichmann zugab, seien ungeheuerlich, der Täter aber »schrecklich und erschreckend normal«. Eichmann wurde zum Tode verurteilt. »Ich bin Opfer eines Fehlschlusses«, schrieb er in einem Abschiedsbrief an seine Frau. »Meine Schuld war mein Gehorsam.«

Im Sommer wurde Hanna zu einem Kurs in Haushaltsführung geschickt. Er fand in einem früheren Landschulheim in der Nähe von Nyborg statt. Hanna blühte auf. Sie genoss es zu lernen, und sie genoss es, neue Menschen kennen zu lernen. Begeistert erzählte sie an den Gruppenabenden davon.

Als die Hohen Feiertage näherrückten, wurde sie von Sarah, einem Mädchen aus ihrem Haushaltskurs, eingeladen, das jüdische Neujahrsfest bei ihrer Familie zu verbringen, die in einem abgelegenen Dorf auf Seeland lebte. Hanna nahm die Einladung erfreut an.

Der Vorabend des Neujahrsfestes fiel auf den ersten Oktober. Hanna saß mit Sarah und ihrer Familie zusammen und alle wünschten sich, dass das Neue Jahr so süß sein möge wie der Honig, in den sie ihre Apfelstücke tauchten. Danach hörten sie Radio. In dem englischen Sender BBC kam eine Warnung, eine große Aktion gegen die dänischen Juden stehe bevor. Aber Sarahs Vater beruhigte sie. »Der dänische Untergrund arbeitet mit der Polizei und den jüdischen Organisationen zusammen«, sagte er. »Wir werden rechtzeitig gewarnt werden, damit wir uns in Sicherheit bringen können.« An diesem Abend hörte Hanna auch den Namen Georg Ferdinand Duckwitz. »Das ist ein Deutscher, der in Kopenhagen lebt. Er arbeitet bei der deutschen Botschaft und setzt sich für die dänischen Juden ein«, sagte Sarahs Vater, ohne zu erklären, woher er sein Wissen hatte. Doch er sprach so überzeugend, dass alle beruhigt zu Bett gingen.

Rettungsaktion

Georg Ferdinand Duckwitz war zu Beginn des Krieges als Marine-Attaché im Dienst der Deutschen Abwehr, dem Geheimdienst, in Kopenhagen tätig. Durch ihn erfuhr die Jüdische Gemeinde, an welchem Tag die dänischen Juden deportiert werden sollten. Ihre nichtjüdischen Mitbürger mobilisierten daraufhin zu einer beispiellosen Rettungsaktion. Die Dänen warnten und versteckten »ihre« Juden, sie schmuggelten sie in Fischerbooten in das neutrale Schweden – 7900 wurden vor den Deutschen gerettet. Als sie nach dem Krieg in ihre Heimatorte zurückkehrten, fanden sie – ganz anders als in vielen anderen Ländern – Wohnungen, Gärten, Haustiere wohl versorgt und gepflegt vor – von ihren Nachbarn. Duckwitz wurde später deutscher Botschafter in Dänemark.

Hanna schlief auf dem Sofa im Wohnzimmer, das zu ebener Erde lag. Es war noch dunkle Nacht, als sie von lauten Schlägen an Tür und Fenster geweckt wurde. »Aufstehen! Anziehen!«, wurde gebrüllt. Auf Dänisch und auf Deutsch.

Und dann ging alles sehr schnell. Sie sollten das Nötigste zusammenpacken, in einer halben Stunde würden sie abgeholt, teilte ein deutscher Offizier mit. Ein Soldat blieb zurück, um sie zu bewachen. Hanna stopfte ihr Zeug in den Rucksack, der sie schon die ganzen Jahre begleitet hatte, und bedauerte nur, dass sie den Umschlag mit den Fotos nicht eingepackt hatte, der war auf Fünen geblieben, in dem Spind, den sie mit Bente teilte. Die anderen liefen schweigend herum, suchten Decken und warme Anziehsachen. Und während der ganzen Zeit stand der Soldat mit dem Gewehr im Anschlag dabei. Dann kam ein Lastwagen. Sie mussten auf die Ladefläche steigen, wo schon andere Familien dicht gedrängt hockten.

Sie fuhren durch die Nacht, unter einem bewölkten, sternenlosen Himmel. Gesprochen wurde nicht viel, jeder schien in seine eigene Angst versunken zu sein, Angst vor dem, was ihnen nun bevorstand. Nur ab und zu weinte eines der Kinder, wurde aber schnell wieder von seiner Mutter beruhigt. Schließlich hielt der Lastwagen vor einem Bahnhof, wo man sie zwang, in Viehwaggons zu steigen. In dem Durcheinander wurde Hanna von Sarah und ihrer Familie getrennt, sie landete in einem Waggon voller Menschen, die sie nicht kannte. Menschen, mit denen sie nur eines verband: dass sie Juden waren.

Der Transport dauerte endlos lange. Manchmal hielt der Zug, und einmal wurde die Tür aufgemacht und sie bekamen etwas zu trinken, bevor es weiterging. Einem Mann war es gelungen, einen der Wassereimer zu ergattern. Der Eimer wurde in eine Ecke gestellt, für ihre Notdurft. Aber er lief bald über, und der Gestank im Waggon wurde unerträglich. Hanna hatte sich einen Platz in einer Ecke erobert, unter einem Spalt in der Bretterwand, durch den ein bisschen frische Luft hereindrang. Das Stöhnen und Jammern um sie herum wurde erst lauter, dann leiser, und vermischte sich mit dem Rattern der Räder zu einem Geräusch, das Hanna langsam in eine Art Dämmerzustand versetzte, aber vielleicht waren auch der Hunger und der Durst schuld daran. Jedenfalls verlor sie jedes Gefühl für Zeit, und nur, wenn sie den Kopf hob und zu dem Spalt in der Bretterwand schaute, wusste sie, ob es Tag oder Nacht war. Der wievielte Tag? Die wievielte Nacht?

Auf Transport. Viele Menschen sterben bereits während dieser Tortur, auf die Überlebenden warten Konzentrationslager und oft genug die Gaskammer.

Irgendwann hielt der Zug, die Türen wurden aufgerissen und frische Luft und Licht drangen herein. Hanna ließ sich wie betäubt treiben, stieg über am Boden liegende Menschen hinweg aus dem Waggon, hinaus auf den Bahnsteig. »Wir sind in Bauschowitz«, hörte sie einen Mann auf Deutsch sagen. »Bauschowitz. Nicht weit von Theresienstadt.«

Theresienstadt war ein Ghetto, ein Konzentrationslager, es gehörte zu den Namen wie Dachau, Auschwitz, Ravensbrück, Belzec und anderen, die Hanna schon gehört hatte. Sie wollte den Mann fragen, wo dieses Theresienstadt lag, in welchem Land, da hörte sie plötzlich, wie jemand ihren Namen rief: »Hanna! Hanna! Hier sind wir!« Es war Mira, die mit anderen der Gruppe zwanzig, dreißig Meter weit von ihr entfernt stand. Es gelang Hanna, sich zu ihr durchzudrängen. Sie klammerte sich an die Freundin, weinte und lachte, weinte wieder. Ab da gab es nur noch sie, Mira, ihr Halt und ihr Schutz.

Die Lager

Vor Kriegsbeginn gab es sieben Konzentrationslager. Bis 1945 war die Zahl dieser Stätten des Terrors und der Vernichtung im Reich und in den von Deutschland besetzten Gebieten Europas auf 22 angestiegen, mit mehr als 1200 Außenlagern und Außenkommandos. Man brauchte Arbeitskräfte für die Rüstungsindustrie und holte sie aus den KZs.

Der Fußmarsch zum Ghetto, unter der Aufsicht deutscher SS-Männer, die, wenn es ihnen zu langsam ging, mitleidlos mit dem Gewehrkolben auf die Menschen einschlugen, war lang. Erschöpft, hungrig und durstig ließ sie sich von Mira mitziehen. Es dämmerte, als sie ankamen.

Theresienstadt war eine von Mauern und Wällen umgebene Festung. Überall gab es Zäune und Stacheldraht. Sie sahen auf den Straßen Menschen, die sich auffallend langsam vorwärts bewegten, andere zogen irgendwelche Wagen oder schoben Schubkarren. Auf einer Müllhalde spielten Kinder. Sie wurden in einen Innenhof geführt, wo Frauen und Kinder von den Männern getrennt wurden. Dann brachten SS-Männer sie in einen unterirdischen Raum, den sie »Schleuse« nannten. Dort wurden sie registriert und aufgefordert, alles, was sie an Geld und Wertgegenständen dabei hatten, abzugeben, dann mussten sie in einen Raum gehen, wo sie von Frauen abgetastet wurden, ob sie nicht doch noch etwas an ihrem Körper versteckt hatten. Nie würde Hanna den Schock vergessen, als die Frau ihr befahl, sich vorzubeugen, ihr mit der Hand unter den Rock fuhr und einen Finger in ihren After schob. Sie hatte das Gefühl, vor Scham und Entsetzen gleich tot umzufallen, und wagte nicht, zur Seite zu schauen, ob es den anderen auch so ging. Und wie ein Blitz schoss es ihr durch den Kopf, dass nun ein neues Leben begann, dass ab jetzt nie wieder etwas so sein würde wie vorher.

Von der Schleuse wurden sie durch verschiedene Höfe und Gassen geführt, bis sie an einem Brunnen mit einer Pumpe endlich Wasser trinken durften. Das Gebäude, das sie dann betraten, schien eine riesige Kaserne zu sein. Es ging durch Gänge und über Treppen bis ins Dachgeschoss, wo schon viele Frauen auf dem nackten Steinfußboden lagen. Mira zog Hanna und Bella hinter sich her zu einer Stelle, wo sie alle drei Platz fanden, auch Rachel und Rosa drängten sich noch dazu. Sie waren zu spät gekommen, es gab nichts mehr zu essen, aber zumindest hatten sie ihren Durst gestillt. Hanna drückte sich dicht an Mira und weinte. Für lange Zeit war es das letzte Mal, dass sie weinte.

Theresienstadt

In Theresienstadt wurden ab November 1941 Juden aus Böhmen und Mähren interniert. 1942 mussten alle nichtjüdischen Bewohner die Stadt verlassen. Theresienstadt wurde zu einem so genannten »Altersghetto«, hier wurden hauptsächlich gebrechliche ältere Juden eingeliefert. Ihr Vermögen mussten sie abtreten – gegen, wie es hieß, »Betreuung und Pflege in Theresienstadt«. Die Lebensbedingungen für sie waren vernichtend.

Ungefähr 140000 Menschen wurden nach Theresienstadt deportiert, später kamen noch 14000 KZ-Häftlinge aus anderen Lagern dazu. In Theresienstadt wurden etwa 118000 Menschen umgebracht, 23000 wurden gerettet.

Am nächsten Morgen gingen sie mit den anderen Frauen hinunter, zu der Stelle, wo Kaffee ausgeteilt wurde. Sie bekamen Essgeschirre aus Blech und eine Kelle brauner, schlammiger Brühe, die genauso schrecklich schmeckte, wie sie roch. Hanna spuckte sie gleich wieder aus. Aber Mira befahl ihr: »Trink!« Und als sie noch ein Stück Brot bekamen, hartes, graues Brot, das man auf Fünen höchstens an die Schweine verfüttert hätte, sagte Mira: »Iss!« Später liefen sie durch das Ghetto und versuchten, sich zu orientieren. Am schlimmsten fand Hanna die Gemeinschaftslatrinen. Sie mussten lange anstehen, und als sie endlich drankamen und sie die Reihe Löcher sah, über denen die Frauen kauerten, wäre sie am liebsten wieder hinausgerannt. Aber Mira packte sie am Arm und hielt sie fest. »Du machst es wie alle anderen«, zischte sie. »Spiel hier ja nicht die Prinzessin.« Hanna biss die Zähne zusammen, aber der Druck, den sie vorher gespürt hatte, war wie weggeblasen, und es dauerte ein paar Tage, bis ihr Darm wieder funktionierte. Im Lauf der Zeit lernte sie es, die Latrinen zu benutzen, ohne sich etwas dabei zu denken.

Noch länger dauerte es, bis sie sich in Theresienstadt zurechtfand. Die Straßen hießen L und Q, Längsstraßen und Querstraßen, und die Blocks trugen Nummern. Alle Häuser sahen gleich heruntergekommen aus. Die ehemaligen Kasernen, die zum Beispiel Hamburger, Magdeburger, Dresdener oder Hohenelber Kaserne hießen, hatten zwei oder drei Innenhöfe, verbunden durch breite Tore. Jedes Gebäude war in Hunderte kleiner und kleinster Räume unterteilt, und überall wimmelte es von Menschen. Ein menschlicher Ameisenhaufen, dachte Hanna, in dem alle sinn- und ziellos herumzuirren schienen. Ihr fiel auf, dass es viele Kinder gab, die auf Abfallhaufen herumkletterten und im Müll wühlten und irgendwelche Spiele spielten. Sie sprachen deutsch, aber noch häufiger waren andere Sprachen zu hören. Hanna überlegte, wo die vielen Kinder herkamen, und als sie ein paar Mädchen sah, die offenbar so etwas Ähnliches wie Himmel und Hölle spielten, nahm sie eines am Arm und fragte: »Wo sind eure Eltern?« Das Mädchen riss sich los, musterte Hanna verächtlich und sagte: »So etwas Dummes fragt man hier nicht.« Dann wandte sie sich wieder dem Spiel zu.

Später erfuhr Hanna, dass ein Teil der Kinder heimlich in Mathematik und Sprachen, in Musik und bildender Kunst unterrichtet wurde, von Lehrern und Künstlern, von denen es hier viele gab. Das musste unter größten Vorsichtsmaßnahmen geschehen, denn es war streng verboten. Außer Kindern gab es hier viele alte Leute, unter ihnen eine unverhältnismäßig große Zahl von Männern mit amputierten Gliedmaßen. Greta, eine Frau, die Hanna in der Warteschlange vor dem Suppenkessel ansprach, erklärte es ihr. Nach Theresienstadt waren, außer prominenten Juden aus Deutschland und der Tschechoslowakei, die jetzt »Protektorat Böhmen und Mähren« hieß, vor allem ehemalige Kriegsteilnehmer und alte Menschen über fünfundsechzig deportiert worden. »Aber die sterben hier wie die Fliegen«, sagte Greta.

Wie recht sie hatte, merkte Hanna bald. Der Tod war hier allgegenwärtig. Ständig traf man diese hochrädrigen Holzkarren, mit denen sowohl die Kessel mit Essen als auch Tote transportiert wurden. Die Karren waren nicht lang genug, manchmal ragten Füße oder Köpfe der Leichen unter den Tüchern hervor, mit denen sie bedeckt waren. Und einmal sah Hanna, wie der Kopf einer Frau bis auf die Straße gerutscht war und holpernd über das Pflaster geschleift wurde. Sie schaute schnell weg. Sie lernte es, wegzuschauen, denn ohne diese Fähigkeit war ein Ort wie Theresienstadt nicht zu ertragen. Wegschauen und weghören gehörten zu dem neuen Leben, das begonnen hatte. Wie hätte man es sonst aushalten können, wenn SS-Männer mit ihren unvermeidlichen Knüppeln oder mit Gewehrkolben auf Häftlinge einschlugen, auf alte Menschen, die ihre Großväter oder Großmütter hätten sein können, die blutend zusammenbrachen und dann mit überschnappenden Stimmen um Gnade winselten? Mira zog Hanna unerbittlich weiter, als sie so etwas zum ersten Mal sahen, und bald merkte Hanna, dass ihre

Sinne abstumpften. Und nicht nur ihre Sinne. Anfangs dachte sie noch voller Sehnsucht an Fünen zurück, an ihr Leben bei den Andersens, und konnte nicht mehr verstehen, warum es ihr oft so unerträglich eintönig vorgekommen war. Doch diese Gedanken wurden seltener, auch die an ihre Mutter und ihre Schwester Helene in Palästina. Alles, was früher gewesen war, verblasste. Auch jede Hoffnung auf eine Zukunft außerhalb dieser Hölle. Es entwickelte sich ein Alltag, den sie sich nie hätte vorstellen können.

Aber selbst dieser Alltag war den Ereignissen vorzuziehen, die ihn unterbrachen. Da gab es, etwa vier, fünf Wochen nach ihrer Ankunft, diesen Tag, den 11. November 1943, an dem sie morgens mit allen Häftlingen zusammen aus dem Lager getrieben wurden. Tausende, Zehntau-

Das Ghetto in Lodz, Polen.

sende von Menschen bewegten sich in einem nicht enden wollenden Zug weiter, vorwärts getrieben von SS-Bewachern, die rücksichtslos zuschlugen, wenn jemand zu langsam ging oder gar stolperte. Auch Rachel, die am Rand ihrer Gruppe ging, erwischte einen Schlag auf die Schulter. Sie stöhnte und fiel zu Boden. Hanna und Mira halfen ihr hoch und trugen sie fast weiter.

Sie wurden in einem Talkessel zusammengetrieben. Es war ein regnerischer Tag, und der kalte Wind ließ sie erzittern. Niemand wusste, was los war. Sie standen und warteten, nur ab und zu hörte man SS-Männer brüllen und ein Häftling schrie auf, dann war es wieder still. Eine seltsame Stille, in der das Atmen der vielen tausend Menschen sich anhörte wie Wind, der aufkommt und abebbt. Jemand flüsterte, Gefangene seien geflohen, andere meinten, vielleicht würden sie jetzt alle in den Osten deportiert und dies sei der letzte Zählappell. Und wieder jemand sagte: »Es ist pure Schikane, sonst nichts. Seit wann brauchen sie einen Grund, wenn sie uns schikanieren wollen?«

Sie stützten Rachel, die vor Schmerzen lautlos vor sich hinweinte, und vermieden es, zu den SS-Männern hinüberzuschauen, die immer wieder auf jemanden einschlugen. Wenn eine von ihnen pinkeln musste, drängten sie sich vor sie, um sie vor den Blicken der Männer zu schützen. Sie warteten und warteten. Der hellere Fleck am grauen Himmel, der die Stelle anzeigte, wo sich die Sonne hinter Wolken verbarg, wanderte nach oben, bis er hoch am Himmel stand, dann bewegte er sich langsam westwärts und sank tiefer. Sie hatten Hunger und Durst, die Beine taten weh, die Muskeln ihrer Oberschenkel verkrampften sich. Ein schneidender Wind blies ihnen die Kälte bis auf die Knochen. Viele der alten Leute in ihrer Umgebung brachen zusammen. Manchmal half ihnen jemand aufzustehen, aber oft blieben sie einfach liegen, stöhnend, bis auch das Stöhnen aufhörte. Regen kam auf, bald waren sie durchnässt und zitterten vor Kälte. Es war schon lange dunkel, als sie endlich ins Lager zurückgetrieben wurden. Aber nicht alle, es gab viele Menschen, die reglos auf dem Boden liegen blieben. Hanna hob die Füße, um nicht auf sie zu treten, aber alles, was sie empfand, war ein leichtes Bedauern. Und so etwas wie Befriedigung darüber, dass sie es alle fünf geschafft hatten, diese Tortur zu überstehen.

Bald darauf wurde Hanna krank, sie bekam Fieber und schreckliche Kopfschmerzen. Sie lag neben Rachel, die sich wegen ihrer Schulter noch immer nicht richtig bewegen konnte. Ein paar Tage lang wurde sie von ihren Freundinnen gepflegt, aber das Fieber stieg. Bis Mira vorschlug, sie ins Krankenhaus zu bringen. »Wir haben hier viele jüdische Ärzte«, sagte sie, »gute Ärzte, die werden dich gesund machen.«

Hanna flehte und bettelte darum, sie hier zu lassen, denn nichts schien ihr schlimmer zu sein als eine Trennung von Mira, Bella, Rachel und Rosa. Aber das Fieber stieg weiter, und die Kopfschmerzen wurden unerträglich. Sie kam ins Krankenhaus. Als Mira und Bella sie abgeliefert hatten und weggingen, hatte Hanna das Gefühl, als wäre jetzt alles zu Ende, als warte nur noch der Tod auf sie.

Sie wurde in ein Bett gelegt und untersucht, jemand drückte an ihr herum, flößte ihr einen unangenehm schmeckenden Saft ein und befahl ihr, Tabletten zu schlucken. Sie ließ alles über sich ergehen, unfähig, sich zu wehren. Manchmal versank sie in ein schwarzes Loch, dann tauchte sie wieder auf, schluckte heißen Tee und versank wieder. Bis ihr Fieber langsam zurückging und die Kopfschmerzen nur noch zu einem dumpfen, aber durchaus erträglichen Pochen wurden. Da erst erfuhr sie von einem Arzt, dass sie eine Gehirnhautentzündung gehabt hatte und dass inzwischen über drei Wochen vergangen waren.

Jetzt nahm sie auch wahr, dass sie sich in einem dämmrigen Raum mit vielen Betten befand. In den meisten Betten lagen zwei Frauen, an jedem Ende eine. Hanna hatte Glück, ihr Bett stand unter einem der zwei schmalen Fenster, durch die nur wenig Licht hereindrang. Tagelang starrte sie hinauf in den grauen Himmel und beobachtete eine Spinne, die vor der Scheibe ein Netz spann.

Dann wurde ein Mädchen in ihr Bett gelegt, ans Fußende, eine Zwölfjährige mit rot entzündeten Augen und einem schrecklichen Ausschlag am Körper. Sie hieß Ursula und kam aus Berlin. Sie erzählte eine Geschichte, die Hanna kaum glauben konnte. Ihre Eltern hatten Ursula, als die Deportationen begannen, zu einer Familie auf dem Land gebracht. Ein ganzes Jahr lang hatte sie dort gelebt, und die Leute waren gut und freundlich gewesen. Bis jemand sie verraten hatte und sie abgeholt worden war.

»Du meinst, die Leute waren Deutsche?«, fragte Hanna ungläubig. »Keine Juden?« Ursula nickte. »Ja, ganz normale Deutsche. Sie waren keine Nazis.« Sie kratzte sich am Hals, und Hanna sagte automatisch: »Du sollst dich doch nicht kratzen. Los, erzähl weiter.« Sie erkundigte sich nicht, was mit Ursulas Eltern war, sie hatte gelernt, dass man hier so etwas Dummes nicht fragte.

»U-Boote«

Nachdem den Juden die Ausreise untersagt war, entschieden sich etwa 10 000 von ihnen für ein Leben im Untergrund, die Hälfte davon in Berlin. Ungefähr 1400 von diesen untergetauchten Berliner Juden überlebten. Dabei waren sie auf Helfer angewiesen, die ihnen Ausweise, Quartiere und Lebensmittelkarten besorgten. Edith Rosenthal zum Beispiel brauchte während ihrer 14 Monate im Untergrund siebzig verschiedene Aufenthaltsorte in Berlin.

Nicht alle halfen aus uneigennützigen Motiven. Manche erwiesen sich als »Judenfledderer«, die in der Stunde der Not ihre Opfer mit Wucherpreisen erpressten. Die Untergetauchten waren außerdem durch jüdische »Greifer« in den Diensten der Gestapo bedroht. Häufig waren diese selbst so genannte »U-Boote«, Untergetauchte, gewesen, die entdeckt worden waren und jetzt, um ihre eigene Haut zu retten, andere ans Messer lieferten. In Berlin gab es etwa 20 solche jüdischen »Greifer«.

Erst nach vielen Wochen durfte sie das Krankenhaus verlassen und zu ihren Freundinnen zurückkehren. Mira war es inzwischen gelungen, wichtige Beziehungen zu knüpfen. Sie sorgte dafür, dass sie alle fünf das Dachgeschoss für Neuankömmlinge verlassen und in einen Block mit vorwiegend dänischen Frauen umziehen durften. Und sie sorgte auch dafür, dass sie einigermaßen gute Arbeitsplätze bekamen.

Zwei, drei Wochen lang arbeitete Hanna in einem Kinderheim. Es war eine Arbeit, die ihr gut gefiel, auch wenn sie mit den Kindern nicht viel anfangen konnte. Sie sprachen nämlich Tschechisch, soweit sie überhaupt schon alt genug waren, um zu sprechen. Aber dann, es hatte die ganzen letzten Tage geschneit, wurden die Kinder mit einem Transport in den Osten geschickt. Wenn Hanna später an diesen Tag dachte, sah sie sich immer von dem leeren Kinderheim zu ihrem Block zurückgehen, und sie sah eine weiße, saubere Schneedecke, die sich über all den Schmutz und das Elend des Lagers gelegt hatte. Sie war bedrückt, verzweifelt, hilflos. Ihr gingen die Gerüchte nicht aus dem Kopf, die immer wieder aufflackerten, Schauergeschichten von Todeslagern und Massenmorden.

Als sie abends mit ihren Freundinnen zusammensaß, sagte sie: »Sie können doch nicht die kleinen Kinder umbringen, oder? Das kriegt doch kein Mensch übers Herz.«

»Herz«, sagte Rachel bitter und berührte ihre schiefe, hochgezogene Schulter. »Herz! Du glaubst doch wohl nicht, dass die ein Herz haben.«

Und Bella sagte: »Warum nicht kleine Kinder? Was unterscheidet kleine Kinder von alten Leuten?« Dass die Alten schon ein Leben gehabt haben, wollte Hanna sagen, aber sie verschluckte die Worte. Es war ein dummes Argument, denn einen Menschen zu töten, war ein Verbrechen, egal, wie alt der Mensch war.

Der Todesarzt

Das größte Todeslager war das Konzentrationslager Auschwitz. Für jüdische Familien aus Theresienstadt gab es dort das so genannte Theresienstädter Lager.

In Auschwitz herrschte der SS-Arzt Josef Mengele. Er entschied, wer aus den ankommenden Transportzügen arbeitsfähig war, wer in die Gaskammer musste. Bei seinen Menschenversuchen nahm er den Tod zahlloser Häftlinge in Kauf. Kurz vor der Befreiung von Auschwitz durch die Russen gelang ihm die Flucht. Er arbeitete als Arzt in Frankfurt a. M., wurde verhaftet und entkam, ohne erkannt zu werden. Seit Ende 1959 wurde er per Haftbefehl gesucht – 10 Millionen DM waren später auf seine Ergreifung ausgesetzt. Er starb vermutlich 1979 in Brasilien. 1985 wurde seine Leiche von internationalen Gerichtsmedizinern untersucht, sie bestätigten »mit hoher Wahrscheinlichkeit« seine Identität.

»Und wir kommen auch noch dran«, hörte sie Rosa sagen. »Irgendwann sind wir auch an der Reihe.« Mira verbot ihnen, so zu reden. Sie holte einen Kanten Brot aus ihrem Versteck und verteilte ihn, um sie auf andere Gedanken zu bringen.

»Heute hat ein Mann im Brotmagazin gesagt, dass sich die Deutschen in Russland immer weiter zurückziehen müssen«, sagte sie. »Die Russen hätten letztes Jahr bei Stalingrad über hunderttausend deutsche Kriegsgefangene gemacht. Die Befreiung kommt näher, nur daran dürft ihr denken.« »Woher will der Mann das wissen?«, fragte Bella. »Hier gibt es doch nichts, weder Radio noch Zeitung.« »Von einem Neuen. Der war bis vor ein paar Wochen noch untergetaucht.«

Immer neue Menschen kamen nach Theresienstadt, aber mindestens ebenso viele verließen das Lager. Die gefürchteten Transporte in den Osten nahmen zu, vor allem ältere Menschen kamen auf die Listen, die nun fast täglich ausgehängt wurden. Manche von ihnen waren schon so schwach, dass sie es nicht allein zu den Sammelplätzen schafften. Hanna wurde dazu eingeteilt, ihnen zu helfen. Sie packte ihre Habseligkeiten zusammen, stützte sie, trug ihre Bündel, fuhr diejenigen, die nicht mehr laufen konnten, mit einem Karren zum Sammelplatz, und redete ihnen Mut zu. Sie gewöhnte sich an diese Arbeit.

Nur ein Tag war sehr schlimm. Sie traf in einem Quartier Dr. Epstein, ihren früheren Kinderarzt aus Leipzig. Sie wunderte sich, dass sie ihn sofort erkannte, wo sie sich doch schon nicht mehr richtig an das Gesicht ihrer Mutter erinnerte. Vielleicht lag es an seiner Kleinwüchsigkeit und dem auffallend großen Schädel. Als sie ihm sagte, wer sie war, hob er den Kopf, lächelte und sagte: »Du bist groß geworden, Kind.« Das stimmte. Als sie neben ihm her zum Sammelplatz ging, merkte sie, dass sie ihn inzwischen um einen Kopf überragte. Sie fing mit ihrem üblichen Gerede an, vielleicht sei ja alles viel besser dort, wo sie jetzt hingingen, schlechter könne es schließlich kaum werden, doch er hob abwehrend die Hand und sagte: »Hör auf, Hannelore, ich habe mir noch nie etwas vorgemacht, und ich werde jetzt ganz bestimmt nicht damit anfangen.« Sie schwieg.

Bevor sie ihn verließ, fragte sie: »Wissen Sie etwas von meiner Mutter?«

Er zögerte, dann sagte er: »Ich glaube, sie ist mit ihrer Kusine zusammen an einen unbekannten Ort verzogen. Tut mir Leid, Kind.«

Hanna drehte sich schnell um und lief zu einem alten Ehepaar, dem sie auch noch helfen musste.

Manchmal bekam sie von den alten Leuten einen Rest Kohlen oder ein paar Bücher geschenkt, die sie dann in ihrem Zimmer verbrennen konnten. Denn es war bitter kalt, und die zugeteilte Kohlenration reichte höchstens aus, einen vor dem sofortigen Erfrieren zu retten, nicht aber dazu, den Raum auch nur ein bisschen warm zu bekommen. Alles, was brennbar war, wanderte in den Ofen. Sie zogen zum Schlafen alle Kleidungsstücke an, die sie besaßen, und wachten morgens trotzdem steif gefroren auf. Das einzig Gute war, dass die Kälte die obere Hautschicht taub machte und man die Bisse des Ungeziefers nicht mehr so spürte. Denn Wanzen, Flöhe und Läuse gab es überall, man wurde sie nicht los, auch wenn man die Kleidung und die Decken Tag für Tag noch so sorgfältig ausschüttelte. Manchmal konnten sie ihre Kleidungsstücke in einem Fass mit einer widerlich stinkenden

Lagerappell im KZ Sachsenhausen.

Flüssigkeit desinfizieren, aber die nächsten Flöhe und Wanzen warteten schon. Es wurde so kalt, dass an manchen Morgen die Pumpen festgefroren waren und sie kein Wasser aus dem Brunnen holen konnten, um sich zu waschen. Dann ließen sie es einfach bleiben, bis Bella eine Stelle herausfand, wo es auch bei größter Kälte Wasser gab. Allerdings mussten sie immer stundenlang warten, bis sie an die Reihe kamen.

Manchmal hatte Hanna das Gefühl, als bestünden die Tage nur aus Anstehen und Warten, vor der Latrine, vor der Essensausgabe. Morgens auf den Kaffee, mittags und abends auf das warme Essen, das zumeist aus Suppe bestand. Diese Suppe war eine undefinierbare Flüssigkeit, mal dicker, mal dünner, die oft nach gar nichts schmeckte, dann nur nach Salz oder Kümmel. Aber immer war diese Suppe das Ziel aller Wünsche, aller Sehnsüchte. Suppe bedeutete Leben, und das höchste Glück war es, wenn der Austeiler die Kelle tief in den Kessel steckte und das begehrte Dicke vom Topfboden fischte, oder wenn es einem gar gelang, einen Nachschlag zu ergattern.

Hanna, Mira, Bella, Rachel und Rosa litten Hunger, besonders, als Mira schon nach kurzer Zeit ihre Stelle im Brotmagazin wieder verlor. Alle Bewohner Theresienstadts litten Hunger, wenn sie nicht in der Küche, bei der Essensausgabe oder im Brotmagazin arbeiteten. Diese Privilegierten erkannte man sofort, sie hatten nicht die aufgetriebenen Bäuche, ihre Augen lagen nicht so tief in den Höhlen und ihre Wangen waren nicht so eingefallen wie die der anderen Häftlinge, die einander immer ähnlicher wurden. »Der Hunger lässt alle Menschen aussehen, als wären sie Geschwister«, sagte Hanna, und Bella fing an zu weinen.

Angeblich konnte man sich zusätzliche Lebensmittel besorgen, es gab viele so genannte faule Geschäfte, aber dazu musste man entweder Geld oder Schmuck ins Ghetto geschmuggelt haben, oder man musste über Beziehungen zu irgendwelchen einflussreichen Leuten der jüdischen Selbstverwaltung verfügen. Hanna und ihre Freundinnen hatten weder das eine noch das andere, und Mira hätte ihnen auch nicht erlaubt, etwas Ungesetzliches zu tun. Jeder, der erwischt wurde, landete in der Kleinen Festung, dem Straflager von Theresienstadt.

Sie gehörten zu denen, die mit den offiziellen Rationen auskommen mussten. Das änderte sich, als sie, wie andere Dänen auch, die ersten Pakete vom dänischen Roten Kreuz erhielten. Die Pakete kamen selten, aber sie waren ihre Rettung. Für ein Stück Hartwurst bekam man alles, auch Brot, und jedes Mal, wenn eine von ihnen ein Paket bekommen hatte, tauschten sie einen Teil ihrer Schätze gegen die doppelte Portion Suppe. Nun gehörten auch sie zu den Privilegierten.

Kulissenstadt

Für den Besuch einer Delegation des Internationalen Roten Kreuzes wurde der Ort zu einer Kulissenstadt umgebaut, mit Cafés, Läden, einer Bank – so sollten die Besucher über die tatsächlichen Verhältnisse hinweggetäuscht werden. Über diese Kulissenstadt ließen die Nazis einen Propagandafilm drehen. Der Film sollte die »Normalität des Ghetto-Paradieses« vortäuschen.

Der Frühling kam, es wurde wärmer. Im Mai tauchten seltsame Gerüchte auf. Die Nazis wollten einer Delegation des Internationalen Roten Kreuzes gestatten, ein Lager zu besichtigen, hieß es, und sie hätten Theresienstadt dazu ausgewählt.

Doch zunächst wurde die Zahl der Deportationen noch einmal erhöht. Danach war das Lager zwar immer noch überfüllt, aber man hatte nicht mehr das Gefühl, ständig über Lebende oder Tote zu stolpern. Und nun fing ein seltsames Treiben an. Ein paar Straßen im Zentrum wurden gesäubert, die Fassaden der Häuser gestrichen, und die Bewohner früherer Geschäfte wurden umquartiert. Die Gerüchteküche kochte. Es solle ein Kabarett geben, man würde Geschäfte einrichten und so tun, als könne man hier einfach in einen Laden gehen und etwas kaufen. Angeblich wurden auch einzelne Wohnungen zum Vorzeigen gestrichen und möbliert und Häftlinge ausgewählt, um diese Wohnungen zu beziehen. Sogar die Kinder würden eingespannt und übten bestimmte Rollen ein, hieß es. Und all die Glücklichen, die daran beteiligt wären, würden jetzt schon mit Zusatzrationen herausgefüttert.

Hanna und ihre Freundinnen glaubten es zuerst nicht, sie kannten keinen der Beteiligten, doch dann sahen sie mit eigenen Augen, dass ein Caféhaus eingerichtet wurde, mit Tischen und Stühlen, und dass an den neu gestrichenen Häuserfassaden Straßenschilder angebracht wurden. Hanna entdeckte sogar ein Hinweisschild für eine Schule, die es natürlich nicht gab, und für einen ebenso wenig existierenden Spielplatz.

Am 23. Juli 1944 wurde allen, die nichts mit der inszenierten und gut geprobten Vorführung zu tun hatten, verboten, ihre Quartiere zu verlassen. Es war der Tag, an dem der Besuch der Rot-Kreuz-Delegation stattfand.

Hinterher wurde erzählt, die Deutschen hätten sogar einen Film gedreht. Für lange Zeit machten die seltsamsten Geschichten die Runde. Man hätte Kindern anständige Sachen angezogen und ihnen belegte Brote gegeben, nur damit sie, vor den Besuchern, zu dem verhassten Kommandanten sagten: »Och, Onkel Rahm, schon wieder Sardinen.« Als würden ihnen die Sardinen bereits zum Hals heraushängen. Manche meinten, es sei unwürdig, sich für solch ein Theater herzugeben, aber Hanna dachte, für ein Brot mit Ölsardinen hätte sie das auch gesagt. Die Diskussionen über den Besuch der Delegation hörten aber auf, als sich allmählich herausstellte, dass die meisten der »darstellenden Künstler« in den folgenden Wochen in den Osten deportiert wurden. Ende 1944 war Theresienstadt »künstlerfrei«.

Der Winter kam, und Mira wurde krank. Schließlich blieb ihnen nichts anderes übrig, als sie ins Krankenhaus zu bringen. »Lungenentzündung«, sagte der Arzt, ein alter, freundlicher Mann. »Es sieht nicht gut aus.« Jeden Abend nach der Arbeit liefen sie zuerst zum Krankenhaus, um sich nach Miras Befinden zu erkundigen, und eines Abends sagte eine Pflegerin: »Sie ist gestorben.«

Hanna hatte das Gefühl, als habe ihr jemand einen Schlag versetzt. Sie war betäubt, empfand aber keine Trauer, nicht das, was sie früher einmal empfunden hatte, als ihre Großmutter gestorben war. »Ich möchte sie nochmal sehen«, sagte sie. Aber die Pflegerin schüttelte den Kopf und zuckte mit den Schultern. »Das geht nicht, sie ist schon im Krematorium«, sagte sie.

Hanna, Bella, Rachel und Rosa gingen schweigend zu ihrem Block zurück. In den nächsten Tagen schwiegen sie und wichen einander aus. Als sie langsam wieder ins Leben zurückfanden, vermieden sie es sorgfältig, Mira zu erwähnen, auch Hanna. Aber sie überlegte bei allem, was sie tat, ob Mira das so gewollt hätte.

Im Februar 1945 hieß es, über tausend Häftlinge seien vom Roten Kreuz abgeholt und in die Schweiz gebracht worden. Rachel tat das als dummes Gerede ab. Rosa und Bella widersprachen ihr, aber Hanna gab ihr insgeheim Recht.

Im KZ Buchenwald bei Weimar begleitet die Lagerkapelle einen Häftling, der zum Galgen gefahren wird.

Wochen später bekamen alle dänischen Frauen ihres Blocks die Anweisung, sich am folgenden Tag in einer bestimmten Kaserne einzufinden und auf das Rote Kreuz zu warten, auch Hanna, Rachel, Bella und Rosa. Alle waren aufgeregt, wagten aber nicht zu hoffen. Die meisten sagten: »Das ist Betrug. Wir werden in den Osten geschickt. Alle, die deportiert wurden, haben solche Zettel bekommen.« Trotzdem packten sie ihre wenigen Sachen zusammen, auch das Essgeschirr, und machten sich zur festgesetzten Zeit auf den Weg zu dieser Kaserne.

Die Sache hatte sich rumgesprochen, auch andere, die nicht aus Dänemark gekommen waren, versuchten, sich unter sie zu mischen. Aber sie wurden sehr genau kontrolliert, und bis zum Abend waren sie über vierhundert dänische Juden in der Kaserne, Männer, Frauen und ein paar Kinder. Auch Sarah und ihre Familie waren dabei. Hanna wunderte sich, dass sie sie nie getroffen hatte, aber Sarahs Vater sagte: »Manchmal waren siebzigtausend Juden im Ghetto, da trifft man sich nicht unbedingt.«

Den ganzen folgenden Tag kamen sie nicht zur Ruhe. Sie diskutierten, stritten, was passieren würde. »Wir kommen in ein Vernichtungslager«, sagten viele, aber ein paar unverbesserliche Optimisten, darunter Sarahs Vater, sagten: »Wir werden gerettet.« Hanna war hin und her gerissen zwischen Hoffnung und Verzweiflung. Am zweiten Vormittag wurden sie aufgefordert, die Kaserne zu verlassen. Das ist das Ende, dachte Hanna, jetzt sind wir an der Reihe.

Doch als sie vor die Kaserne traten, sahen sie eine Reihe weißer Busse mit aufgemalten Roten Kreuzen. Die Optimisten hatten Recht behalten. Das Orchester spielte, wie es bei den Abtransporten meistens gespielt hatte. Sie wurden noch einmal gezählt, noch einmal wurde geprüft, dass es sich bei ihnen um die registrierten vierhundertdreizehn dänischen Juden handelte, dann durften sie einsteigen.

Inzwischen hatten sich in der Nähe Häftlinge versammelt, die versuchten, näher an die Busse heranzukommen, aber sie wurden von der SS daran gehindert. Sie schrien, verlangten, mitgenommen zu werden, und der flehende Ton in ihrer Stimme wurde immer wütender, immer aggressiver. Hanna starrte zu ihnen hinüber, wie gelähmt, doch dann stieß Bella sie in den Rücken. »Los, steig endlich ein.« Ihr war die Angst anzuhören, die SS könnte es sich doch noch anders überlegen.

Sie setzten sich zu viert nebeneinander auf eine der Holzbänke und warteten. Ihr Bus war schon voll, als ein SS-Mann auf das Trittbrett stieg, vielleicht, um sie noch einmal zu kontrollieren, vielleicht auch, um ihnen zu sagen: April, April, es stimmt alles nicht. Aber einer der beiden Busfahrer, ein Schwede, der so dick und wohlgenährt aussah wie der SS-Mann, fuhr ihn in seinem seltsamen, aber durchaus verständlichen Deutsch an, der Bus sei internationales Terrain, neutrales Terrain, da hätte kein verdammter Nazi was verloren, er solle gefälligst seinen Fuß runternehmen.

Hanna erschrak, auch Rosa, die neben ihr saß, machte ein entsetztes Gesicht, griff nach ihrer Hand und drückte sie so fest, dass es wehtat. Aber nichts passierte. Der SS-Mann zog nicht seine Waffe, er schoss den Schweden nicht nieder, er hob noch nicht einmal drohend die Hand mit dem Knüppel. Er starrte den Mann verdutzt an, dann nahm er seinen Fuß vom Trittbrett und trat zurück. Die Häftlinge im Auto fingen an zu johlen, und Hanna weinte vor Glück.

Dann ging es endlich los. Die Busse fuhren hintereinander, in einer Reihe. Es würde erst durch die Tschechoslowakei gehen, sagten die Rotkreuzhelfer, dann durch Deutschland. Die Fenster waren mit Papier verklebt, sie durften nicht hinausschauen, das war Teil des Abkommens, das das Rote Kreuz mit den Deutschen geschlossen hatte.

Die schwedischen Rotkreuzhelfer verteilten Essen, Schokolade, Zigaretten. Sie konnten es kaum fassen. Das alles hatte es weiterhin gegeben, während sie in Theresienstadt gewesen waren. Die Welt hatte nicht aufgehört, sich zu drehen, das Leben war weitergegangen. Irgendwo, in irgendwelchen Fabriken, hatten Arbeiter Schokolade und Zigaretten hergestellt, und irgendwelche Menschen hatten Schokolade gegessen oder Zigaretten geraucht.

Eigentlich durften die Insassen die Busse nicht verlassen, aber die Fahrer hielten trotzdem manchmal an einer einsamen Stelle an und ließen sie kurz aussteigen, erst die Frauen und die Kinder, dann die Männer, um sich ein bisschen die Beine zu vertreten und ihre Notdurft zu verrichten. Auch während der Nacht blieben sie stehen.

Am zweiten Tag gab es Schwierigkeiten. Die Busse hielten immer wieder an, wendeten oder fuhren rückwärts, versuchten eine neue Route. »Das ist Dresden«, sagte der Fahrer, als sie ihn beunruhigt fragten, was denn los sei. »Es ist vollkommen zerbombt, wir kommen einfach nicht durch. Alles nur ein Haufen Ruinen.«

Rosa, die aus Dresden stammte, stieß einen unterdrückten Schrei aus und Hanna rutschte zur Seite, um sie ans Fenster zu lassen. Rosa riss einen Spalt in den Sichtschutz am Fenster und spähte hinaus. Als sie sich abwandte, weinte sie. Hanna nahm sie in den Arm. »Deine Eltern sind nicht mehr hier«, sagte sie. »Du weißt doch, dass sie alle Juden weggebracht haben. Die Bomben haben nur Deutsche getroffen.« Rosa hörte nicht auf zu weinen.

Die Feuerhölle

Das mit Flüchtlingen übervölkerte Dresden wurde – obwohl es nicht mehr verteidigt wurde – vom 13. bis zum 15. Februar 1945 durch alliierte Luftangriffe in der Nacht und während des Tages durch 800 Flugzeuge, die 2000 Tonnen Bomben auf die Stadt warfen, fast völlig zerstört.

»Vielleicht haben sie sich ja versteckt. Vielleicht haben ihre Nachbarn ihnen geholfen. Denk doch an Ursula, nicht alle Deutschen sind Nazis.«

Vielleicht nicht alle, dachte Hanna, aber viel zu viele. Laut sagte sie: »Wenn sich deine Eltern versteckt haben, sind sie bestimmt aufs Land gegangen.« Aber Rosa ließ sich nicht trösten. Sie weinte auch noch, als die Busse längst in einem großen Bogen um das zerstörte Dresden herumgefahren waren.

Die Fahrt dauerte lange, manchmal kamen sie nur sehr langsam weiter. Nach ein paar Tagen hörten sie den Lärm von Geschützen, der immer lauter wurde, je weiter sie nach Norden fuhren. Er schien von zwei Seiten zu kommen. Die Busse hielten, die Fahrer stiegen aus, um sich mit ihren Kollegen zu beraten.

»Die beiden Fronten sind einander schon ganz nahe«, sagten sie, als sie zurückkamen. »Es wird schwer sein durchzukommen.« Als sie die entsetzten Gesichter ihrer Fahrgäste sahen, fügten sie beruhigend hinzu: »Macht euch keine Sorgen. Wenn wir es nicht schaffen, drehen wir um und fahren in die Schweiz.«

Aber sie schafften es. Die Essensvorräte, die ihnen anfangs so üppig vorgekommen waren, gingen schon zur Neige, als sie Dänemark erreichten. Hier warteten manchmal Leute am Straßenrand auf sie, sie bekamen heiße Getränke und belegte Brote, und für eine Nacht übernachteten sie sogar in einem Hotel. Doch sie waren viel zu erschöpft, um sich zu freuen, sie fielen todmüde in die Betten, die sie zu zweit teilten, und wachten am nächsten Morgen immer noch todmüde auf.

Obwohl sie nicht arbeiten musste, obwohl sie nicht anstehen musste, sondern genügend zu essen bekam, war Hanna wie betäubt, genau genommen fühlte sie sich schlechter als in Theresienstadt. Aber sie wagte nicht, das auszusprechen.

Irgendwann hielten die Busse, und sie mussten aussteigen. Eine Fähre brachte sie nach Malmö. Dort warteten sie, bis sie gegen Abend von Bussen abgeholt wurden. Sie fuhren durch eine wunderbare, strahlende Stadt, mit brennenden Straßenlaternen und erleuchteten Fenstern. So etwas hatten sie schon so lange nicht mehr gesehen, dass sie vergessen hatten, dass es das überhaupt gab.

Schließlich kamen sie in ein großes Lager in der Nähe von Stockholm, in Quarantäne. Sie konnten sich waschen, wurden entlaust und bekamen frische Kleidung. Dann wurden sie medizinisch versorgt. Die Ärztin, die Hanna untersuchte, war eine dicke, freundliche Frau, die einigermaßen gut Dänisch sprach und sagte, sie habe eine Tochter, die so alt sei wie Hanna. Und dann fing sie an zu fragen. Am Schluss sagte sie: »Sechs Jahre bist du schon unterwegs, deine ganze Jugend haben sie dir gestohlen.«

Hanna schaute sie erstaunt an. »Aber ich lebe«, sagte sie und wunderte sich, dass der Frau Tränen in die Augen traten.

Zwei Wochen später war der Krieg zu Ende.

Ursula Wölfel

»Warum muss ein Soldat töten?«

Kriegstage und Bombennächte

Der Krieg war nicht plötzlich da. Er kam langsam und schickte seine Wörter voraus: »Rüstung«, »Bewaffnung«, »Rationierung«, »Wehrpflicht«, »Luftschutz«. Zuerst waren das Zeitungswörter, Radiowörter, die sich zwischen die Alltagswörter drängten. Die meisten kannte man, der Erste Weltkrieg war noch keine ferne Vergangenheit.

Damals, 1933, gab es ein Mietshaus am Rand einer kleinen Stadt zwischen Duisburg und Dinslaken, das stand am Ende einer grünen Insel von Weideland: vierstöckig, mit zwei kahlen grauen Brandmauern. Kurz vor der Zeit der Kriegswörter war es gebaut worden, und »Neubau« hieß es noch lange bei den Nachbarn aus den schönen Bauernhäusern, die mit ihren Gärten vom alten Dorf übrig geblieben waren. An der Straßenseite hatte der Neubau zwei große Schaufenster mit Möbeln: Links war ein Schlafzimmer, rechts eine Küche ausgestellt. Aber selten sah man Kunden dort oder einen Lastwagen, der etwas abholte oder brachte. Immer standen dieselben Möbel im Laden.

Das Haus und das Möbelgeschäft gehörten Herrn Mayer, einem freundlichen stillen Mann mit grauen Locken um die blanke Glatze. Vor drei Jahren war er noch Rechtsanwalt in Duisburg gewesen, und sein Beruf bedeutete ihm viel. Er hatte das Weideland mit dem Haus und dem Möbelgeschäft geerbt, und nach dem Tod seiner Frau war er hierher gezogen, um in Ruhe noch mehr über Recht und Gerechtigkeit nachzudenken. Warum gab er das Geschäft nicht auf? Zum Leben hätten ihm doch die Mieten für die fünf Wohnungen im Haus genügt? Er ging viel spazieren, holte sich immer mehrere Zeitungen am Kiosk, kaufte im Konsumladen ein und hielt seine Wohnung selbst in Ordnung. Von Zeit zu Zeit putzte eine Frau aus der Nachbarschaft den Laden. Mehr wusste man nicht von ihm.

In der großen Dachwohnung wohnten Erich und Ilse Keller mit ihren vier Kindern Arnold, Max, Susanne und Anette, und mit Ilses Eltern Katharina und Georg Fiedler. Erich Keller war SPD-Mitglied und Schmiedemeister und seit vielen Jahren Vorarbeiter in einer Metallwarenfabrik. Georg und Katharina Fiedler hatten bis zum Ersten Weltkrieg auf ihrem Hof Reitpferde gezüchtet und in der Inflation ihr Land, ihr Haus, ihr Vermögen und alle wunderbaren Pferde verloren.

Im zweiten Stock links wohnten Otto und Jutta Schmitt mit Ralf und Anneliese. Otto Schmitt hatte bis zum vergangenen Jahr als Buchhalter gearbeitet. Jetzt war er arbeitslos, aber man hatte ihn zum NS-Blockwart gemacht, und er schrieb in winziger Druckschrift alles auf Karteikarten, was er über die Familien in seinem Block erfahren konnte. Jutta, früher Apothekengehilfin, verdiente jetzt den Lebensunterhalt der Familie als Kantinenköchin in einer Zeitungsdruckerei und träumte immer noch davon, eines Tages Chemie zu studieren.

Blockwarte

hatten etwa 40 bis 60 Haushalte zu betreuen und zu überwachen. Sie sammelten Mitgliedsbeiträge bei den Parteimitgliedern ein, führten Haussammlungen durch und hatten für die Teilnahme an Kundgebungen und Feierstunden zu sorgen. »Vorgänge politisch-polizeilichen Charakters« und etwaige »Verbreiter schädigender Gerüchte« hatten sie der Gestapo zu melden.

Im zweiten Stock rechts wohnten Hannes und Mechthild Huber mit ihren eineinhalbjährigen Zwillingen Ludwig und Mariechen. Hannes war Lehrer, und Mechthild hatte eigentlich Gärtnerin werden wollen, aber dann hatte sie gleich nach der Schulzeit ihren Hannes geheiratet.

Im ersten Stock über dem Laden wohnte links der Hausbesitzer Eugen Mayer, und in die rechte Wohnung waren kürzlich Richard und Marion Lange mit dem Foxterrier Foxi eingezogen. Die Langes waren beide im Kaufhaus Schirk angestellt.

Herr Mayer war dem Blockwart Otto Schmitt ein Rätsel. Ein Geschäftsmann, der sich kaum um sein Geschäft kümmerte? Da stimmte etwas nicht. Er würde ihn besuchen und ein bisschen aushorchen. Man wusste einfach zu wenig von diesem Mann. Es hieß, Erich Keller habe Mayer schon früher gekannt. Otto nahm sich vor, Erich nach ihm zu fragen. Sie kannten sich seit der Schulzeit, und sie verstanden sich gut, der NS-Blockwart und der SPD-Mann, solange sie nicht über Politik redeten. Aber leider redeten sie beide zu gern über Politik.

Otto traf Erich auf dem Treppenabsatz vor der Dachwohnung. Aber noch ehe er etwas fragen konnte, rief Erich: »Ich wollte zu dir, ich muss dich sprechen! Kaum ist dein Adolf an der Macht, da lässt er schon die Katze aus dem Sack! Weißt du schon das Neueste? Wir beide gehen mit Weib und Kind in den Osten und siedeln!«

»Gute Idee!«, sagte Otto.

Erich zog einen Zettel aus der Tasche, ging ans Treppenfenster und las heiser und stockend vor: »Nur der Kampf kann uns retten! Ertüchtigung der Jugend und Stärkung des Wehrwillens! Demokratie ist Krebsschaden. Der Bauer muss gerettet werden! Siedlungspolitik! Allgemeine Wehrpflicht! Lebensraum im Osten erobern! Rücksichtslose Germanisierung!«

Er stopfte den Zettel wieder in die Jackentasche. »Dein Führer hat das gesagt, bei irgendeiner Rede für Militärs am dritten Februar. Weißt du, was das heißt? Krieg heißt das, Otto, Krieg!«

»Ist das amtlich?«, fragte Otto. »Woher hast du das? Aber schrei nicht so laut.«

Erich flüsterte, von Kollegen habe er den Zettel. Keine Namen! Aber was dachte der sich eigentlich, der Hitler? Wollte Krieg machen und einfach Land im Osten klauen?

»Für uns, Erich, für Deutschland!«, rief Otto. »Damit wir endlich genug Land haben und Rohstoffe! Dann gibt es keine Arbeitslosen mehr, und einer wie ich, der was gelernt hat, braucht nicht mehr stempeln zu gehen. Morgen steht bestimmt die ganze Rede in der Zeitung, und vielleicht ist das auf deinem Zettel alles nur erfunden, damit die Leute meinen, Adolf Hitler wolle den Krieg! Nie, nie! Der will ein friedliches, blühendes Deutschland. Dafür braucht er das Land im Osten.«

»Welches?«, fragte Erich. »Welches Land?«

»Einfach Land. Davon gibt es doch genug im Osten!«

»Dann wünsch dir zu Weinachten eine Landkarte!«, schrie Erich. »Da wohnen nämlich Leute, überall im Osten wohnen Leute wie du und ich!«

Ilse kam. Sie sollten leise sein, und nicht so viel von »Krieg« spre-

chen! Mutter Katharina könne sonst wieder nicht schlafen, aus Angst um Arnold, weil der Offizier oder SS-Mann werden wollte oder gleich beides. »Gestern hat der Huber von unten sie schon ganz nervös gemacht mit seinem Gerede über die Kriegsangst.«
»Ja, der Herr Lehrer!«, rief Otto Schmitt. » Der mit seiner Kriegsangst, dieser Waschlappen!«
»Ich hab sie auch«, sagte Ilse. »Alle haben Kriegsangst. Sei doch ehrlich, Otto, du doch auch!« Jetzt rief Jutta von unten: Otto solle endlich zum Essen kommen.

»Lass die Bratkartoffeln nicht kalt werden«, sagte Erich.

»Und du nicht die Suppe!«, sagte Ilse.

Von der Hitlerrede über Wehrdienst und Land im Osten, am 3. Februar 1933 vor den Reichswehr-Befehlshabern gehalten, stand natürlich nichts in der Zeitung. Aber schon 1933 gab es genug schlimme Vorzeichen: den Reichstagsbrand, das »Ermächtigungsgesetz«, die Bücherverbrennungen oder auch das Verbot der SPD. Am 14. Oktober 1933 kündigte Hitler die Mitgliedschaft Deutschlands im Völkerbund und verzichtete damit auch auf Deutschlands Teilnahme an der Genfer Abrüstungskonferenz. Schon jetzt konnte man wissen: Er wollte den Krieg.

Für den 12. November wurde zur Reichstagswahl aufgerufen. Waren die Wähler mit Hitler und seiner Regierung zufrieden? Ja oder nein? Und fanden sie Deutschlands Austritt aus dem Völkerbund richtig? Ja oder Nein?

Ilse Keller weckte am Wahlsonntag zuerst ihre Eltern, weil sie wusste, dass Großvater Georg heute doppelt so viel Zeit wie sonst zum Rasieren und Anziehen brauchen würde. Er ging nur aus dem Haus, wenn er im Spiegel sah, dass er ein Herr war, ein wahrer Herr, und dessen Würde zeigte sich für ihn in der Bescheidenheit und im Glanz frisch geputzter Schuhe.

Großmutter Katharina war schon längst fertig angezogen, hatte den Frühstückstisch gedeckt und einen Knopf an Erichs Sonntagsmantel genäht. Aber Erich wollte nicht zur Wahl gehen. Zu einer Wahl ohne Parteien? Nein. Er würde lieber schlafen. »Und was sagst du zur Absage an den Völkerbund, SPD-Mann?«, fragte Ilse. Also stand Erich auf, und sie gingen so pünktlich fort, wie Großvater Fiedler es liebte.

Jutta Schmitt wartete an der Treppe auf sie. »Otto ist Wahlhelfer«,

Die »Verfemten«

Am 10. Mai 1933 wurden an allen deutschen Universitäten Bücher unliebsamer Autoren verbrannt. Im Beisein von Rektoren und Professoren wurden Bibliotheken geplündert, »12 Thesen wider den undeutschen Geist« vorgetragen, die Namen der Autoren verlesen und ihre Bücher dem Feuer übergeben. Zu den »Verfemten« gehörten nahezu alle Autoren, die Rang und Namen hatten – von Heinrich und Thomas Mann über Bertolt Brecht und Sigmund Freud. Der Schriftsteller Oskar Maria Graf gehörte nicht dazu. Er protestierte: »Womit habe ich diese Schmach verdient? Nach meinem ganzen Leben und nach meinem ganzen Schreiben habe ich das Recht zu verlangen, dass meine Bücher der reinen Flamme des Scheiterhaufens überantwortet werden und nicht in die blutigen Hände … der braunen Mordbanden gelangen.« Graf wurde ausgebürgert, seine Bücher verboten.

Vorbereitung der Bücherverbrennung. Etwa 10 000 Zentner beschlagnahmte Bücher und Schriften lagern in der Magazingasse in Berlin.

sagte sie. »Er ist schon vor einer Stunde fortgegangen.« Mechthild Huber kam gerade aus der Wohnungstür. Hannes musste noch die Zwillinge füttern. Die Langes standen schon in Sonntagskleidern vor ihrer Tür und trösteten durch den Briefkastenschlitz Foxi, den sie nicht mitnehmen wollten. Herr Mayer kam ihnen auf der Straße entgegen. Hatte er schon gewählt? Er zog seinen Hut, auch Großvater Georg zog seinen Hut, beide lächelten und verbeugten sich: zwei Herren am Sonntag.

So friedlich war der Wahltag. Als aber das Wahlergebnis bekannt gegeben wurde, rief Großvater Georg: »Wahlfälschung! Wahlbetrug! Dass fünfundneunzig von hundert Deutschen Ja sagen zum Verrat am Völkerbund, das gibt es nicht!« Er lief im Haus von Wohnung zu Wohnung und fragte: »Was haben Sie zur Völkerbund-Frage gewählt?« Erich Keller lief hinter ihm her und entschuldigte sich für den Schwiegervater. Nur Richard Lange sagte: »Eigentlich sollte das ja wohl eine geheime Wahl sein?« Alle anderen gaben freundlich Antwort.

Dann rechneten sie mit Katharina und Ilse: Hier im Haus gab es elf wahlberechtigte Bürger. Zwei von ihnen, die Schmitts, hatten »Ja« zum Völkerbundaustritt gesagt. Bei Richard Lange waren sie nicht so sicher. Aber mindestens acht Hausbewohner hatten »Nein« gewählt. »Habe ich es nicht gesagt?«, rief Großvater Georg. »Die meisten wollen beim Völkerbund bleiben! Diese Zeitungsleute haben gelogen, oder sie haben sich verrechnet.«

»Und wir haben den ganzen Tag nur von der Wahl geredet, und nicht vom Krieg«, sagte Ilse. »Das hat mir gut getan.«

Am 26. Januar 1934 schlossen Polen und Deutschland für zehn Jahre einen Nichtangriffspakt. Ende Juli 1934 wuchs die Kriegsangst wieder. Sie wurde vom Grauen über das blutige Schauspiel der Ermordung des SA-Führers Röhm und seiner Anhänger geweckt. Dann starb der Reichspräsident Paul von Hindenburg. Hitler, der schon Reichskanzler war, erbte alle Präsidentenmacht und wurde nun auch noch Oberbefehlshaber der Reichswehr! Ganz offen sprach man jetzt von Krieg. Viele erwarteten ihn im Januar 1935, wenn im Saarland abgestimmt werden sollte, ob die Saarländer künftig wieder zu Deutschland gehören wollten. Denn seit dem Ende des Ersten Weltkrieges wurde das Saarland von Frankreich verwaltet. Viele fürchteten, dass die Franzosen ein Ergebnis zugunsten Deutschlands nicht hinnehmen würden. In Erinnerung an den Ersten Weltkrieg bereiteten sich manche schon mit Hamsterkäufen auf Hungerzeiten und Warenmangel vor.

»Wer hamstert, hat kein Vertrauen zum Führer und ist ein Volksverhetzer und Miesmacher!«, sagte Otto Schmitt. Aber heimlich legte seine Jutta einen Zentner Kartoffeln mehr als sonst in den Keller, und einen halben Sack Weizenmehl versteckte sie im alten Kleiderschrank. Ilse Keller bat Jutta um eine Ecke in ihrem Keller für ein Sauerkrautfässchen, weil ihre eigenen Kellerräume mit alten Möbeln von Fiedlers Gut vollgestopft waren. Auch Großvater Fiedler hielt nichts vom Hamstern, weil es eigentlich nicht erlaubt war. Aber Großmutter Katharina hatte einen halben Sack Seifenpulver im alten Badeofen auf dem Dachboden versteckt, und auch an die kleinen Huberchen hatte sie gedacht: Sie brachte Mechthild einen Karton mit fünfzig Päckchen Puddingpulver. Marion Lange erzählte, im Kaufhaus gäbe es noch Fahrradreifen, und Hannes kaufte vier neue Reifen mit Schläuchen, obwohl die alten noch gut waren.

Am 13. Januar 1935 stimmten die Saarländer für die Rückgliederung des Saarlandes an Deutschland. Der Völkerbund erkannte die Wahl an und Frankreich war einverstanden. Es gab keinen Krieg.

Am 26. Juni 1935 wurden zwei wichtige Gesetze bekannt gemacht: Der Arbeitsdienst, der bisher freiwillig geleistet wurde, sollte von nun an ein Pflichtdienst und die Voraussetzung für die Zulassung zum Studium sein. Das galt ab sofort für alle männlichen Jugendlichen zwischen 18 und 25 Jahren, etwas später galt es auch für junge Frauen.

Das »Reichsluftschutzgesetz« führte eine allgemeine Dienstpflicht ein, nach der jeder Bürger sich um die Einrichtung von Schutzräumen, um die Vorbereitungen zur Verdunklung und die Anschaffung von Geräten zur Brandbekämpfung zu kümmern habe.

Weil Hannes Huber ein fleißiger Lehrer war, kam er nur sonntags zum gründlichen Zeitunglesen. Den Artikel über die Einrichtung von Luftschutzkellern und über die Gefahren von Luftangriffen las er zweimal. Würde er Mechthild und die Kinder eines Tages vor Bomben und Feuer schützen können? Man durfte nicht daran denken. Jetzt gab es für solchen Schutz sogar ein Gesetz? Dann musste es auch eine wirkliche Gefahr geben. Er nahm die Zeitung, lief hinüber zu Schmitts und klingelte zweimal so ungeduldig, als sei nicht Sonntag. Otto Schmitt kam zur Tür, Hannes hielt die Zeitung hoch und sagte: »Wir sollten im Fahrradkeller einen Luftschutzraum einrichten!«

»Natürlich!«, rief Otto. Auch er hatte den Luftschutzartikel gelesen.

Sommer 1939. Luftschutzübung für die Verkäuferinnen vom Potsdamer Platz in Berlin.

Er gab Hannes Recht, und eine Stunde später saßen alle Hausbewohner in Langes neuem Wohnzimmer, tranken Saft mit Sprudelwasser und überlegten, wer mit wem den Dachboden entrümpeln würde, wo man Sandkisten, Eimer, Löschgeräte, Verbandskasten und Stoffe für die Verdunklung besorgen könnte, und alle gerieten mit ihrem Eifer in eine so heitere Stimmung, als planten sie einen gemeinsamen Sonntagsausflug. Natürlich hatten sie Angst. Aber für zwei Stunden fühlten sie sich schon geborgen in ihrem zukünftigen Schutzraum. Zuletzt, als sie sich laut und fröhlich voneinander verabschiedeten, fragte Hannes Huber: »Und Herr Mayer?« Alle lächelten verlegen. Den hatten sie ganz vergessen.

Erich Keller brachte ihm am nächsten Tag die Grüße seiner Mieter. Herr Mayer war einverstanden mit allem, was sie geplant hatten. Er würde natürlich die Kosten für die bauliche Vorbereitung und die Einrichtung des Kellers übernehmen. Das sei seine Pflicht. Allerdings würde man ihn selbst wohl selten in diesem Raum sehen. Er sei im letzten Krieg Soldat gewesen, und er habe etwas gegen Keller.

Ende August kam bei Hubers ein Mädchen zur Welt. Sie nannten es Friederike. »Ein altmodischer Name«, sagte Mechthild. »Aber er passt so gut in unsere Zeit. Man kann sie ›Friedchen‹ oder ›Friede‹ nennen.« Zur Taufe kamen alle Hausbewohner, und Herr Mayer schenkte dem Kind ein goldenes Kettchen und hielt es lange im Arm. Es kam allen so vor, als verstünde er etwas von Säuglingen.

Der erste Rekrutenjahrgang wurde am 7. November 1935 auf Hitler vereidigt. Arnold Keller, Erichs älterer Sohn, war dabei.

Kriegsvorbereitung

Am 16. März 1935 war die Allgemeine Wehrpflicht eingeführt worden. Das war gegen die Bestimmungen des Versailler Vertrages, die Deutschland nach dem Ersten Weltkrieg auferlegt worden waren.

Das Jahr 1936 fing nicht gut an: Hitler kündigte den Locarno-Vertrag von 1925, mit dem Frankreich, Belgien und Deutschland sich gegenseitig unverletzliche Grenzen garantiert hatten. Die deutschen Gebiete links des Rheins sollten frei von militärischen Einrichtungen bleiben. Doch am 7. März 1936 zogen deutsche Kavallerie und Infanterie mit Helm und Gewehr über die Rheinbrücken nach Westen. Manche feierten den Tag. Er hätte schon ein erster Kriegstag sein können, aber Frankreich war auf einen Krieg noch nicht vorbereitet.

Am 10. Juli wurde bestimmt, dass die unterste Parteigliederung, der Block, jetzt nicht mehr nur Parteimitglieder, sondern alle Volksgenossen umfassen sollte. Das war für Otto ein Signal, sich wieder mit Herrn Mayer zu beschäftigen. Zunächst machte er sich einen schriftlichen Plan: Was weiß man von ihm? Alter, Familie, Vergangenheit, Beruf? Welche Gewohnheiten? Welche Freunde? Welche Zeitungen? Dass er 63 Jahre alt war, wusste jeder im Haus. Aber wo er geboren war, ob er Geschwister hatte, Kinder, wenigstens irgendwo in der Nähe einen Vetter oder eine Cousine – davon wusste man nichts, obwohl er in der letzten Zeit oft Besuch bekam. Das waren immer sehr bescheidene, stille Gäste, die man kaum zu sehen bekam. »Entfernte Verwandte«, sagte Mayer, als Otto ihn endlich doch einmal fragte.

Bei seinen Spazierwegen ging Mayer gern über die Weiden, manchmal auch durch den kleinen Buschwald zum Gasthaus »Moorschenke«. Außerdem hatte er offensichtlich eine Vorliebe für den Bahnhof, das Postamt und die Warenhäuser in Duisburg. Otto hatte ihn dort schon zweimal gesehen, als er sich mit wildfremden Leuten unterhielt und denen sogar den Kaffee und den Kuchen bezahlte.

Am 1. August 1936 eröffnete Hitler in Berlin die Olympiade. Sie rauschte wie ein großes, buntes Fest vorüber, ein Propagandaerfolg für Deutschland. Über 4000 Sportler aus neunundvierzig Ländern waren begeistert von der deutschen Gastfreundschaft.

Olympiade 1936 in Berlin

1931 hatte das Internationale Olympische Komitee Deutschland als Austragungsland bestimmt – eine Entscheidung, die es trotz internationaler Proteste nicht zurücknahm. Für Hitler bot sich damit eine Gelegenheit, sich dem Ausland als friedliebender Gastgeber zu präsentieren. Olympia wurde zur »nationalen Aufgabe« erklärt. Niemals zuvor reisten so viele Aktive zu den Spielen an. Herausragender Athlet war der schwarze Amerikaner Jessie Owens. »Der schnellste Mann der Welt« gewann vier Goldmedaillen. Aber die deutschen »Kämpfer für die Idee unseres Führers« errangen die meisten Medaillen.

Schilder »Für Juden verboten« und Hetzplakate wurden vorübergehend abgehängt. Die Verfolgung von Juden und Regimegegnern ging jedoch weiter. Zeitgleich mit den Olympischen Spielen begannen in Oranienburg bei Berlin die Bauarbeiten für das KZ Sachsenhausen.

Im August änderte sich manches im Neubau: Herr Mayer gab seine Wohnung im ersten Stock auf und richtete sich eine Wohnung im Büro und in den Lagerräumen ein. Ladentür und Hoftüren, Büro- und Kellerfenster bekamen eiserne Rollläden. In Mayers ehemalige Wohnung zog eine neue Mieterin ein, Frau Hoopke. Otto Schmitt legte sofort eine Karteikarte für die neue Familie an. Die las er Jutta vor: »Caroline Hoopke, 53 Jahre alt, seit 1933 verwitwet, eine geborene Hirschel. Wie findest du das?«, fragte er Jutta. »Netter Name. Und sonst?«

»Früher Lehrerin. Vier Kinder. Die älteste Tochter, Ruth, studiert Musik, die zweite, Herta, ist verheiratet, die dritte, Karla, ist erst vierzehn, geht noch in die Schule. Der Sohn Wolfgang studiert Schiffbau in Danzig, angeblich aus Kostengründen. Kein einziger Parteigenosse in der Familie! Die Jüngste ist wenigstens Jungmädelführerin. Sollte Ralf sich vielleicht ein bisschen um sie kümmern?«

Guernica

Im Juli 1936 begann in Spanien der Bürgerkrieg zwischen den Faschisten unter dem General Franco und der sozialistischen Volksfront, auf deren Seite viele Deutsche – Juden, Kommunisten, Sozialdemokraten und andere Hitler-Gegner – kämpften. Hitler schickte dem General 6000 deutsche Soldaten zu Hilfe, die »Legion Condor«, die mit modernstem Kriegsgerät ausgerüstet war – eine gute Gelegenheit, neue Waffen in einem anderen Land zu erproben. Neun Monate später bombardierten deutsche Flugzeuge die kleine nordspanische Stadt Guernica. 200 Zivilisten starben. Der Maler Pablo Picasso hat ein berühmtes Bild gemalt, das »Guernica« heißt und zum Sinnbild kriegerischen Mordens geworden ist.

»Der interessiert sich nicht mehr für Mädchen«, sagte Jutta.

»Wofür denn – mit siebzehn?«

»Für Politik und Menschenkunde oder so ähnlich. Er lernt den ganzen Tag Latein. Er will ein gutes Abitur machen.«

»Ein Streber!«, sagte Otto. »Mein Sohn!«

Am 1. Dezember wurde die Hitlerjugend zur Staatsjugend erklärt.

Ralf war wütend. »Was soll das heißen? Das ist doch alles nur verlogener Quark!«

»Aber wieso denn?«, fragte Otto. »Ich bin stolz auf dich, Jungscharführer! Und der Führer ist stolz auf euch alle! Was ist daran verlogen?«

»Alles! Als wir im Sommer im Trainingslager waren, da haben wir morgens gesungen: ›Und die Morgenfrühe, das ist unsere Zeit‹ – ein schönes Lied. Und abends haben wir gesungen: ›Gute Nacht, Kameraden, bewahrt euch diesen Tag‹ – auch ein schönes Lied. Als schlechtes Wetter war, haben wir ein KZ besichtigt. Da haben sie einen auf den Prügelbock geschnallt, der hat wie ein Kind gewimmert und geschrieen: ›Nicht schon wieder! Erschießt mich doch lieber!‹ Den hätten sie heute nur zum Spaß aufgeschnallt, nur als Warnung, haben die Wachleute gesagt. Das passte doch wirklich gut zu den schönen Liedern, oder? Mir ist schlecht geworden!«

»Ihr müsst hart werden«, sagte Otto. »Eines Tages seid ihr doch unsere jungen Soldaten!«

»Ich weiß. Im Trainingslager hing ein Spruch an der Wand: Wir sind geboren, für Deutschland zu sterben!«, sagte Ralf, lief hinaus und ließ die Tür knallen.

1937 wurde ein ruhiges Jahr für die Familien im Neubau. Vieles, was auf Krieg deutete, erfuhren sie nur aus Rundfunknachrichten oder Zeitungen – zum Beispiel, dass Hitler die Unterschrift unter die deutsche Kriegsschulderklärung für den Ersten Weltkrieg widerrufen hatte, dass Hermann Göring eine Volks-Gasmaske empfahl, von der schon Millionen hergestellt seien, und dass in Mecklenburg ein Manöver stattfand, das einen »Blitzkrieg« probte. Was konnte das bedeuten?

Kriegstüchtig

Beim NSDAP-Parteitag am 9. September 1936 hatte Hitler den »Vierjahresplan« verkündet. »Die deutsche Wirtschaft muss in vier Jahren kriegsfähig sein«, schrieb er in einer geheimen Denkschrift. Die Generalvollmacht über den Vierjahresplan in allen wirtschaftlichen Fragen hatte Hermann Göring. Von einem eigens dafür eingerichteten Stab wurden die zur Verfügung stehenden Rohstoffe berechnet, die Produktion der Treibstoffvorräte erhöht, die chemische und die Waffenindustrie vorangetrieben.

Dann kam das Jahr 1938. Wenn sie in späteren Jahren versuchten, sich an ihr Leben in diesem Jahr zu erinnern, kam es manchen wie eine abschüssige Straße vor, auf der sie hilflos dem Krieg entgegengeschlittert waren.

Es begann mit Hitlers »Erlass über die Führung der Wehrmacht« vom 4. Februar 1938: »Die Befehlsgewalt über die gesamte Wehrmacht übe ich von jetzt an unmittelbar persönlich aus.«

»Jetzt haben wir einen echten Diktator«, sagte Hannes Huber zu seiner Mechthild, als sie vom Einkaufen kamen. »Gott schütze uns!« Otto Schmitt kam hinter ihnen die Treppe herauf und hörte das.

»Ihn, den Führer soll er schützen!«, rief er.

»In seiner großen Güte beschützt er wohl auch den Satan«, sagte Hannes und zog seine Wohnungstür zu.

»Das hättest du nicht sagen dürfen«, flüsterte Mechthild.

Am 12. März 1938 sollten alle Österreicher – vom 24. Lebensjahr an – sich in einer Volksabstimmung »für ein freies und deutsches, unabhängiges und soziales, für ein christliches und einiges Österreich« entscheiden, aber Hitler wartete das Ergebnis der Volksabstimmung gar nicht erst ab. Schon am selben Tag marschierten deutsche Truppen in Österreich ein und wurden jubelnd von der Bevölkerung begrüßt.

Der Flieger

Hermann Göring, populärer Jagdflieger im Ersten Weltkrieg und unter Hitler Reichsluftfahrtminister, zeigte sich gern in Uniform, die, so Goebbels, ihm »wichtiger war als das Amt«. Er liebte den Luxus und große Empfänge, die er zusammen mit seiner Frau Emmy Sonnemann, einer ehemaligen Schauspielerin, gab. »Ein Prasser und Parasit«, so Albert Speer in seinem Tagebuch. Göring koordinierte die so genannten »Arisierungsmaßnahmen«, die zur Ausschaltung der Juden aus der deutschen Wirtschaft führten. Zu Beginn des Russlandfeldzuges war er eine Art Superminister mit aller Entscheidungsgewalt zur Ausbeutung der besetzten Gebiete. Er gab Heydrich den Befehl, »eine Gesamtlösung der Judenfrage« zu erarbeiten. Den Luftkrieg gegen England hatte der prahlerische Minister schon Jahre vorher verloren.

Hitler, der ihn einst zu seinem Nachfolger bestimmt hatte, enthob ihn noch kurz vor Kriegsende aller Ämter und stieß ihn aus der Partei aus. Im Mai 1945 wurde er von den Amerikanern verhaftet. Im Nürnberger Prozess war Göring der ranghöchste Angeklagte, der sich selbstbewusst und aggressiv verteidigte. Wenige Stunden vor Vollstreckung des Todesurteils nahm er Gift – woher er es hatte, weiß man bis heute nicht.

Man hörte das dröhnende, brausende »Heiiil!!« aus allen Radios im Haus, und Kellers, Schmitts und Hubers, Langes und Hoopkes und auch Herr Mayer standen vor ihren Türen und redeten über Reisepläne nach Innsbruck, nach Salzburg und Wien. Großmutter Katharina wollte sofort Salzburger Nockerln backen.

»Das alles verdanken wir dem Adolf!«, rief Erich. »Aber wartet nur ab, was jetzt kommt!«

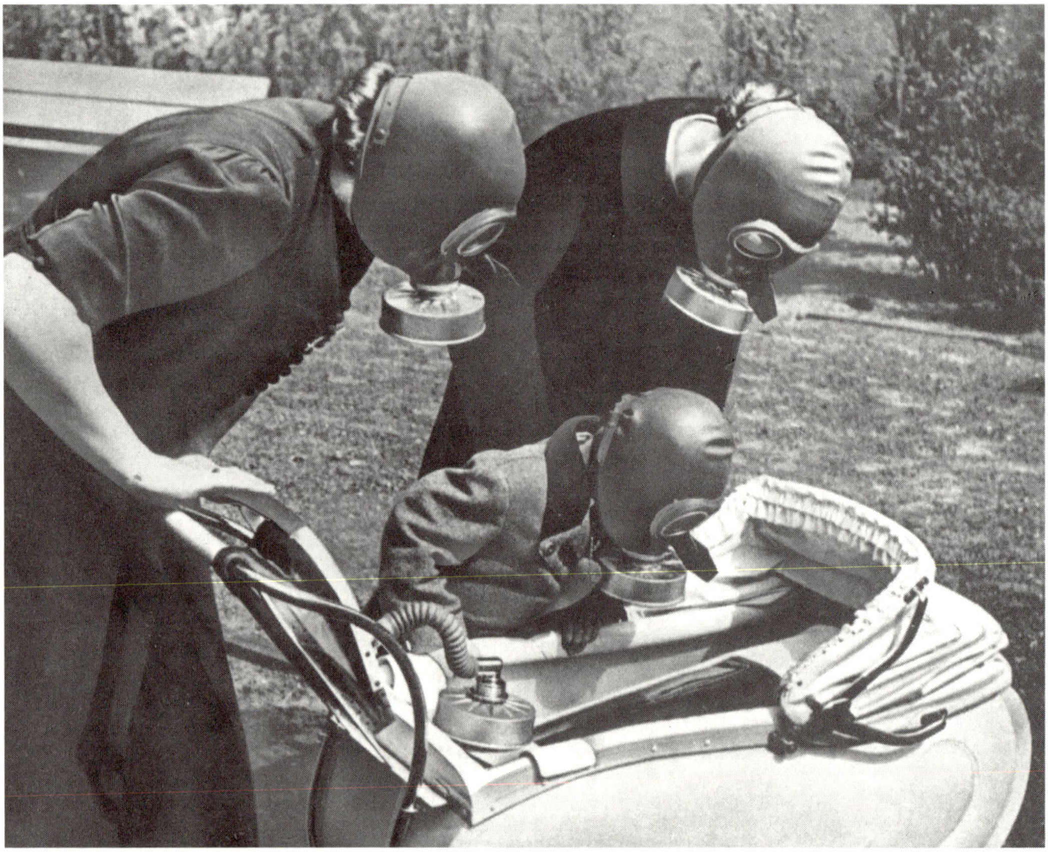

Zur psychologischen Vorbereitung auf den Krieg gehören systematische Luftschutzübungen, hier mit Volks-Gasmaske.

»Wie meinst du das?«, fragte Otto.

»Nur so«, sagte Erich. An diesem Tag wollte keiner an Krieg denken, nur an Berge und Seen und Häuser mit roten Geranien vor den Fenstern.

Nach dem dreisten Einmarsch in Österreich fürchteten die europäischen Mächte, Hitler wolle als Nächstes auch das Sudetenland »heimholen«. Dann hätten Frankreich und England die verbündete Tschechoslowakei verteidigen müssen. Aber die Geheimdienste wussten längst, wie gut Hitlers Deutschland gerüstet war. Deshalb stimmten auch England und Frankreich zu, als der mit Hitler verbündete italienische Diktator Mussolini vorschlug, die sudetendeutschen Gebiete sollten bis zum 10. Oktober 1938 geräumt und an das Deutsche

Reich abgetreten werden. Als Gegenleistung wollten die Großmächte (England, Frankreich, Italien und das Deutsche Reich) die Tschechoslowakei gegen alle Angriffe von außen schützen.

Diesmal mochte niemand im Neubau feiern. Der Krieg kam näher. Alle spürten es.

Und dann, in der Nacht vom 9. auf den 10. November, brannten die Synagogen in Deutschland, wurden die Häuser, Wohnungen und Geschäfte jüdischer Bürger zerstört, ihre Friedhöfe verwüstet und deutsche Juden von Deutschen gefoltert, gedemütigt und ermordet.

Ralf Schmitt kam in diesen Tagen oft sehr spät nach Hause. Seine Pimpfe wollten mit ihm reden über all das Schreckliche, was sie sahen, miterlebten, womöglich auch mittaten. Wie sollte er ihnen erklären, dass Brandstiftung, Einbruch, Menschenquälerei und Mord nicht als Verbrechen galten, wenn Braunhemden die Täter waren?

Am 12. November kam er auf dem Heimweg dazu, wie drei Männer einen anderen prügelten und traten, der schon auf der Straße lag. Ein SA-Mann und zwei junge Kerle waren die Schläger. »Heil Hitler!«, schrie Ralf. Sie sahen seine Uniform und liefen fort.

»Danke!«, sagte der andere und stand auf.

»Ich gehöre nicht zu denen«, sagte Ralf.

»Alles klar«, sagte der andere. Da standen sie schon vor dem Neubau. So lernten Ralf Schmitt und Wolfgang Hoopke sich kennen. Sie trafen sich oft, solange Wolfgang noch zu Hause war. Als er im Januar wieder nach Danzig fuhr, waren sie Freunde.

Was die Münchner Konferenz im September zur Sudetenfrage entschieden hatte, war Hitler zu wenig. Er wollte auch die »Rest-Tschechei«. Im März 1938 marschierten deutsche Truppen über die tschechischen Grenzen. Die Slowakei, inzwischen ein selbständiger Staat, stellte sich unter den Schutz des deutschen Reiches.

Ende Juni bekam Caroline Hoopke einen Brief aus Danzig. Wolfgang schrieb, er könne in diesem Jahr in den Sommersemesterferien nicht nach Hause kommen. Er sei zum Wehrdienst einberufen und müsse ab sofort in Bereitschaft bleiben. Caroline weinte, als sie den Brief gelesen hatte. Auch Karla las den Brief. »Hast du Angst?«, fragte sie die Mutter.

Krieg

Am 28. April 1939 kündigte Hitler den Nichtangriffspakt mit Polen.

Am 22. Mai schlossen Italien und Deutschland einen Vertrag, in dem beide versprachen, im Kriegsfall einander zu helfen. Den Fall sollte es bald geben.

Um in Polen freie Hand zu haben, schloss Hitler mit Stalin einen deutsch-sowjetischen Nichtangriffspakt, England antwortete am 25. August mit einem englisch-polnischen Beistandspakt. Am I. September gab Hitler den Befehl zum Angriff auf Polen. Um 4.45 Uhr eröffnete das deutsche Linienschiff »Schleswig Holstein« das Feuer auf die polnische Halbinsel Westerplatte bei Danzig.

»Du hast noch keinen Krieg erlebt«, sagte Caroline. »Jeder wird schlimmer als alle, die vorher waren.«

Am frühen Morgen des 1. September wusste noch keiner im Neubau, dass der Krieg gekommen war. Wie immer wurde Jutta Schmitt kurz vor fünf Uhr von einem Zeitungsauto abgeholt, damit der Frühstückskaffee für die müden Nachtredakteure und die Drucker der ersten Schicht pünktlich aufgebrüht würde. Otto war wieder Buchhalter in einer Apotheke. Er würde später mit dem Bus in die Stadt fahren.

Um die Stunde, als die ersten Schüsse auf die Westerplatte fielen, weckte Ilse Keller ihren Mann und deckte den Frühstückstisch. Zwei Stunden später ging Hannes Huber zu seiner Schule. Er hatte in den Frühnachrichten gehört, dass Hitler eine Rede halten wollte. Also würde er wieder einmal für zwei lange Stunden in der Turnhalle dem Redegebrüll zuhören müssen, bei dem die armen Schulkinder weder schwatzen noch lachen durften.

Karla Hoopke schob kurz vor acht Uhr ihr Fahrrad auf die Straße. Herr Mayer stand vor der Ladentür und kam einen Schritt auf sie zu, als wollte er etwas sagen. Im ersten Stock öffnete Karlas Mutter ein Fenster, Herr Mayer lächelte nach oben und lief dann eilig zurück in den Laden. Später wussten sie beide, was er ihnen hatte sagen wollen: dass Krieg war.

Zu Großmutter Katharina kam die Kriegsbotschaft erst eine Stunde später. Ein Lastwagenfahrer hatte etwas bei Herrn Mayer abgeliefert und sah sie am Fenster stehen. »Alles Gute, Frau!«, rief er. »Es ist so weit! Alles Gute!«

»Krieg?«, fragte Katharina. Der Mann nickte.

Georg schlief noch. Sanne und Nette waren in der Schule, und Ilse war heute schon früh mit Erich und Max in die Stadt gefahren. Sie wollte auf dem Markt einkaufen. Vorgestern hatten sie die ersten Lebensmittelkarten bekommen. Die legte Katharina zurück in die Schublade. Sie nahm den großen Einkaufskorb und ging zum Konsumladen an der Ecke. Die Verkäuferin sagte: »Brot, Mehl, Fisch, Obst und Gemüse gibt es in dieser Woche noch ohne Marken.«

»Auch Kuchen, Bonbons und Schokolade!«, sagte Katharina. »Das hat heute in der Zeitung gestanden. Wenn Krieg ist, muss man Vorräte haben!« Sie kaufte alles, was die Kinder und Ilse und sie selbst gern aßen: Schokolade, Pralinen, Bonbons, Lutscher, kandierte Früchte, Marzipan, Nougat, Lackritz und für Georg und Erich ein Kistchen mit Zigarillos.

Ilse war wieder zu Hause, als Katharina kam. Sie lief ihr entgegen. »Weißt du schon?«

»Ja: Es ist Krieg.«

»Und du bist ganz ruhig?«

»Jetzt ist er doch da, der Krieg. Jetzt brauche ich keine Angst mehr zu haben, dass er kommen könnte. Und ich bin froh, dass Arnold auf dem bayerischen Truppenübungsplatz ist, weit weg vom Krieg.«

»Dort ist er nicht mehr. Er hat jetzt eine Feldpostnummer«, sagte Ilse.

Karla stand um diese Zeit in der Schule am Fenster. Sie hatten in der Aula die Hitlerrede gehört, das grollende: »Seit vier Uhr fünfundvierzig wird zurückgeschossen!« Danach hatten sie kaum noch zehn Sätze miteinander gesprochen, die Lehrerinnen, Lehrer und Schülerinnen. Jeder wollte schnell nach Hause, auch Karla. Aber sie hatte noch etwas vor, danach erst wollte sie nach Hause fahren.

Wolfgang hatte zuletzt aus einer Kaserne geschrieben. Man hatte ihm eine Uniform und ein Gewehr gegeben, dem Bruder, den sie am liebsten mit dem Cello im Arm sah. Ob er wohl ein richtiger Soldat werden musste, einer, der auf Menschen schießt?

Als sie im Fahrradkeller ihre Tasche auf den Gepäckträger klemmte, kam schon der Hausmeister mit dem großen Schlüsselbund. Sonst schimpfte er, wenn er beim Abschließen noch jemanden in der Schule traf. Heute sagte er: »Mach's gut, Mädchen. Wer weiß, was jetzt kommt? Tschüss, Karla.«

Die Stadt war merkwürdig still. Die Marktleute räumten eiliger als an anderen Tagen die Stände ab, nicht wie sonst mit Reden, Lärmen, Lachen, wenn sie die leeren Kisten und Körbe auf die Wagen warfen.

Karla fuhr zu den Sportplätzen. Dort gab es in einem niedrigen Holzbau eine Station vom Roten Kreuz. Eine rundliche grauhaarige Schwester saß am Telefon. Karla sagte: »Ich wollte mich melden. Ich möchte etwas tun, weil Krieg ist.« Sie wurde rot, als sie das sagte, und schämte sich zu spät darüber, dass sie überhaupt hierher gekommen war. Sie sollte jetzt bei ihrer Mutter sein. Von ihrem Besuch beim Roten Kreuz würde sie ihr nichts erzählen.

»Noch Schülerin?«, fragte die Schwester und notierte sich Karlas Adresse. Dann telefonierte sie mit einem Arzt, danach mit dem Krankenwagen, und als sie den Hörer auflegte, sagte sie: »Sie sehen, das Leben geht ganz normal weiter.« Karla solle nach Hause fahren, und wenn sie gebraucht würde, bekäme sie Nachricht.

Am Nachmittag kam Ruth, die große Schwester aus Stuttgart. Sie saßen noch spät in der Nacht am Radio: In Polen seien die Deutschen seit dem frühen Morgen zügig auf dem Vormarsch, hörten sie. »Zügig!« Wie sollten sie sich Wolfgang dabei vorstellen? Wo würde er in dieser Nacht schlafen? In einem Zelt? Oder irgendwo an einem Waldrand?

Die Deutschen hatten viermal so viele Panzer und fast fünfmal so viele Flugzeuge wie die Polen, die bis zuletzt auf Beistand von England und Frankreich gehofft hatten, so wie die Verträge mit beiden Ländern es vorsahen. Drei Tage nach Kriegsbeginn erklärten sie Deutschland den Krieg, warteten dann aber hinter dem deutschen Westwall, weit weg von den kämpfenden Polen. Am 17. September griffen auch noch sowjetische Truppen Ostpolen an, und nach schrecklichen Luftangriffen auf Warschau gab Polen sich am 28. September geschlagen.

Das geschlagene Land

Die Polen hatten den Krieg nicht gewollt, aber sie mussten ihn bezahlen mit vielen Toten, Verwundeten und Gefangenen, mit zerstörten Städten und niedergebrannten Dörfern. Zum vierten Mal in der Geschichte Polens wurde das Land unter die Sieger verteilt. Die Sowjetunion bekam Ostpolen bis zum Bug und dazu Finnland, Lettland, Estland und Litauen. Das westliche Polen hieß nun »Danzig-Westpreußen« und »Warthegau«, und was noch blieb vom geschlagenen Land, wurde deutsches »Generalgouvernement« unter schlimmster SS-Herrschaft.

Schon am 22. August 1939 hatte Hitler von den Oberbefehlshabern der Wehrmacht verlangt: »Vernichtung Polens im Vordergrund. Herz verschließen gegen Mitleid. Brutales Vorgehen.«

Wolfgang Hoopke gehörte zu einer deutschen Studentenkompanie. Er wurde schwer verwundet und starb vier Tage später in einem Danziger Lazarett. Die Nachbarn im Neubau waren traurig und erschrocken. So war schon in den ersten Tagen der Kriegstod in ihr Haus gekommen, und Ralf hatte den Freund verloren, den er gerade erst gefunden hatte. Im ersten Stock bei den Hoopkes stand für viele Wochen die Zeit still. Sie lasen die letzten Briefe, die Wolfgang geschrieben hatte. Die waren nicht so heiter gewesen wie sonst. Er habe so vieles gesehen und erlebt, schrieb er an Ruth, so Schreckliches! Das könnte er niemandem erzählen, ihr nicht und auch der Mutter nicht.

Im November kam ein Feldpostbriefbrief von Arnold Keller: »Liebe Eltern, Großeltern und Geschwister, nun haben wir Polen unterworfen, und der große Ostland-Traum unseres Führers ist der Verwirklichung einen Schritt näher gekommen. Ich bin stolz darauf, dass ich für ihn und Deutschlands Zukunft kämpfen durfte. Jetzt möchte ich Euch etwas Besonderes mitteilen: Wie Ihr wisst, habe ich mich schon immer für die SS interessiert. Jetzt hat man mich als Anwärter in die SS aufgenommen, und es kann sein, dass ich schon bald zu einer besonderen Einsatzgruppe komme. Ich hoffe, dass Ihr Euch mit mir freut. Sobald ich Urlaub habe, werde ich Euch besuchen und Euch erzählen, was man im Krieg erlebt. Bis dahin viele Grüße und gute Wünsche für Euch alle! Euer Arnold. Heil Hitler!«

Erich Keller rieb sich mit beiden Fäusten die Augen, als er den Brief gelesen hatte, dann ging er hinaus und setzte sich vor das Treppenfenster. Dort konnte man weit über grünes Land nach Osten sehen. Als er wieder hereinkam, sagte er: »Arnold ist erwachsen. Er weiß, was er tut.« Ilse nickte.

Die verbrecherische Elite

In der Waffen-SS sollte der nationalsozialistische Mensch der Zukunft dienen – ein Freiwilliger, der allerdings den SS-Rassekriterien zu entsprechen hatte und sich nicht nur als Kämpfer verstand, sondern von der nationalsozialistischen Weltanschauung überzeugt und stolz darauf war, einer Elite anzugehören. Als sich die Kriegslage verschärfte, wurden aus den besetzten Gebieten Männer für die Waffen-SS rekrutiert. Fast überall verübte diese Organisation Kriegsverbrechen gegen die Zivilbevölkerung.

Die Leibstandarte »Adolf Hitler«, seine persönliche Schutztruppe, die später in die Waffen-SS überführt wurde.

Max rührte drei Löffel Zucker in seinen Kakao und sagte: »Ich werde keinem Menschen etwas von der Sache erzählen. Wegen der SS und den ekelhaften Gerüchten.«

»Welchen Gerüchten? Kennst du sie?«, fragte Erich. »Redet ihr in der Schule darüber?«

»Natürlich nicht mit den Paukern. Aber wir sammeln jetzt Krieg.«

»Briefmarken?«, fragte Nette. »Frag Opa, Nettchen.« Max nahm den Brief und war schon aus der Tür. »Halt!«, rief Erich und lief ihm nach. Im Treppenhaus sagte er: »Bitte, Max, gib mir den Brief. Ich muss ihn noch einmal in Ruhe lesen und mit Ilse sprechen. Dann kannst du ihn haben. – Danke. Und wie sammelt man Krieg?«

»Wie andere Sachen. Früher haben wir Zigarettenbilder gesammelt, und jetzt sammeln wir Kriegsbilder und Fotos, Zeitungsausschnitte, Feldpoststempel, Uniformknöpfe, Patronenhülsen, natürlich auch echte Erlebnisse. Aber für die Sammelei wollte ich den Brief nicht haben. Hast du das gedacht? Ich wollte ihn nur einem Freund zeigen, der mehr von Polen weiß. Aus den Zeitungen erfährt man ja nichts, und der hat ein besonders gutes Radio. Verstehst du?«

»Nur zu gut«, sagte Erich. »Den Brief bekommst du morgen zurück. Hört ihr London? Bitte, sei nicht leichtsinnig, Junge.«

Feindsender

1941 verfügten bereits 65 Prozent der Haushalte über ein Radio. Die kleinere Ausgabe hieß im Volksmund »Goebbels-Schnauze« – mit ihr konnte man keine ausländischen Sender empfangen, was seit 1939 ohnehin unter Strafe stand.

»Klar«, sagte Max. »Man will ja noch was vom Leben haben, ehe Mackie Messer kommt«, und wurde rot, weil Anneliese Schmitt gerade jetzt die Treppe heraufkam. Auch sie wurde rot. »Wie schön sie ist«, dachte Max.

Am Abend stand Erich lange vor Herrn Mayers Schaufenster und betrachtete das Schlafzimmer so genau, als sei er ein interessierter Kunde. Endlich öffnete Herr Mayer die Tür: »Ich glaube, Herr Keller, Sie möchten mich sprechen?«

»Ich brauche einen Rat«, sagte Erich. »Bitte, lesen Sie diesen Brief von meinem Ältesten. Es gibt Gerüchte, über eine andere deutsche Truppe in Polen, die soll von einer Art sein, wie es noch nie Soldaten gegeben hat. Vielleicht sind es ja wirklich nur Gerüchte? Sie haben doch Verwandte in Polen?«

Mayer las den Brief. Dann ging er zur Ladentür, schloss ab, ließ die eisernen Rollläden hinunterrasseln und rückte die Stühle am Küchentisch zurecht.

»Das sind nicht nur Gerüchte«, sagte er. »Meine Schwester und mein Schwager sind beide Lehrer. Das kann ihr Todesurteil sein. Ja, wirklich! Wollen Sie alles wissen? Wollen Sie mir glauben? Dann will ich Ihnen auch alles sagen, was ich weiß. Ich vertraue Ihnen. Dass ich dafür meinen Kopf riskiere, wissen Sie?« Erich nickte.

»Hitler«, sagte Mayer »will im Osten viel fruchtbares Land erobern und einen germanischen Herrenstaat gründen, und alle polnischen Männer und Frauen sollen sein Arbeitsheer werden. Die polnischen Lehrer und Professoren und die Adligen und Geistlichen passen nicht recht dazu, und die polnischen Ingenieure und Handwerker und selbständigen Bauern auch nicht, und erst recht nicht die polnischen Juden und Kommunisten. Also muss er sie umbringen. Erschießen. Und dafür gibt es diese Einsatzgruppen.«

»Von denen Arnold geschrieben hat? Nein!«

Mayer sagte: »Sie sind organisiert wie Soldaten, und ihre Uniformen gleichen den deutschen Wehrmachtsuniformen. Sie kommen mit der Truppe und sollen für deren Schutz im fremden Land sorgen. In Wahrheit haben sie aber noch ganz andere Aufgaben. Sie erschießen Juden und Intellektuelle, und das in aller Öffentlichkeit. In den Dörfern und kleinen Städten kann jedes Kind ihnen dabei zusehen.«

»Unser Arnold weiß bestimmt nichts davon!«, rief Erich. »Der würde keinen wehrlosen Menschen erschießen, nur weil einer Jude oder Lehrer ist! Und woher wissen Sie das alles?«

»Von denen, die fliehen konnten. Wer auf der Flucht ist, braucht einen Pass und Geld und einen sicheren Ort zum Schlafen. Ich habe genug Betten. Sprechen Sie mit Ihrer Frau, die weiß Bescheid. Sie kennt die stillen Reit- und Wanderwege an den Grenzen.«

»Meine Ilse?«, rief Erich. »Und ich weiß nichts davon??«

»Wir mussten Sie da heraushalten. Sie werden beobachtet.«

»Ist mir doch egal!«

»Aber Ihrer Frau und Ihren Kindern nicht«, sagte Mayer. »Und mir auch nicht. Und für unsere Sache ist es wichtig, dass Sie nicht auffallen.«

Heydrichs Einsatzkommandos

Reinhard Heydrich war die »rechte Hand« des SS-Gruppenführers Heinrich Müller und Chef des Sicherheitsdienstes, der der SS unterstand. 1939 gründete er das Reichssicherheitshauptamt, in dem der Sicherheitsdienst, die Gestapo und die Kriminalpolizei zusammengeführt wurden. Mit dieser neuen Institution lenkte er die mörderischen Einsatzkommandos, die in den von den Deutschen besetzten Ländern für den Terror gegen die Zivilbevölkerung verantwortlich waren. 1942 wurde Heydrich in Prag durch zwei tschechische Attentäter schwer verwundet und starb schließlich an den Folgen des Attentats. Als Vergeltung wurde von den Nazis das Dorf Lidice dem Erdboden gleichgemacht. Alle männlichen Einwohner über 15 Jahren wurden erschossen, Frauen und Kinder kamen ins KZ, 90 Kinder wurden zur »Germanisierung« an SS-Familien gegeben.

Heinrich Himmler (Mitte) und Reinhard Heydrich (rechts), Chef des Sicherheitsdienstes (SD), ab 1939 Leiter des Reichssicherheitshauptamtes (RSHA).

Am Ende des Polenkrieges mussten die Deutschen wieder aufrüsten, aber Rohstoffe fehlten, vor allem Eisenerz. Das war bisher von Schweden mit der Bahn nach Norwegen und dann mit Schiffen nach Deutschland gekommen. Um zu verhindern, dass England die norwegischen Häfen blockierte, schickte Hitler am 9. April 1940 Truppen nach Dänemark und Norwegen. Beide Staaten waren neutral, das heißt, sie hatten sich verpflichtet, keine Kriege zu führen und sich nicht an den Kriegen anderer Staaten zu beteiligen. Ihr Gebiet galt für Krieg führende Staaten als unverletzlich, aber das galt nicht für Hitler. Dänemark ließ sich ohne Gegenwehr besetzen. Norwegen rief England zu Hilfe, und es gab im April und Mai 1940 harte Kämpfe, bis ganz Norwegen von deutschen Truppen besetzt war.

»Was sagst du jetzt?«, fragte Otto, als er mit Erich an einem Sonntagnachmittag die Wände im neuen Luftschutzkeller anstrich. »Wir haben Österreich, das Sudetenland, das Rheinland, das Saargebiet und dazu noch beinahe ganz Polen, Dänemark und Norwegen! Und ein Streifchen Memelland, das hätte ich fast vergessen!«

»Und welcher Krieg kommt jetzt?«, fragte Erich.

»Keiner!«, rief Richard Lange von der Kellertreppe. »Jetzt kommt Foxi!«

Marion trug den Hund wie ein Kleinkind auf den Armen, setzte ihn mitten im Keller ab und rief: »Heil Hitler, Foxi! Mach Heil Hitler!« Und Foxi setzte sich, gestützt vom Stummelschwanz, auf die Hinterbeine und hob die rechte Vorderpfote. Alle lachten, und Foxi bekam ein Scheibchen Wurst.

Erich mahnte: Der Anstrich musste fertig werden. Morgen oder übermorgen würde einer von der Feuerwehr kommen und den Keller prüfen. Die beiden Langes zogen Arbeitshosen und Schürzen an, und am Abend waren die Kellerwände schneeweiß.

Richard Lange holte Herrn Mayer. Der sollte doch sehen, was aus seinem Fahrradkeller geworden war, und natürlich sollte er auch Foxis Künste bewundern. Aber Herr Mayer lachte nicht, er lächelte kaum und sah zu Otto Schmitt hinüber. Der strahlte und rief: »Das müsste der Führer sehen!« Aber Mayer schüttelte den Kopf. Die Langes möchten doch bitte dem Hund das Späßchen wieder abgewöhnen. Es könnte sein, dass andere Leute das gar nicht so spaßig fänden.

Drei Tage später bekam Richard Lange eine schriftliche Vorladung zur Geheimen Staatspolizei: »Betrifft: Gesetz zum Schutz der nationalen Symbole!« stand über dem Brief. Richard solle sich unverzüglich bei der Dienstelle melden. Blass und verstört kam er nach Hause.

»Ich kann nicht mehr in den Spiegel sehen«, sagte er. »Ich bin ein Feigling! Todesangst haben sie mir gemacht. Ob mir jemand beim Dressieren geholfen hätte? Meine Frau? Schwindeleien solle ich ihnen ersparen, sie wüssten sowieso einiges über mich, und sie hätten Arrestzellen im Keller, hübsch dunkel, bestens geeignet zum Nachdenken. Da habe ich ihnen erzählt, nur aus Liebe zum Führer hätte ich den Hund dressiert, ich allein. Ganz klein und krumm habe ich mich gemacht vor denen. Aber sie wollen noch mit dem Herwich im Geschäft reden. Vielleicht entlassen die mich jetzt?«

Gestapo

Die Geheime Staatspolizei war ein gefürchteter Machtapparat mit praktisch unbegrenzten Befugnissen. Ihr oberster Chef war der Reichsführer-SS Heinrich Himmler, die später von Reinhard Heydrich geleitete Zentrale, das Reichssicherheitshauptamt, befand sich in der Berliner Prinz-Albrecht-Straße. Sie hatte die Aufgabe, »alle staatsgefährlichen Bestrebungen im gesamten Staatsgebiet zu erforschen und zu bekämpfen«, und zwar »mit allen geeigneten Mitteln« und ohne eine gerichtliche Überprüfung fürchten zu müssen. Tausende von Menschen, die als Nazi-Gegner verdächtigt oder denunziert wurden, sind willkürlich in »Schutzhaft« genommen worden, ohne jede rechtliche Möglichkeit, sich dagegen zu wehren. Und wer einmal in die Fänge der Gestapo geriet, kam selten wieder davon. Folterungen, um Geständnisse zu erzwingen, waren an der Tagesordnung. Und viele, die geständig waren, wurden einer so genannten Sonderbehandlung zugeführt, das heißt, ohne gerichtliches Verfahren hingerichtet.

1944 gehörten über 30 000 Personen der Geheimen Staatspolizei an, die später im Nürnberger Prozess zu einer verbrecherischen Organisation erklärt wurde.

Nein, das glaubte Marion nicht. Aber wer hatte Richard angezeigt, das musste doch einer aus dem Neubau sein? Der Blockwart? – Wer sonst? Langes grüßten Otto Schmitt nicht mehr, wenn sie ihn im Treppenhaus trafen. Otto Schmitt besuchte die Langes und schwor, er habe sie nicht angeschwärzt. Warum auch? Er habe sich doch über Foxis Kunststück gefreut und auch Kollegen davon erzählt. Und die Parteigenossen von der Gestapo könne er überhaupt nicht verstehen.

Hitlers nächstes Kriegsziel waren Frankreich und das verbündete England: die »Alliierten«. Am 10. Mai 1940 drangen deutsche Truppen in die neutralen Niederlande, Luxemburg und Belgien ein. Schnelle Panzerverbände erreichten in neun Tagen den Ärmelkanal und schlossen das alliierte Heer bei Dünkirchen in. Am 14. Juni wurde Paris besetzt, am 22. Juni der Waffenstillstand geschlossen. Frankreich war jetzt zweigeteilt: Der Norden und ein etwa 100 km breiter Streifen am Atlantik waren von den Deutschen besetzt. Im Süden und Südosten blieb Frankreich frei.

Der Westwall

Von Aachen bis zur Schweizer Grenze zog sich eine Schlange von »Drachenzähnen« zur Panzerabwehr, mit 1400 Bunkern und befestigten Unterständen gesichert – der 630 km lange Westwall. Der Reichsarbeitsdienst, 100 000 Pioniere und 350 000 Mitglieder der Organisation Todt verbauten acht Millionen Tonnen Zement. Der Westwall kostete 3,5 Millionen Reichsmark. Er sollte die alliierten Truppen vom Vormarsch abhalten – das allerdings gelang nicht.

Morgens an der Haltestelle fragte Erich: »Du, Otto! Wofür brauchen wir eigentlich dieses Stück Frankreich? Für Hitlers Ländersammlung?«

»Der Führer weiß bestimmt, wofür wir es brauchen. Und, jetzt hör auf mit solchem Gerede, oder ich muss das melden. Das ist eine Warnung, die letzte!«

»Was heißt ›melden‹ Otto? Der Gestapo erzählen? Die wissen doch längst, dass ich SPD-Mitglied war, solange es die Partei noch geben durfte. Was willst du ihnen Neues über mich erzählen?«

»Dass du über unsere Kriegserfolge meckerst, zum Beispiel. Das ist Wehrkraftzersetzung! Und dass du so oft mit Mayer redest. Gestern bist du mit ihm auf der Wiese hin und her gegangen. Worüber habt ihr da geredet?«

»Mayer ist unser Hauswirt. Warum soll ich nicht mit ihm reden?«

»Und ich bin der Blockwart! Irgendetwas stimmt nicht mit Mayer. Den durchschaut man nicht. Was hat er dir erzählt?«

»Er will uns zu jeder Wohnung ein Stückchen Gartenland geben. Die Wiese hinter dem Haus gehört ihm doch. Hubers haben danach gefragt. Aber die Bahn kommt, Otto. Steig ein, ich gehe lieber zu Fuß. Du stinkst nach Spitzel.«

Nun war auch zwischen Erich und Otto offener Krieg, und Erich hatte schlaflose Nächte, weil er nicht vorsichtig genug war. Er durfte Otto doch nicht ärgern oder misstrauisch machen.

Am 13. August 1940 begann der Luftkrieg gegen England. Die deutsche Luftwaffe flog in vierzehn Tagen 4770 Angriffe, aber sie war mit den schwerfälligen deutschen Bombern und Stukas dem englischen Radar-Frühwarnsystem und den wendigen britischen Spitfires und Moskitos nicht gewachsen. Die Angriffe mussten Ende August abgebrochen werden, weil die Flugzeuge im Osten gebraucht wurden. Vom Sommer bis in den Winter 1940 gab es in Westdeutschland fast jede Nacht Flugalarm. »Störflüge«, sagte man und ging geduldig in den Luftschutzkeller.

Später erinnerten sich die Neubaufamilien gern an diese ersten Wochen und Monate im Luftschutzkeller. Jeder hatte dort seinen eigenen Platz für einen Liegestuhl und die Kinder für ihre Matratzenlager. Die drei kleinen Hubers wurden von allen auf den Schoß genommen. Man überlegte gemeinsam, ob Mechthild nicht mit den Kleinen zu ihren Eltern nach Bayern ziehen sollte? Hannes war jetzt für den Schuldienst »uk«, das heißt: »unabkömmlich« gestellt, und so lange würde er nicht zum Kriegsdienst einberufen. Aber das konnte von einem Tag zum anderen aufgehoben werden. Ralf war im Siegerland in einer Kaserne und hatte noch fast ein halbes Jahr Wehrdienst vor sich, Karla Hoopke wartete auf ihre Einberufung zum Arbeitsdienst, Anneliese packte schon ihren Koffer mit vielen weißen Uniformblusen für den Kriegshilfsdienst als Jungmädelführerin in der Kinderlandverschickung.

Kinderlandverschickung

Rund 2,5 Millionen Kinder und Jugendliche wurden im Laufe des Krieges auf Kinderlandverschickung geschickt. Sie wurden aus den bombardierten deutschen Städten weggebracht, manche lebten jahrelang in Schullandheimen, Jugendherbergen oder Zeltlagern. In dieser Zeit konnten sie, fern vom Elternhaus, ideologisch geschult und militärisch gedrillt werden. 1944 begannen die ersten Rückführungen, bei denen viele Kinder gegen Ende des Krieges zwischen die Fronten gerieten.

Auch Ilses Max musste jetzt zum Arbeitsdienst. »Dann schreiben wir uns jeden Tag«, sagte Anneliese.

Da stand plötzlich ein fremdes Kind im Keller, ein etwa zehnjähriger Junge, der ängstlich erregt in einer fremden Sprache redete. »Was will der denn hier?«, fragte Nette.

»Er redet polnisch«, sagte Georg Fiedler.

»Ah!«, rief Erich. »Das ist einer von Herrn Mayers Neffen! Seine Schwester wollte zu Besuch kommen!«

»Mayer, Mayer!«, rief der Junge und nickte und lachte. Da kam der schon die Treppe hinunter. »Hast du dich verlaufen, Jaro?«, fragte er und winkte Erich, er möchte mitkommen. Dann schloss er die Tür zum Möbellager auf. Mehr als fünfzehn Erwachsene und Kinder lagen dort zu zweit oder dritt auf sieben Betten, und kaum einer hob den Kopf, so fest schliefen sie. Der Junge lief zu einer Frau auf dem Bett unter dem hohen Kellerfester und kroch zu ihr unter die Decke.

»Sie haben drei Nächte nicht schlafen dürfen. Der Möbelwagen kommt um sechs«, flüsterte Mayer. »War Schmitt im Keller?« Erich schüttelte den Kopf. Später, nach der Entwarnung, sagte er zu Ilse: »Unser Herr Mayer hat mindestens ein Dutzend Schwestern!«

»Stimmt«, sagte Ilse. »Sogar vierzehn und zwei Brüder. Wir machen morgen eine Wallfahrt nach Kevelaer und treffen dort niederländische Freunde. Die kümmern sich dann um unsere Schützlinge.«

Hitler war ungeduldig, den nächsten Krieg zu beginnen, den längst geplanten Ostland-Feldzug, der ihm wichtiger war als alle anderen Kriege. Er sollte die Eroberung des »Lebensraumes« bringen und »die jüdisch-bolschewistische Intelligenz« vernichten. Aber der Achsenpartner Mussolini suchte eigenen Feldherrnruhm und durchkreuzte Hitlers Zeitplan. Er griff im September 1940 das britisch besetzte Ägypten an, wurde zurück geschlagen, und Hitler schickte im Februar 1941 General Rommel mit dem »Deutschen Afrikakorps« zu Hilfe. Im Oktober 1940 griff Mussolini auch Griechenland an, wieder ohne Hitler zu informieren, und im Frühjahr 1941 mussten auch auf dem Balkan deutsche Soldaten eingesetzt werden. Erst Ende Mai endeten dort die Kämpfe mit der Eroberung der Insel Kreta durch deutsche Luftlandetruppen. Wegen des Balkankrieges verzögerte sich der Beginn des Russlandfeldzuges und rückte ihn dem Winter näher.

Am 22. Juni 1941, um 3 Uhr in der Frühe, rückten deutsche Truppen über die Grenzen der Sowjetunion vor. Das »Unternehmen Barbarossa« hatte begonnen.

Als Erstes wollte Hitler Leningrad angreifen – dieser Stadt, die heute wieder St. Petersburg heißt, hatte er die totale Zerstörung geschworen – und die fruchtbare Ukraine, das Industriegebiet im Donezbecken, die Ölquellen im Kaukasus und die Halbinsel Krim wollte er in Besitz nehmen. Als die sowjetischen Soldaten bei Kiew eingekesselt wurden, sprach Hitler von der »größten Schlacht der Weltgeschichte«. Nach Meinung seiner Generäle war sie ein verhängnisvoller Fehler, weil dadurch wertvolle Zeit für den Angriff auf Moskau verloren wurde. Anfang Oktober begann der Marsch auf Moskau.

Ralf Schmitt schrieb einen Brief an Herrn Mayer, den gab er einem Sanitäter mit, der einen Lazarettzug begleitete.

»Lieber Herr M.,

heute will ich Ihnen endlich einen richtigen Brief schreiben. Wo wir jetzt sind, darf ich Ihnen natürlich nicht schreiben. Wir sind Wochen und Wochen unterwegs gewesen, meistens zu Fuß, schnell und noch schneller mussten wir vorwärts kommen, und nachts haben die Flöhe und Läuse uns nicht schlafen lassen. Tagsüber haben uns die Partisanen das Leben schwer gemacht. Überall in den Dörfern waren die Menschen voller Angst, wenn sie uns kommen sahen, bis sie merkten, dass wir keine Einsatzler waren. Sie wissen wohl, wen ich meine?

Einmal kamen wir durch einen Ort, da gab es auf dem Friedhof einen riesengroßen Grabhügel. Wir haben einen alten Mann gefragt, was das zu bedeuten hätte. Er hat ein Kreuz in den Straßenstaub gemalt und die Zahl 7000 daneben geschrieben. Bei einem anderen Ort gab es eine Schlucht im Wald, die hatte man mit Sand zugeschüttet, aber der Regen hatte den Sand weggespült, und wir sahen viele tausend Tote in der Schlucht liegen. Wie erschrockene Kinder sind wir davongerannt, und eine Frau im Dorf hat die Zahl 34 000 mit Ruß von ihrem Herd auf einen Stein geschrieben. In anderen Dörfern haben wir noch mehr solche Zahlen erfahren, immer waren sie höher als tausend. Ich musste das alles einmal aufschreiben, damit es nicht vergessen wird.

Terror

Die Einsatzgruppen waren mobile Sondereinheiten, die erstmals beim »Anschluss« Österreichs 1938 und beim Einmarsch in die Tschechoslowakei 1939, dann besonders in Osteuropa zur Ermordung angeblicher politischer Gegner und »rassisch Unerwünschter« eingesetzt wurden. Sie vernichteten die polnische Intelligenz, verübten auftragsgemäß den Genozid an den Juden und an den Sinti, Roma und anderen. Die Heeresführung kooperierte mit dem Vorgehen der Einsatzgruppen, denen beim Krieg gegen die Sowjetunion »Exekutivmaßnahmen« »in eigener Verantwortung« übertragen wurden.

Ich kann nur mit ganz wenigen Kameraden über all das sprechen. Die »Einsatzler« sind wie Gift. Man wird misstrauisch und feige. Und eines Tages wird es heißen: Die sind mit euch Soldaten gekommen. Habt ihr nicht gesehen, was sie getan haben? Ihr habt ihnen Quartiere besorgt und ihnen Treibstoff gegeben. Ihr wart ihre Helfer.

Einige Tage später habe ich bei einem Gefecht mit feindlichen Truppen zwei Soldaten verwundet oder sogar getötet. Dann haben wir eine Gruppe Partisanen gefangen, die sollten wir an die Bäume hängen, aber wir wollten sie lieber erschießen, und ich sollte dabei helfen. Das habe ich getan. Warum muss ein Soldat andere Menschen töten? Nur weil man es ihm befohlen hat? Nur weil er Gehorsam geschworen hat? Und gelten die Zehn Gebote im Krieg nicht mehr? – Waren Sie nicht auch einmal Soldat? Bitte antworten Sie mir.

Und bitte grüßen Sie alle im Haus von Ihrem R.«

Im Oktober begann die russische Schlammperiode. Nur Kettenfahrzeuge kamen voran, Fußtruppen und Pferdefuhrwerke schleppten sich im Schneckentempo weiter. Als die deutschen Truppen 30 km vor Moskau standen, brach der russische Winter mit 30 Grad Kälte an. Die Soldaten hatten keine Winterkleidung, nur ihre Sommeruniformen, keine warmen Stiefel, keine Handschuhe, keinen Kopfschutz. Dafür war nicht vorgesorgt worden, weil Hitler mit einer Kriegsdauer von nur wenigen Wochen gerechnet hatte.

Pearl Harbor

Am 27. September 1940 hatten Deutschland, Italien und Japan einen Pakt geschlossen, für den Fall eines Angriffs von dritter Seite versprachen sie sich gegenseitigen Beistand, auch wenn Amerika der Angreifer sein sollte.

Am 7. Dezember 1941 griffen die Japaner den Hauptstützpunkt der amerikanischen Pazifikflotte »Pearl Harbor« auf der Hawaii-Insel Oahu an. Der amerikanisch-japanische Krieg begann. Japans Verbündete, Deutschland und Italien, erklärten den Amerikanern den Krieg.

So endete für Deutschland das Jahr 1941 im Krieg mit Amerika. Im Ganzen führten jetzt sechsundzwanzig Länder Krieg mit Deutschland, Italien und Japan.

100 Kilometer vor Moskau bleibt die Heeresgruppe Mitte im Oktober 1941 im Schlamm stecken.

Der Nachschub stockte, der Treibstoff wurde knapp, Fahrzeugmotoren und Waffen versagten in der Kälte, und die Panzer froren fest im Schlamm. Die Generäle baten um Erlaubnis zum Rückzug von der Front. Hitler befahl, jede Stellung bis zum letzten Mann zu halten. Der Oberbefehlshaber des Heeres von Brauchitsch legte sein Amt nieder, auch andere Generäle traten zurück. Daraufhin machte Hitler sich selbst zum Oberbefehlshaber des Heeres.

Die deutsche Sommeroffensive begann am 28. Juni 1942. Die 6. Armee unter General Paulus drang bis zur Wolga vor und stand am 24. August vor Stalingrad. Hier nahm der Krieg eine entscheidende Wende. Die Stadt wurde zäh verteidigt, Straße für Straße, Haus für Haus, Zimmer für Zimmer. Am 19. November wurden 220 000 deutsche Soldaten von der Roten Armee eingeschlossen. Hilfstruppen versuchten, in die Stadt zu kommen, und wurden zurückgeschlagen. General Paulus bat um die Erlaubnis zum Ausbruch, die letzte Möglichkeit, das Leben seiner Soldaten zu retten. Hitler verbot es. So wie er auch die Kapitulation verbot: »Verbiete Kapitulation. Die Armee hält ihre Position bis zum letzten Soldaten und zur letzten Patrone und leistet durch ihr heldenhaftes Aushalten einen unvergesslichen Beitrag zum Aufbau der Abwehrfront und zur Rettung des Abendlandes!«

Sommer 1944. Tausende deutscher Kriegsgefangene werden durch Moskau geführt, um der eigenen Bevölkerung und der Weltöffentlichkeit das baldige Ende des nationalsozialistischen Deutschlands zu demonstrieren.

Kriegsgefangene

90 000 deutsche Soldaten marschierten im Januar 1943 in sowjetische Kriegsgefangenschaft. Nur 6000 kehrten Jahre später nach Deutschland zurück. Sowjetischen Gefangenen ging es bei den Deutschen noch schlechter. Bis zum Februar 1942 waren mehr als zwei Millionen Rotarmisten in deutscher Gefangenschaft gestorben.

Am 31. Januar 1943 wurden die Deutschen zur Aufgabe gezwungen. Zwei Wochen danach dröhnten die Radios. Joseph Goebbels, Hitlers Propagandachef, stellte im Berliner Sportpalast ausgewählten Volksgenossen die Frage: »Wollt ihr den totalen Krieg?« Ein begeistertes »JAAA!« antwortete ihm.

Am 19. Juni 1943 feierte Otto Schmitt seinen fünfzigsten Geburtstag im Luftschutzkeller. Dort waren sieben Plätze frei geworden. Mechthild Huber war mit den Kindern nach Bayern zu ihren Eltern gezogen, Hannes war Soldat im besetzten Frankreich, und Frau Hoopke pflegte ihre kranke Schwester im Taunus. Ihre drei Töchter waren jetzt verheiratet, auch Karla, und die drei Schwiegersöhne waren im Krieg.

Für den Geburtstagskuchen hatten Jutta und Anneliese seit Wochen Eier, Fett- und Zuckermarken gespart, echten Kaffee hatten sie seit Ostern von der Sonderzuteilung aufbewahrt. Großmutter Katharina hatte aus Griesmehl, Eiweiß, Rhabarbersaft und Süßstoff eine Fruchtsahne geschlagen. Für den Abend konnte Jutta echten Schinken

18. Februar 1943. Nach der Niederlage von Stalingrad spricht Goebbels im Sportpalast.

anbieten, den hatte sie für einen Sack ungesponnener Schafwolle eingetauscht, die Anneliese und Max von ihrer Hochzeitsreise mitgebracht hatten: Für eine Woche waren sie nach der Kriegstrauung in den Westerwald gefahren, ehe Max nach Afrika an die Front musste.

Annette und Susanne wussten noch nicht, ob und wann und wo sie als Luftwaffenhelferinnen eingesetzt würden. Susanne war gerade aus dem Arbeitsdienst gekommen.

Der Ortsgruppenleiter hatte sich gut auf seine große Rede, Otto zu Ehren, vorbereitet. »Tun wir einen Blick in die Zukunft!«, rief er und entrollte eine selbst gezeichnete Landkarte.

»Lieber Parteigenosse, verehrte Anwesende! Ich zeige Ihnen das Europa der Zukunft: Deutschland braucht mehr Raum, Lebensraum! Dafür sind wir in diesen Krieg gezogen! Und nun nehme ich einen dicken blauen Malstift und zeige Ihnen, wie der zukünftige Lebensraum nach dem Willen des Führers aussehen wird. Selbstverständlich gehören Elsaß-Lothringen und Luxemburg dazu, und die Länder unserer germanenblütigen Nachbarn, der Flamen und Wallonen, also Belgien und die Niederlande und natürlich Dänemark, Norwegen, Schweden. Ich rahme sie ein mit der schönen blauen Farbe.

Aber auch im Osten werden in spätestens zwanzig Jahren Böhmen und Mähren, das Baltikum, Polen und die fruchtbare Ukraine zu Provinzen im neuen germanischen Europa! Auch sie sollen einen schönen blauen Rahmen bekommen.

Nach dem Krieg werden deutsche Bauern mit ihren Familien nach Osten ziehen, um dort in den neu eroberten Gebieten zu siedeln. Die primitiven slawischen Völker, die dort noch leben, müssen ihnen Platz machen. Nur wenige werden bleiben und für die germanischen Neusiedler arbeiten. Der Führer will, dass die letzten Bewohner Russlands ein »führerloses Arbeitsvolk« werden. Auf der fruchtbaren Halbinsel Krim sollen sich die Südtiroler niederlassen. Dann will der Führer die Krim umbenennen in »Gotenland« und die Städte Simferopol und Sewastopol sollen »Gotenburg« und »Theoderichshafen« heißen!«

Frau Hansen von nebenan wischte sich die Augen. »Ach, ja!«, sagte sie. »Bei der Festung Sewastopol ist unser Rupert gefallen! Dafür will ich aber keinen anderen Namen.«

Und Frau Brinkmann fragte: »Dann müssen ja alle Landkarten neu gedruckt werden? Wie heißt denn dann zum Beispiel der Rhein?«

»Der wird umgesiedelt!«, rief der dicke Nachbar Kommerer.

Jetzt gab es ein großes Gelächter, und der Ortsgruppenleiter sagte schnell: »Ich danke Ihnen für Ihre Aufmerksamkeit! Heil Hitler!«

»Bei den Polen und den Russen gibt es doch nicht nur führerlose Arbeiter!«, rief Susanne. »Die haben doch auch Erfinder und Musiker und Professoren? Und ein weltberühmtes Ballett!«

»Also, Mädchen, ein Ballett gibt es auch in Berlin und in Wien«, sagte der Geburtstags-Otto. »Dafür brauchen wir keine Russen.« Wieder lachten alle und schielten zum Kuchentisch hinüber.

»Die junge Volksgenossin hat das Prinzip nicht verstanden!«, rief der Ortsgruppenleiter. »Die Fremdvölkischen im Osten müssen erst einmal rassisch gesiebt werden, und dann fischt man die rassisch Wertvollen heraus und holt sie nach Deutschland. Für die nichtdeutsche Bevölkerung des Ostens darf es keine höhere Schule geben als die vierklassige Volksschule, hat der Reichsführer Himmler gesagt. Einfaches Rechnen bis höchstens 500 sollen sie lernen, vor allem aber, dass es ein göttliches Gebot ist, den Deutschen gehorsam zu sein und ehrlich, fleißig und brav zu sein. Lesen ist nicht erforderlich.«

Susanne sprang auf und lief aus dem Zimmer. »Bringst du bitte einen Zuckerlöffel mit?«, rief Jutta.

»Ich geh schon«, sagte Anneliese und lief Susanne nach. Die saß auf der Treppe.

»Mir wird schlecht, wenn ich das höre«, sagte sie. »Ich gehe jetzt nach oben zu Großvater Georg. Wenn es Alarm gibt, komme ich mit ihm in den Keller.«

»Und ich soll mir weiter anhören, wie mein Vater und der Ortsgruppenleiter Blech reden«, sagte Anneliese. »Und ich hab immer noch keine Post von Max!«

»Liebst du ihn sehr?«, fragte Susanne.

»Mehr als ich sagen kann.«

»Ja«, sagte Susanne. »Man kann es nicht sagen.«

»Was ist mit dir?«, fragte Anneliese.

»Später«, sagte Susanne. »Später erzähle ich dir alles, vielleicht.« Denn seit zwei Tagen kannte sie einen, nicht seinen Namen, aber seine Augen. Sie wusste nichts über ihn, nur dass er aus einem der Dinslakener Arbeitslager kam, und seit zwei Tagen war ihr nichts und niemand wichtiger als er.

Vor zwei Tagen sollte Susanne bei Herrn Mayer Möbelpolitur holen. Im Laden war eine Kundin aus der Nachbarschaft, die hatte ein Fußbänkchen für ihren Luftschutzkeller gekauft und erzählte gerade, was ihre Cousine im Mai bei den schlimmen Angriffen auf Duisburg erlebt hatte. Ein Fremder, ein junger Mann mit einem »P« auf dem Arbeitshemd unter der zerschlissenen Wolljacke, kam, hielt die Ladentür halb offen und fragte: »Ist hier Herr Mayer?«

Zwangsarbeiter

Die Zahl der zwangsverpflichteten Fremdarbeiter stieg von 1939 300 000 auf 1944 7,3 Millionen.

»P« stand für Polen. Alle Zwangsarbeiter mussten an ihrer Kleidung ein Kennzeichen für ihr Heimatland tragen. Sie standen unter polizeilicher Aufsicht. Ihr Lohn war niedrig, die Ernährung mangelhaft. Sie durften keine öffentlichen Verkehrsmittel benutzen, keine Gaststätten betreten, und jedes Zeichen der Liebe mit Deutschen war streng verboten. Der Mangel an Arbeitskräften in Deutschland war groß, die Kriegsgefangenen deckten ihn bald nicht mehr ab. In den besetzten Ländern wurde eine Arbeitspflicht eingeführt. Wer sich nicht freiwillig meldete, musste damit rechnen, eingefangen und nach Deutschland gebracht zu werden.

»Ja, das ist Herr Mayer«, sagte Susanne.

»Danke«, sagte der Fremde, zog die Tür hinter sich zu und blieb an die Wand gelehnt stehen. Die Kundin hatte noch viel vom Glück im Unglück der Cousine zu erzählen. Mayer hörte ihr zu und schob dabei einen Stuhl zu dem Fremden hinüber. Als endlich das Fußbänkchen bezahlt und die Kundin gegangen war, drehte Mayer den Schlüssel zweimal im Schloss und ließ den schweren Rollladen herunter.

»Der ist es!«, dachte Susanne. »Der und kein anderer!« Sie sah, wie Mayer mit dem jungen Mann ins Büro ging, nahm ein Fläschchen Möbelpolitur aus dem Regal, lief in Sprüngen die Treppe hinauf und gab Katharina das Fläschchen.

»Hast du noch eine Tasse Kaffee? Echten?« Natürlich, Katharina hatte immer Kaffee, rechts hinten auf der Herdecke stand er, in der alten weiß-blauen Emailkanne, ein Halb-und-halb-Gebräu aus Bohnenkaffee und Kathreiners Malzkaffee.

»Für dich?«, fragte Katharina.

»Für Mayer!«, log Susanne und war schon mit der Kanne an der Tür.

Der junge Mann saß in Mayers Büro auf dem Schlafsofa. Susanne goss Kaffee in einen Becher, er nahm ihn in beide Hände, trank in kleinen Schlucken und sah dabei über den Becherrand in Susannes Augen, und Susanne sah in seine Augen. Herr Mayer ging hinaus in den Lagerkeller und kam bald zurück. Der Fremde solle jetzt hinübergehen und sich ins Bett legen, der Arzt käme bald, und Susanne möchte bitte nach oben gehen.

Sie brachte die Kanne wieder in die Küche und stellte sie an ihren Platz. Ilse und Annette deckten den Tisch, Katharina probierte die Suppe, Großvater Georg las die Zeitung, und im großen Kessel siedete das Wasser. Das war alles so wie immer. Susanne dachte: »Wie ist es möglich, dass dieser Tag so tut, als wäre er ein Tag wie gestern?«

Herr Mayer saß im Laden, als hätte er auf Susanne gewartet. »Der Junge ist krank, der Arzt war schon da, dem hab ich gesagt, er sei mein Großneffe zweiten Grades oder etwas Ähnliches.«

»Was fehlt ihm?«

»Das weiß der Doktor noch nicht. Er hat Fieber.«

»Wie heißt er?«

»Du kannst ihn Adam nennen. Er ist ein Deutscher aus Schlesien, seine Mutter war Polin. Als er sechzehn war, haben SS-Leute ihm das Schießen und Trinken beigebracht und wie man auftritt mit SS-Stiefeln. Und weil er so schön groß und blond ist, haben sie ihm eingeredet, er sei ein echter Germane, der die Welt von den Slawen und Fremdrassigen reinigen müsse. Das hat er auch getan, mit der Pistole oder mit dem Maschinengewehr, tausendmal, vielleicht zehntausendmal. Er hat seine Opfer nicht gezählt. Dann hat er Angst bekommen, seine Mutter könnte etwas von seinem Leben mit den Kerlen erfahren. Er ist weggelaufen, und sie haben ihn wieder geschnappt, und er ist wieder weggelaufen, bis zur Stadt. Dort hat er sich von den Arbeiterjägern einfangen lassen. So ist er nach Deutschland gekommen, hierher, in eins von den Landarbeiterlagern bei Dinslaken. Er sagt, die SS hätte ihn wieder aufgespürt, jedenfalls meint er das. Er steckt voller Angst. Ich will ihm helfen fortzukommen.«

Das war vor zwei Tagen gewesen, Ilse sollte ihn nach der Otto-Geburtstagsfeier zu Freunden nach Kalkar bringen. Aber es kam nicht dazu.

Am Abend nach Otto Schmitts Geburtstag wollten alle Gäste früh nach Hause gehen, denn mit Alarm musste man jetzt jede Nacht rechnen, und im eigenen Luftschutzkeller fühlte jeder sich am sichersten. Da kamen, schon beim Abschiednehmen, noch die Langes mit Foxi. Sie bekamen noch ein Stück Kuchen und eine Tasse Kaffee. Es wurde immer später. Ilse hatte schon zweimal mahnend durch den Türspalt geschaut und war wieder zurück zu Mayers Schlafbüro geschlichen. Wenn sie jetzt nicht endlich mit diesem Adam aus dem Haus käme, würde sie womöglich der Alarm noch auf dem Weg nach Kalkar erwischen. Bis jetzt hatte noch niemand aus dem Haus diesen neuen Großneffen von Herrn Mayer gesehen. Man wusste doch nicht, was Langes und Schmitts tun würden, falls Polizei ins Haus käme, um den flüchtigen Arbeiter zu suchen.

Unter- und oberirdische Bomben

Der Luftkrieg gehörte fast schon zum Alltag. Seit Januar 1943 teilten sich Briten und Amerikaner die Arbeit: Tagsüber kamen die amerikanischen Bomber, nachts die Briten. Viele Rüstungsbetriebe waren in ungefährdete Bereiche gezogen, nach Böhmen und Mähren, oder, wie die Fertigungsanlagen der V-Waffen (Vergeltungswaffen), in eine riesige unterirdische Industriehöhle in Thüringen.

Vor der Sache mit Foxi und der Gestapo waren die Langes ein lustiges junges Paar gewesen. Jetzt bemühten sie sich, nicht aufzufallen, immer nur still und freundlich das zu tun, was alle taten, und das zu sagen, was man ohne Sorge laut sagen durfte.

Endlich ein Vor-Alarm! Jetzt hatten alle es eilig mit dem Abschiednehmen. »Bis morgen! Alles Gute!«, und schon waren die Nachbarinnen fort. Richard zerrte Foxi in die Waschküche, wo er ein Körbchen hatte, und Marion tröstete ihn, weil er lauter als sonst jaulte und bellte. Er hatte Angst. Aber keiner hörte auf ihn.

Vielleicht gab es ja gar keinen Hauptalarm? Doch da war er schon, und wie immer kam er ihnen bei jedem hoch schwellenden Ton klagender vor, dazwischen knatterte die Flak, und dann senkte sich das Brummen von unzähligen Motoren immer tiefer auf das Haus, dieses Haus, in dem sie alle auf etwas warteten, das bitte, bitte nicht geschehen sollte.

Jemand riss die Tür auf und rief: »Mayer, Mayer! Sie kommen!« Ein junger Mann, »ein hübscher Kerl«, sagte Marion später, aber wie er sie alle ansah und dann auf einmal Richard an der Krawatte packte, bis es

Richard würgte, und wie Mayer im Kellerflur rief: »Wo ist Ilse? Ilse! Ilse!« Und sie ihm von der Treppe antwortete: »Schon gut! Schon gut! Er ist weg!«

Dann ein peitschender Knall. »Luftmine«, sagte Erich, als schon die nächste heranfauchte, und die dritte warf das Fenster mit Mörtelbrocken, Glas und Holzsplittern nach innen. Es war, als würde das Haus aus den Grundmauern gehoben und wieder zurückgestaucht. Eine endlose Kette von Sprengbomben krachte los, ihr sirrender Anflug, das Krachen der Einschläge, die sich allmählich entfernten, wie dumpfer werdender Donner. Ein stechender Gestank kam jetzt vom Fenster, und von draußen hörte man Sirenengeheul, Motorengeräusche, Huptöne, eine Kirchenglocke und aufgeregte Menschenstimmen, und in der Ferne immer noch die Einschläge. »Feu-er! Feu-er!«, rief eine Frau. Das Licht flackerte und erlosch, blitzte noch einmal kurz auf, und dann saßen sie im Dunkeln.

»Kein Feuerzeug, keine Kerze!«, rief Otto Schmitt. Jetzt kam Licht von draußen, rot zuckendes Licht, Feuerlicht. Alle sahen es, keiner wagte zu fragen: Unser Haus?

»Ich sehe nach!«, rief Richard Lange und tastete sich zum Kellerflur. Als er die Tür öffnete, kam ein Schwall von Wärme und Räucherkammerduft herein.

Katharina rief: »Annette ist noch oben! Susanne, hilf Georg, wir müssen nach draußen!«

»Unmöglich! Feuer!«, rief Jutta.

Ein langes, brennendes Holz flog am offenen Fenster vorbei, Dachziegel prasselten in den Hof. Da stand plötzlich Richard an der Tür, hielt Annette auf den Armen, rief: »Waschküche! Tür! Schnell!« Mit einem Sprung war Susanne bei ihm und sah, dass Richards Jackenärmel brannten und Annettes Füße, feuerrote Füße! Marion riss Richard die Jacke vom Rücken, nahm ihm Annette ab, legte sie lang auf den Steinfußboden und verbreitete Ruhe und Umsicht. »Annettes Füße nicht anfassen, auf den Arzt warten! Du auch, Richard!«

Jetzt erst sahen sie, dass seine Hände blasig und rot verbrannt waren. Er hatte Annette die brennenden Schuhe ausgezogen.

»Sanne!«, flüsterte sie. »Geht nicht nach oben! Fußboden, Treppe, Türen, alles brennt!«

Die Feuerwehr kam bald, man brachte Annette und Richard ins Krankenhaus. Das Dachgeschoss war ausgebrannt, die Wohnung von

Schmitts und die leere Huber-Wohnung vom Löschwasser durchweicht.

»Haben wir jetzt gar nichts mehr?«, fragte Georg.

»Nichts mehr«, sagte Katharina. »Verlieren ist eine Kunst. Man lernt nie aus!«

»Natürlich braucht unser Haus ein Notdach«, sagte Herr Mayer. Plötzlich war er wieder da. »Entschuldigt bitte«, sagte er. »Ich musste mich um einen kranken jungen Menschen kümmern.«

»Wo ist er, wo ist Adam?«, fragte Susanne.

»Ich weiß es nicht«, sagte Mayer. »Ich bin ihm nachgelaufen, als die Knallerei anfing, ich hab gerufen, er hat sich umgedreht und auf mich geschossen, mit meiner eigenen Pistole, und ist weiter gerannt zu den Flakleuten. Dann hat mich die letzte Luftmine umgeworfen. Sie haben ihn kaputtgemacht, einen guten Jungen haben sie kaputtgemacht. Vergiss ihn.«

Hoch oben über ihnen zog noch ein Flugzeug durch den Himmel. Otto schrie hinauf: »Flieg nach Hause, Tommy! Oder wir hängen euch alle auf!«

Mayer sagte: »Aber der da oben könnte so alt wie dein Ralf sein.«

»Quatsch!«

»Weißt du was? Du warst doch auch Soldat im letzten Krieg, Kamerad Otto? Auch in Frankreich? Wir wollten abends in einem Dorf Quartier machen. Alles still. Alles leer. Nur auf einem Dach, da saß noch einer und schoss meinem Kameraden in die Schulter. ›Dir heiz ich ein!‹, hab ich gerufen und gleich drei Handgranaten hintereinander durchs Kellerfenster geworfen. Da saßen in der hintersten Ecke zwei Frauen und acht Kinder. Alle tot. Ein Neugeborenes war dabei.«

»Und das kannst du nicht vergessen«, sagte Erich.

»Nie«, sagte Mayer und ging ins Haus.

Am 6. Juni 1944 landeten die alliierten Truppen an der französischen Atlantikküste. Die Invasion hatte begonnen.

»Irgendetwas sollen wir nicht wissen«, sagte Otto.

»Entschuldige, was hast du gesagt?«, fragte Erich.

»Warum sieht man den Führer nicht mehr? Da fährt er mit dem Auto durch die Stadt, und es gibt kein Spalier und nichts, und das Auto hat undurchsichtige Scheiben, und wenn er mit dem Zug fährt, sind immer Vorhänge vor den Fenstern.«

D-Day

Unter dem Oberkommando von General Dwight D. Eisenhower, später amerikanischer Präsident, wurden über 600 000 Soldaten und fast 100 000 Fahrzeuge an Land gebracht. Stalin hatte von den Alliierten schon lange gefordert, Bodentruppen gegen die Deutschen einzusetzen, um seine eigenen Soldaten zu entlasten.

»Vielleicht will der mal seine Ruhe haben«, sagte Erich. »Immer Krieg, das ist anstrengend.«

»Oder vielleicht ist er …?«, fragte Otto. »Und deshalb geht jetzt alles schief? Es gibt da diesen schwedischen Wahrsager, der behauptet, der Krieg ginge erst 1946 zu Ende. Junge, Junge! Noch zwei Jahre! Aber vorher gibt es noch eine Vergeltungswaffe, die V3, sagt der Schwede, und damit werden die Alliierten zurückgeschlagen, und wir können uns dann wieder um die Ostfront kümmern.«

Hitlers Wunderwaffen

Flugbomben, Raketen, unbemannte Fernkampfwaffen zählten zu den V-Waffen, auf die viele Deutsche bis zuletzt setzten. Albert Speer, Reichsminister für Rüstung und Kriegsproduktion, hatte den Wunderglauben an diese angeblich kriegsentscheidenden Waffen genährt.

Die erste V2 wurde am 8. September 1944 gegen London eingesetzt – eine Fernrakete mit Überschallgeschwindigkeit, deren Technik in späteren Jahren für die Weltraum- und Interkontinentalraketen weiterentwickelt wurde. Kriegsentscheidend war sie so wenig wie die V1. Ein Drittel der Geschosse ging unterwegs verloren.

»Wird aber höchste Zeit dafür«, sagte Erich. »Die Russen marschieren schon auf Ostpreußen zu.«

Der Herbst war kalt in diesem Jahr, und sie standen mit dreißig anderen grau- und weißhaarigen Männern auf einem Schulhof und lernten, wie man mit der Panzerfaust umgeht. Ein Trüppchen von Sechzehn- und Siebzehnjährigen hielt sich abseits von ihnen und wusste mit den Waffen besser umzugehen als die Väter. Ein Reserveleutnant mit weißen Haaren und zwei Beinprothesen war ihr Lehrer und Vorgesetzter.

»Haben die Herren ihre Unterhaltung beendet?«, fragte er jetzt. »Jawohl, Herr Leutnant«, sagte Otto für sie beide. Die anderen lachten. Den meisten kam der Volkssturmdienst doch wie ein Soldatenspiel vor. Aber immer noch besser, dachte Erich, als zu Hause zu sitzen und täglich seinen Rundgang um die Trümmer der zerbombten Fabrik zu machen, in der er sechsundzwanzig Jahre gearbeitet hatte. Schon zweimal war er mit dem Fahrrad nach Dortmund gefahren und von dort aus in großem Bogen über Essen, Oberhausen und Hamborn wieder zurück. »Solange von meinem Ruhrgebiet noch etwas steht«, sagte er.

Vorgestern hatte er in Dortmund zugesehen, wie eine Frau mit drei Kindern aus einem Keller geborgen wurde, tot. Er hatte sie gekannt, als er noch in Dortmund in der Lehre gewesen war. Gleich danach gab es Alarm, und weil er Ilse versprochen hatte, nicht leichtsinnig zu sein, lief er mit allen anderen zum nächsten Bunker. Er hasste diese Betonklötze. Die Enge und die schlechte Luft dort machten ihm Angst.

Den Dortmundern war die Angst der letzten Nächte noch zu nah, gereizt und übermüdet und drängelten sie am Eingang. Erich sah, wie ein Mann ein vielleicht zehnjähriges Mädchen mit dem Ellbogen beiseite stieß, sodass die Kleine hinfiel und die Nachdrängenden dem Kind unausweichlich auf die Hände traten. Im Strom der Menge war es lebensgefährlich für Kinder.

Jetzt fing die Flak zu schießen an, Bomben fielen, eine Sirene schrie, und es waren noch längst nicht alle vom Bunkervorplatz hereingekommen. Erich stand jetzt am Fuß der Innentreppe und wäre so gern wieder hinausgelaufen, aber keiner konnte gegen den Strom zum Eingang kommen. Hier sah er das Mädchen noch einmal. Es saß zwischen anderen Kindern auf einer Bank an der Wand und starrte zum Eingang. Auf wen wartete es? Wer sollte endlich kommen, es trösten und nach Hause holen?

Für Sekunden sah Erich ein Gesicht, das er zu kennen glaubte: War

9. März 1945. Goebbels besucht die niederschlesische Stadt Lauban, die zurückerobert wurde. Er zeichnet den sechzehnjährigen Kriegsfreiwilligen Willi Hübner für Tapferkeit vor dem Feind aus.

das nicht der Junge, den Herr Mayer und Susanne Adam nannten? Erich bekam zu spät einen Fuß auf die Treppe, und als ihm das gelang, schob und hob man ihn weiter nach oben. Sich umzudrehen war unmöglich. Die Bunkertür war geschlossen. Alle, die nicht hineingekommen waren, hatten sich in den Trümmerstraßen irgendein Kellerloch oder einen Mauerrest als Splitterschutz suchen müssen. Diesmal hatten sie Glück. Die Bomben fielen auf einen anderen Stadtteil.

Erich hatte sein Fahrrad draußen in einen Trümmerhof gestellt. Es war noch an seinem Platz, und er fuhr wie blind durch Essen, Mülheim, Hamborn und Walsum auf den Neubau zu. Nein, er würde so bald keine Rundfahrt mehr um sein Ruhrgebiet wagen.

Am 16. Dezember 1944 schickte Hitler die letzten deutschen Reserven, zusammen mit den Volkssturm-Männern und Volkssturm-Jugendlichen, in einen aussichtslosen Kampf in die Ardennen. Bei der Gegenoffensive der Alliierten starben 17 200 Deutsche, 16 000 kamen in Gefangenschaft.

Das letzte Aufgebot

Im September 1944 wurden alle »waffenfähigen Männer im Alter von 16 bis 60 Jahren« zum »Deutschen Volkssturm« einberufen. Der Volkssturm sollte den »Heimatboden mit allen Waffen und Mitteln verteidigen.« Schlecht ausgerüstet und ausgebildet, wurde der Volkssturm besonders im Osten des Landes auf Kampfeinsatz geschickt und erlitt dabei hohe Verluste.

Erich Keller, der zusammen mit Otto Schmitt in den Ardennen gekämpft hatte, kam aus diesem Krieg in einem feldgrauen Krankenwagen zurück. Der brachte ihn nach Duisburg ins Lazarett. Erich lächelte, als Ilse ihn besuchte, und sagte: »Sauberer Durchschuss. Glatt an der Niere vorbei. Nächste Woche bin ich wieder bei euch.«

Generäle gegen Hitler

Achtzig deutsche Generäle waren in sowjetrussischer Gefangenschaft. Generalfeldmarschall Paulus und neunundvierzig weitere Generäle riefen Ende 1944 öffentlich zu einer »rettenden Tat gegen Hitler« auf.

Er starb an seiner Verwundung, ehe die nächste Woche begann. Alle im Neubau fühlten sich verwaist, nicht nur die Kellers. Waren sie jemals ohne Erich gewesen? Wie sollte alles weitergehen ohne ihn? Dreimal am Tag Hauptalarm, einmal in der Nacht, und immer, wenn die Flak losbellte, stellte Susanne sich vor, dass Adam hinter dem Geschütz stünde, Adam, von dem sie zu Hause nicht mehr redeten. Warum hatte sie nie mit Erich über ihn gesprochen?

Jetzt hörte man oft von Tieffliegern, die Eisenbahnzüge, Bauern auf dem Feld und sogar Kinder auf dem Schulweg angriffen. Auch Flakstellungen wurden von Tieffliegern beschossen, und bei der Flak hatte Herr Mayer Adam zuletzt gesehen. Aber wo sollte sie ihn suchen? Wie sollte sie nach ihm fragen, wenn sie doch seinen richtigen Namen nicht kannte? Von Mayer war nichts zu erfahren. Oder hatte der ihn womöglich schon ins Ausland gebracht?

Und dann sah sie ihn auf einem Motorrad am Haus vorüberfahren, als sie morgens Milch holen ging. Auch er sah sie und wäre fast in den Graben gefahren, weil er aus viel zu schneller Fahrt wenden wollte. Er sprang ab, ließ die Maschine am Straßenrand liegen und nahm ihren Kopf in beide Hände – so wie sie das Wiedersehen erträumt hatte. Er zog das Motorrad hoch und sagte: »Steig auf!« Dann fuhr sie mit Adam nach Dortmund.

Adam hatte bei der Flak Freunde von der SS getroffen, die hatten ihm ein Zimmer in einer Kellerwohnung gegeben und ihn zu ihrem Boten, Koch, Einkäufer und Putzknecht gemacht. Als er mit Susanne kam, nickten sie freundlich. Dann blieben sie allein, und Adam kochte eine wirklich gute Suppe aus Wehrmachts-Suppenpulver. Während sie aßen, erzählte Susanne von der Schule und Adam von seiner Zeit in den Wäldern bei der SS.

»Manchmal haben wir hundert Stück am Tag umgelegt«, sagte er.

»Umgelegt? Wohin umgelegt?«, fragte Susanne.

»Na, flach gemacht, abgeknallt, abgemurkst, kaltgemacht – Juden oder Ruskis, egal. Verstehst du?«

»Ja«, sagte Susanne und legte den Löffel hin. »Klar, natürlich.«

Zum Nachtisch wollte Adam unbedingt Kuchen für Susanne haben. Er stellte sich mit der Trillerpfeife ans Fenster und rief: »Rudi! Marsch!« Minuten später stand ein großer, magerer Mann an der Tür.

»Kuchen«, sagte Adam. »Torte für die Dame. Und für mich Kaffee, los!«

Der Mann rührte sich nicht. Als könne er Adam nicht ansehen, drehte er den Kopf weg und sagte ins Leere: »Konnte gestern nicht backen für den Herrn. Kein Strom, kein Gas.«

»Dann holst du Torte in der Stadt. Aber schnell!«

»Kein Geld, Herr. Keine Marken.«

»Du kein Geld? Keine Marken?« Blitzschnell fuhr Adams Hand dem Mann in die Brusttasche und zog ein Bild heraus, ein zerknittertes Foto von zwei Kindern und einer Frau.

»Meine Enkel!«, rief der Mann. »Meine Tochter!«

Adam hielt das Bild mit beiden Händen hoch über seinen Kopf, als wollte er es zerreißen und fragte: »Hast du Marken? Hast du Geld? Holst du Torte?«

»Kein Geld, keine Marken«, flüsterte der Mann.

»Susanne! Gib mir die Schere, los! Die Schere vom Schreibtisch!«

»Nein, ich ... ich will keine Torte!«, schrie Susanne. Sie rannte hinaus, vier Stufen hinauf zur Straße, lief zwei Häuser weiter in einen Hausflur und schlug die Tür hinter sich zu.

Wo sie war, wusste sie nicht, wie sie nach Hause kommen könnte, wusste sie nicht. Aber jetzt kam ein Junge mit einer Einkaufstasche von der Straße herein. »Suchen Sie wen?«, fragte er. »Die sind alle weggezogen, und wir fahren heute nach Voerde.« Voerde! Das war beinahe zu Hause!

»Darf ich mit euch fahren?«

»Wir gehen zum Anhalter Bahnhof. Ich frag mal meine Mutter.«

Die Mutter war froh, dass Susanne ihr beim Gepäcktragen helfen wollte. Auf einem Trampelpfad quer durch die Trümmer kamen sie zu einer abgebrannten Seifenfabrik am Stadtrand. Ein Kleinlaster hielt. Zwei Männer in dunklen Uniformen lagen auf der offenen Ladefläche und schliefen. »Nachtwächter«, sagte der Fahrer. »Kommen von Unna, seht mal zu, dass ihr denen nicht auf die Köpfe trampelt. Bei denen war ziemlich was los heute Nacht. Unterwegs setz ich euch an irgendeiner Zeche ab.«

Seit einigen Tagen wurden bei allen Bergwerken die Kohlen ohne Bezugscheine verkauft, und die Landwirte kamen mit ihren Pferdewagen aus dem Münsterland und von der holländischen Grenze und versorgten sich für den Winter. Sie nahmen immer gern Anhalter mit. So kam Susanne nach Hause, müde und verschmiert von Kohlenstaub und Tränen, und Ilse nahm sie in die Arme.

Am 30. März 1945 überrennen Truppenteile der Roten Armee die 1500 Verteidiger des Reichstages.

Auf der Flucht

14 Millionen Flüchtlinge oder Vertriebene mussten irgendwo neu anfangen.

Hitler, der sich im Berliner Bunker unter sieben Metern Beton befand, erließ am 19. März 1945 seinen »Nero-Befehl« – jeder Quadratkilometer Deutschland, der von den Feinden erobert oder besetzt werden könnte, sollte im Voraus zu »verbrannter Erde« gemacht werden. Der Feind sollte keine Verkehrswege, keine Versorgungsmöglichkeiten, keine Nachrichten-Anlagen vorfinden.

Am 23. Januar 1945 standen die sowjetischen Truppen an der Oder. Die deutsche Zivilbevölkerung floh in einem riesigen Treck nach Westen, es war Winter, und Tausende starben auf der Flucht.

Am 29. April 1944 heiratete Hitler seine Geliebte Eva Braun. Einen Tag später nahmen sich beide das Leben.

Die deutsche Hauptstadt kapitulierte am 2. Mai vor der Sowjetarmee. Am 7. Mai 1945 unterzeichnete Generaloberst Alfred Jodl die deutsche Gesamtkapitulation im US-Hauptquartier in Reims. Am 8. Mai trat sie in Kraft. Am 9. Mai 1945 wurde die Kapitulationserklärung im sowjetischen Hauptquartier in Berlin Karlshorst durch Generalfeldmarschall Wilhelm Keitel wiederholt.

Der Sieger von Berlin

General Georgi Konstantinowitsch Schukow nahm die deutsche Kapitulation in Karlshorst bei Berlin entgegen. Bis April 1946 war er Oberbefehlshaber der Roten Armee in Deutschland, 1955 wurde er sowjetischer Verteidigungsminister. 1957 fiel er in Ungnade und wurde aller Ämter enthoben.

Aber der Krieg zog weiter, von Europa nach Osten, zum Pazifik, dem »ruhigen Ozean«. Noch während die alliierten Siegermächte über das weitere Schicksal Deutschlands verhandelten, warfen amerikanische Flugzeuge am 6. und 9. August 1945 Atombomben auf die Städte Hiroshima und Nagasaki. Etwa 200 000 Menschen starben durch gewaltige Druckwellen, Hitze bis zu 20 Millionen Grad Celsius und radioaktive Strahlung. Aber das sind nur ungefähre Zahlen, denn noch Jahre später starben Menschen an den Spätfolgen der Atombombe.

Herr Mayer hörte in den Radionachrichten, was in Hiroshima geschehen war. Er verschloss die Ladentür und klebte einen Zettel an die Schaufensterscheibe: »Heute kein Verkauf!« und ging nach oben. Er wollte mit Ilse über Hiroshima reden. Aber sie berichtete ihm schon an der Tür, dass Max bald aus dem Gefangenen-Lazarett in England nach Hause kommen würde. Sie war so fröhlich, dass Mayer mit ihr nicht über den neuen, schlimmeren Krieg reden mochte.

»Ich denke viel an Arnold«, sagte er. Denn von Arnold hatten sie seit Monaten nichts mehr gehört.

»Ich warte auf ihn«, sagte Ilse. »Was heißt vermisst? Ich will auf ihn warten.« Annette, noch auf Krücken, kam dazu. Wusste sie etwas von Ralf? Er müsste wohl in Gefangenschaft sein. Man erzählte, die Russen würden die Gefangenen schnell wieder freilassen. Aber man erzählte viel in diesen Tagen.

Suchdienst

14 Millionen Suchanträge nahm das Rote Kreuz auf. Jeder vierte Deutsche war im Krieg verschollen oder vermisste selbst seine Angehörigen.

»Verlorene Kinder suchen ihre Eltern« – solche Plakate klebten nach dem Krieg überall an den Wänden. Allein in der britischen Besatzungszone wurden bis 1947 40 000 elternlose Kinder registriert, die irgendwo aufgegriffen worden waren. Viele kannten nur ihren Vornamen. Und allein in Hamburg blieben 21 000 familienlose Kinder zurück.

Frontsoldaten suchen während des Heimaturlaubs ihre Familien.

Die Fiedlers, die Langes, Otto und Jutta standen unten bei den Hausbriefkästen. »Diese Bombe! Das ist doch kein ehrlicher Krieg mehr!«, rief Großvater Georg. »Kein Streit, kein Kampf mit Sieg und Niederlage, Mann gegen Mann!«

»Ja«, sagte Mayer. »So war der alte Krieg, der Mörder, alle Jahrtausende lang. Der hatte ein furchtbares, blutiges Gesicht. Man konnte ihn hassen und verfluchen und sogar etwas gegen ihn tun. Aber der andere, der neue, den sie schon Atomkrieg nennen, der ist ein Monster ohne Gesicht, vor dem kann keiner sich schützen. Was könnte man gegen den tun?«

Hermann Vinke

»Sag nicht, es ist fürs Vaterland«

Von Menschen, die Widerstand leisteten

Am Abend des 27. Februar 1933 machte Carl von Ossietzky sich spät auf den Heimweg. Kurz zuvor hatte er im Radio die Nachricht vom Reichstagsbrand gehört. Die innere Unruhe, die er seit Tagen spürte, wurde stärker, auch das Zittern seiner Hände. Es war schon nach 22 Uhr, als ihn seine Frau an der Haustür ihrer Wohnung in Berlin mit der bangen Frage empfing: »Was machen wir nun?« Ossietzky: »Erst einmal schlafen gehen!«

Schon den ganzen Tag über hatte sich der Leiter der damals bekanntesten politischen Zeitschrift, der »Weltbühne«, mit der Frage gequält, ob er, wie andere Intellektuelle und Schriftsteller auch, Deutschland verlassen solle. Die meisten seiner Freunde und Kollegen hatten ihm geraten, auf keinen Fall in seine Wohnung zurückzukehren, sondern unverzüglich mit dem nächsten Zug abzureisen. Doch Ossietzky war zögerlich. Als dann sein Freund und politischer Mitstreiter Hellmuth von Gerlach den Ratgebern trotzig entgegnete: »Jetzt wird hier keine Panik gemacht! Na, also ich jedenfalls bleibe«, hatte auch Ossietzkys Entschluss festgestanden: »Dann bleibe ich auch …«

Kaum zu Hause angekommen, versuchte seine Frau ebenfalls, ihn zur Flucht zu bewegen. Er tröstete sie damit, dass er noch drei Tage warten wolle. Doch dazu kam es nicht mehr. Noch in derselben Nacht, um halb vier Uhr morgens, riss die Klingel das Paar aus einem bleiernen Schlaf. »Müssen wir denn aufmachen?«, fragte Maud von Ossietzky. »Natürlich musst du aufmachen«, lautete die Antwort. Zwei Beamte zeigten ihren Polizeiausweis und erklärten Carl von Ossietzky für verhaftet.

Carl von Ossietzky gehörte zu den bekanntesten Publizisten in der Weimarer Republik. Seine Analysen und Leitartikel werden bis heute bewundert. »Er war eine Fackel. Die leuchtete die Finsternis, Heimlichkeiten und Machenschaften derer aus, die die Republik verdarben.« So beschrieb ihn 1994 der Publizist Fritz J. Raddatz.

»Deutschland erwache«

Ein Freund und Förderer Carl von Ossietzkys hatte das heraufziehende Unheil kommen sehen und sich früh in Sicherheit zu bringen versucht. Kurt Tucholsky, der die »Weltbühne« gemeinsam mit Ossietzky geleitet hatte, war bereits 1929 nach Schweden emigriert. Ein Jahr darauf, 1930, hatte er in seinem Gedicht »Deutschland erwache« noch einmal eindringlich gewarnt: »Dass der Nazi dir einen Totenkranz flicht: Deutschland, siehst du das nicht?«

1933 entzogen die Nazis dem verhassten Dichter die Staatsbürgerschaft. Zwar äußerlich in Sicherheit, aber innerlich verzweifelt, nahm sich Kurt Tucholsky nur zwei Jahre später, 1935, im schwedischen Exil das Leben.

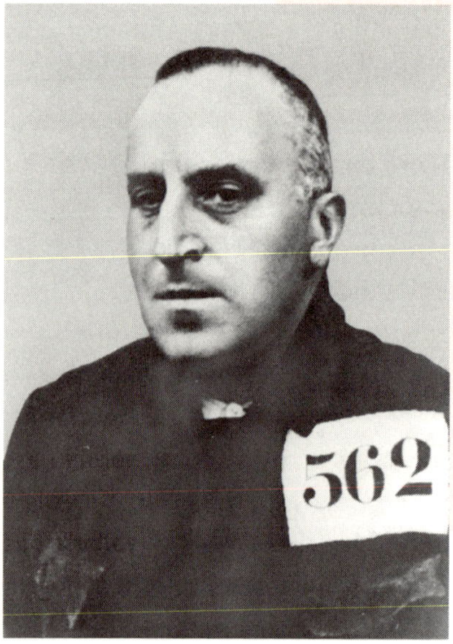

Februar 1933. Der Journalist Carl von Ossietzky als Häftling.

Carl von Ossietzky, 1889 in Hamburg geboren, hatte sich nach dem Ersten Weltkrieg aktiv an der Friedensbewegung beteiligt. Die Schwächen der Weimarer Republik und den aufkommenden Nationalsozialismus hatte er so mutig und unerschrocken kritisiert wie kaum ein anderer. Am 20. Januar 1931 hieß es in der »Weltbühne« über Adolf Hitler: »Wie groß muss die geistige Versumpfung eines Volkes sein, das in diesem albernen Poltron einen Führer sieht, also eine Persönlichkeit, der nachzueifern wäre?«

Mit seinem unbeugsamen Eintreten für die Demokratie wurde Ossietzky zur Zielscheibe der Nationalsozialisten. Nicht einmal einen Monat, nachdem Adolf Hitler zum Reichskanzler ernannt worden war, wurde er verhaftet. Seine Leidensstationen waren das Polizeigefängnis am Alexanderplatz in Berlin, das KZ Sonnenburg und schließlich das Konzentrationslager Esterwegen. Dort, in der Heide- und Moorlandschaft des Emslandes, zeigte sich der Häftling mit der Nummer 562 der schweren körperlichen Arbeit nicht gewachsen, erst recht nicht den Schikanen und Schlägen seiner SS-Bewacher, die es auf Intellektuelle der Weimarer Republik besonders abgesehen hatten. Nur die internationale Kampagne zur Vergabe des Friedensnobelpreises bewahrte ihn zunächst vor dem sicheren Tod.

Als das Nobelkomitee dem prominenten Gefangenen im Emsland im November 1936 den Friedensnobelpreis nachträglich für 1935 zuerkannte, musste das NS-Regime ihn auf internationalen Druck hin schließlich freilassen. Aber Ossietzky war da bereits ein todkranker Mann. Zwei Jahre später erlag er einer schweren Tuberkulose, die ihn schon im Emsland geschwächt hatte.

Carl von Ossietzky gehörte zweifelsohne zu den mutigsten und unerschrockensten Widerstandskämpfern in Deutschland. Und dennoch dauerte es Jahrzehnte, bis er in der Bundesrepublik die gebührende Anerkennung fand. Was manche nicht wahrhaben wollten, um ihn leichter in die kommunistische Ecke abdrängen zu können – Ossietzky war Radikaldemokrat und Gegner jeder Gewalt, ein mutiger »Streiter gegen Nationalismus und Militarismus«. »Man darf«, schrieb Willy Brandt, »die dunklen Seiten im Buch unserer Geschichte nicht überblättern; man darf aber auch auf den Nachweis demokratischer Kontinuität nicht verzichten.« Auch Brandt, der spätere Bundeskanzler, Emigrant und Widerstandskämpfer während der NS-Zeit, hatte sich damals aus dem norwegischen Exil für Ossietzky eingesetzt.

Häftlinge der emsländischen Konzentrationslager, die morgens – den Spaten geschultert – loszogen, um Gräben anzulegen und Sandberge zu bewegen, wurden »Moorsoldaten« genannt. Das »Moorsoldaten-Lied«, das 1934 im KZ Börgermoor entstand, ging bereits in den dreißiger Jahren um die Welt. Es wurde überall dort gesungen, wo der Nationalsozialismus und der Faschismus gebrandmarkt werden sollten. Selbst nach dem Zweiten Weltkrieg blieb es einer der bekanntesten Protestsongs.

Die »Moorsoldaten«, die das Dritte Reich überlebten, versammeln sich seit Mitte der fünfziger Jahre regelmäßig auf dem Lagerfriedhof am Küstenkanal unweit von Esterwegen. Deutsche, Niederländer, Belgier und Franzosen gedenken ihrer ermordeten Kameraden. Seit der Wende 1989 sind auch Häftlinge aus Ostdeutschland und Polen dabei.

In den sechziger Jahren wurden diese Treffen zumeist von den Komitees der Moorsoldaten und der Vereinigung der Verfolgten des Naziregimes/VVN organisiert. Regelmäßig riefen diese Begegnungen die Verfassungsschützer auf den Plan, die Redebeiträge ebenso sorgfältig notierten wie die Autokennzeichen. Die VVN galt als kommunistisch unterwandert. Die Hysterie des Kalten Krieges machte nicht einmal vor den Widerstandskämpfern des Dritten Reiches Halt. Wie Staatsfeinde wurden die ehemaligen Moorsoldaten behandelt – diese alten Männer, die im Emsland unter den Schergen des NS-Regimes gelitten, die letztlich ihre Jugend dem Kampf gegen das Hitler-Regime geopfert hatten.

Moorsoldatenlied *Text: Johann Esser / Wolfgang Langhoff, Melodie: Rudi Goguel*

Wohin auch das Auge blicket
Moor und Heide nur ringsum.
Vogelsang uns nicht erquicket,
Eichen stehen kahl und krumm.

Wir sind die Moorsoldaten
und ziehen mit dem Spaten ins Moor.

Hier in dieser öden Heide
ist das Lager aufgebaut,
wo wir fern von jeder Freude
hinter Stacheldraht verstaut.

Wir sind die Moorsoldaten
und ziehen mit dem Spaten ins Moor.

Morgens ziehen die Kolonnen
in das Moor zur Arbeit hin.
Graben bei dem Brand der Sonnen,
doch zur Heimat steht der Sinn.

Wir sind die Moorsoldaten
und ziehen mit dem Spaten ins Moor.

Heimwärts, heimwärts jeder sehnet
zu den Eltern, Weib und Kind.
Manche Brust ein Seufzer dehnet,
weil wir hier gefangen sind.

Wir sind die Moorsoldaten
und ziehen mit dem Spaten ins Moor.

Auf und nieder gehn die Posten,
keiner, keiner kann hindurch.
Flucht wird nur das Leben kosten,
vierfach ist umzäunt die Burg.

Wir sind die Moorsoldaten
und ziehen mit dem Spaten ins Moor.

Doch für uns gibt es kein Klagen,
ewig kann nicht Winter sein.
Einmal werden froh wir sagen:
Heimat, du bist wieder mein.

Dann ziehn wir Moorsoldaten
nicht mehr mit dem Spaten ins Moor.

In der in Papenburg erscheinenden »Ems-Zeitung« begann Anfang der sechziger Jahre eine Auseinandersetzung um die Emsland-Lager und die Haltung der Bevölkerung zum Dritten Reich. Das Emsland ist katholisch und konservativ geprägt. Kommunal- und Regionalpolitiker, Vertreter der katholischen Kirche und Anhänger von Traditionsvereinen wehrten sich heftig, dieses Thema überhaupt zu diskutieren. Auf Fotos, die beispielsweise Geistliche in einer Reihe mit lokalen NS-Größen zeigten – gemeinsam die Rechte zum Hitler-Gruß erhoben – reagierte die katholische Kirche besonders empfindlich; sie sah sich plötzlich an den Pranger gestellt, obwohl sie nach ihrem Selbstverständnis eher ein Hort des Widerstandes gegen den Nationalsozialismus gewesen war.

Beeindruckende Beispiele einer solchen Haltung kann die Kirche tatsächlich anführen: Kardinal Clemens August Graf von Galen zum Beispiel ist das leuchtende Vorbild eines mutigen Kirchenmannes. Der Bischof von Münster geißelte von der Kanzel aus und in Rundbriefen die Ermordung Behinderter und ließ sich auch durch Drohungen nicht einschüchtern. Die Euthanasie, die Vernichtung so genannten »unwerten Lebens«, wurde daraufhin offiziell für beendet erklärt, im Geheimen jedoch fortgesetzt.

Oder das Beispiel des Jesuitenpaters Alfred Delp: Der Theologe und Widerstandskämpfer gehörte zum »Kreisauer Kreis«, einer Widerstandsgruppe um die Ehepaare Helmuth James und Freya von Moltke sowie Peter und Marion Yorck von Wartenburg. Der »Kreisauer Kreis« – die Bezeichnung geht auf die Gestapo zurück, die sich auf Moltkes Gut Kreisau bezog – diskutierte Pläne für eine Nachkriegsordnung und knüpfte Beziehungen nach Schweden und Großbritannien. Pater Delp musste seine Gegnerschaft zum NS-Regime mit dem Tode bezahlen.

Oder Franz Jägerstätter aus Oberösterreich, der aus seinem christlichen Gewissen heraus Hitler die Gefolgschaft versagte, indem er den Dienst mit der Waffe verweigerte. Wegen »Zersetzung der Wehrkraft« wurde Jägerstätter, von Beruf Bauer und Vater dreier unmündiger Kinder, in Berlin-Tegel zum Tode verurteilt und enthauptet.

Es gibt weitere Beispiele von Kirchenangehörigen, die der katholischen Kirche zur Ehre gereichen. Und dennoch darf man sie nicht verallgemeinern. Denn sie stehen nicht für eine generelle regimefeindliche Haltung der katholischen Kirche. Im Gegenteil. Die Masse der Gläubigen verhielt sich wie die große Mehrheit der Bevölkerung; sie passte sich an oder machte aktiv mit. Und die Kirche als Institution stellte sich keineswegs gegen das NS-Regime. Sie setzte sich zumeist nur dann zur Wehr, wenn der Religionsunterricht gefährdet war oder Geistliche und Nonnen verhaftet wurden. Die Verfolgung und Vernichtung der Juden hingegen nahmen die meisten katholischen Würdenträger stillschweigend hin.

Der bekennende Christ

»Nur wer für die Juden schreit, darf auch gregorianisch singen«, schrieb der evangelische Theologe Dietrich Bonhoeffer im Jahre 1938. Schon Anfang der 1930er Jahre, als Studentenpfarrer in Berlin, hatte Bonhoeffer immer wieder öffentlich die Haltung seiner Kirche gegen den aufkommenden Nationalsozialismus kritisiert und ein Eintreten für die »Machtlosen, Unterdrückten und Verhöhnten« angemahnt – fand aber bei der Mehrheit seiner Amtsbrüder kein Gehör. Als er zwei Tage nach Hitlers Machtübernahme in einem Rundfunkvortrag sagte: »Führer und Amt, die sich selbst vergotten, spotten Gottes«, machte er sich zur Zielscheibe der Nazis. Die Lehrbefugnis wurde ihm entzogen, er schloss sich der Bekennenden Kirche an und leitete bis 1937 ein illegales Priesterseminar. Über seinen Schwager, Hans von Dohnányi, der im Auslandsamt des Oberkommandos der Wehrmacht tätig war, kam Bonhoeffer mit dem politischen Widerstand in Kontakt. Er stellte Verbindungen zu ausländischen Widerstandsgruppen her und schmuggelte Informationen ins Ausland, geriet aber bald ins Visier der Gestapo. Im April 1943 wurde Dietrich Bonhoeffer verhaftet und zwei Jahre später nach einem SS-Standgerichtsverfahren im KZ Flossenbürg ermordet.

Der Oberhirte der emsländischen Katholiken stellte sich sogar offen auf die Seite des Nationalsozialismus, und zwar zu einem Zeitpunkt, als Hitler sich längst mit diktatorischen Vollmachten ausgestattet hatte und das Land in einen Krieg steuerte. Wilhelm Berning, Bischof von Osnabrück und preußischer Staatsrat, unternahm 1936 eine Reise durch die Emsland-Lager. Zum Abschluss, so berichtete die »Ems-Zeitung« am 26. Juni 1936, erklärte der Bischof in der Lagerkantine des KZ Aschendorfermoor: »Ich danke Ihnen, dass Sie mir die Heimat gezeigt haben in der Form, die das Dritte Reich daraus gemacht hat. Lange lag das Emsland im Dornröschenschlaf, bis der Prinz kam und es weckte; dieser Prinz ist unser Führer Adolf Hitler.«

Die katholische Kirche konnte im Dritten Reich ihre Geschlossenheit weitgehend wahren – allerdings zum Preis der Anpassung und weitgehenden Duldung des NS-Regimes. Im Protestantismus gab es von Beginn an zwei Richtungen, die sich unversöhnlich gegenüberstanden. Die »Bekennende Kirche«, eine oppositionelle Bewegung innerhalb der evangelischen Kirche, lehnte es strikt ab, sich für die Ziele des NS-Regimes einspannen zu lassen. Sie berief sich auf die christliche Lehre und den Glauben, die im Vordergrund stehen müssten, nicht die Ergebenheit gegenüber dem Staat.

Mit diesem Bekenntnis stellte sich die »Bekennende Kirche« in einen direkten Gegensatz zur »Deutschen Evangelischen Kirche«, die sich ausdrücklich zum nationalsozialistischen Staat bekannte und deren Anhänger das Abzeichen der NSDAP nicht selten offen am Revers trugen. Ihr Repräsentant war Reichsbischof Ludwig Müller, der schon 1933 eigenmächtig die Überführung der evangelischen Jugendverbände in die Hitler-Jugend betrieb.

Der Reichsbischof

Ludwig Müller (1883 bis 1945) war ein früher Förderer Hitlers und schon 1931 in die NSDAP eingetreten. Im September 1933 wurde er Reichsbischof und entschied eigenmächtig, die evangelischen Jugendorganisationen in die Hitlerjugend zu überführen. Aber es gelang ihm nicht, die Landeskirchen wirklich gleichzuschalten. Goebbels war dann auch eher enttäuscht von dem Reichsbischof, »er hat uns nicht viel Nutzen gebracht«, schrieb er in sein Tagebuch. Am 31. Juli 1945 beging Müller in Berlin Selbstmord.

Müller wollte das Führerprinzip und den Arierparagraphen, also die Diskriminierung und Ausgrenzung von Juden, auf die Kirche übertragen.

Während der Reichsbischof an der Spitze der Amtskirche unverhohlen die Gleichschaltung mit dem NS-Regime betrieb, versuchten Pfarrer und Laien, wie Martin Niemöller und der spätere Bundespräsident Gustav Heinemann, genau dies zu verhindern. Vehement wehrten sie sich dagegen, die kirchliche Jugendarbeit der HJ zu unterstellen, und kämpften verzweifelt um Freiräume für die Gemeindearbeit. 1934, auf der Synode der »Bekennenden Kirche« in Wuppertal-Barmen, formulierte der Jurist Heinemann zusammen mit dem Schweizer Theologen

Karl Barth die Barmer Erklärung, die eine wichtige Positionsbestimmung zum Kirchenkampf enthielt. Denn in der Erklärung besiegelten die Synodalen die Abkehr von den regimetreuen Deutschen Christen: »Wir verwerfen die falsche Lehre, als gäbe es Bereiche unseres Lebens, in denen wir nicht Jesus Christus, sondern anderen Herren zu eigen wären.«

Doch der bei vielen Gläubigen verachtete Reichsbischof Müller hielt verbissen an seiner Linie fest. Pfarrer der »Bekennenden Kirche« wurden mit Disziplinarverfahren überzogen, erhielten Redeverbot und galten als Staatsfeinde. Einige gründeten daraufhin autonome Gemeinden und organisierten außerhalb der Amtskirche ihre eigenen Gottesdienste – in angemieteten Sälen mit provisorischer Kanzel und geborgtem Harmonium.

Viele Aktivitäten der »Bekennenden Kirche« liefen bei Martin Niemöller, Theologe und Pfarrer in Berlin-Dahlem, zusammen. Niemöller, kaisertreu und deutsch-national erzogen, war im Ersten Weltkrieg U-Boot-Kommandant gewesen. Aus Enttäuschung über die Weimarer Demokratie hatte er den Nationalsozialisten zunächst wohlwollend gegenübergestanden. Als diese jedoch ihre Gewaltherrschaft errichteten, reagierte er heftig und kompromisslos. Die willfährige Haltung der Amtskirche gegenüber dem NS-Regime lehnte Niemöller strikt ab. Er gründete den »Pfarrernotbund«, aus dem sich dann die innerkirchliche Opposition entwickelte.

Spitzelbericht

»Pastor Niemöller ging am Anfang seiner Predigt mit einer beispielslosen Frechheit auf die letzten vier Jahre ein … Es war eine Schande, dass am Tag der nationalen Erhebung, da, wo jeder Deutsche mit Genugtuung und Stolz die Rede des Führers gehört hatte, dieser Pastor N. sich erlaubte, Gifte der Zersetzung und Gemeinheiten um sich zu spritzen.«

Aus einem Spitzelbericht über einen Gottesdienst in Berlin-Dahlem am 30. Januar 1937

Redeverbot, Verhaftung, Freilassung, erneute Verhaftung – 1937 verurteilte ein Sondergericht den Theologen zu sieben Monaten Haft. Nachdem er die Strafe verbüßt hatte, wurde er jedoch nicht etwa freigelassen, vielmehr erklärte ihn das Gericht zum »persönlichen Gefangenen des Führers«. Niemöller verbrachte die Jahre bis Kriegsende im Konzentrationslager Sachsenhausen. Die »Bekennende Kirche« hatte damit ihren wichtigsten Streiter verloren.

Auch Sophie Scholls Widerstand speiste sich aus einer christlichen Grundhaltung. Mit ihrem Leben habe ich mich Ende der siebziger Jahre intensiv beschäftigt, als ich eine Biographie über sie schrieb. Die beiden überlebenden Schwestern, Elisabeth Hartnagel, geborene Scholl, und insbesondere auch Inge Aicher-Scholl, sicherten ihre Unterstützung zu.

Mit ihrem Mann, dem Graphik-Designer Otl Aicher, bewohnte Inge Aicher-Scholl damals die Rotismühle im baden-württembergischen Allgäu, in einer landschaftlich schönen und noch unberührten Gegend. In der Rotismühle habe ich mit Inge Aicher-Scholl über Sophie Scholl gesprochen: über ihre Kindheit in Forchtenberg und ihre Jugend in Ulm, den Konflikt mit der Hitler-Jugend, der die Kinder von Magdalene und Robert Scholl zunächst beigetreten waren; ferner über den Reichsarbeitsdienst und schließlich das Studium der Biologie und Philosophie in München, wo Sophie Scholl sich der Widerstandsgruppe ihres Bruders »Weiße Rose« anschloss und an der Herstellung und Verteilung von Flugblättern mitwirkte.

Geschwiegen

»Als die Nazis die Kommunisten holten, habe ich geschwiegen;
ich war ja kein Kommunist.
Als sie die Sozialdemokraten einsperrten,
habe ich geschwiegen;
ich war ja kein Sozialdemokrat.
Als sie die Gewerkschafter holten,
habe ich geschwiegen,
ich war ja kein Gewerkschafter.
Als sie mich holten, gab es keinen mehr,
der protestieren konnte.«

Martin Niemöller

Der Kern dieser Gruppe bestand aus den Geschwistern Scholl, Alexander Schmorell, Christoph Probst und Willi Graf. Hinzu kam der Philosophie-Professor und Musikpsychologe Kurt Huber. Die Studenten waren sich in ihrer Gegnerschaft zum NS-Regime einig. Unter dem Eindruck des verbrecherischen Krieges und des unfassbaren Massenmordes an Juden gewannen sie die Überzeugung, die Zeit des Handelns sei gekommen.

Flugblatt der Weißen Rose

»Jedes Wort, das aus Hitlers Mund kommt, ist Lüge. Wenn er Frieden sagt, meint er den Krieg, und wenn er in frevelhaftester Weise den Namen des Allmächtigen nennt, meint er die Macht des Bösen, den gefallenen Engel, den Satan. (…) Obgleich wir wissen, dass die nationalsozialistische Macht militärisch gebrochen werden muss, suchen wir eine Erneuerung des schwerverwundeten deutschen Geistes von innen zu erreichen. Dieser Wiedergeburt muss aber die klare Erkenntnis aller Schuld, die das deutsche Volk auf sich geladen hat, und ein rücksichtsloser Kampf gegen Hitler und seine allzu vielen Helfershelfer (…) vorausgehen.«

Viertes Flugblatt vom Juli 1942

Mitglieder der Münchner Widerstandsorganisation »Weiße Rose«: Die Geschwister Hans und Sophie Scholl sowie Christoph Probst (v. l. n. r.), alle drei im Februar 1943 enthauptet.

1942 entstanden die ersten Flugblätter der »Weißen Rose«, verfasst von Hans Scholl und Alexander Schmorell. Ingesamt sechs Flugblätter setzte die »Weiße Rose« in Umlauf, zumeist per Post. Einige erreichten eine Auflage von 6000 bis 9000 Exemplaren und wurden in Süddeutschland und in Österreich verteilt. Außerdem organisierte die Gruppe nächtliche Mal-Aktionen. »Nieder mit Hitler«, »Hitler Massenmörder«, »Freiheit« und durchgestrichene Hakenkreuze waren an den Wänden zu sehen. Durch Kontakte mit Intellektuellen, durch eigene Eindrücke von der Ostfront und das Abhören alliierter Sender verfügte die Gruppe über gute Informationen.

Das sechste Flugblatt mit der Überschrift »Kommilitoninnen! Kommilitonen!« richtete sich gezielt an die Studenten in München und forderte sie auf, sich dem NS-Regime zu widersetzen und sich von diesem Joch zu befreien. Dieser Appell stand unter dem Eindruck der Niederlage der deutschen Wehrmacht in Stalingrad. Am Vormittag des 18. Februar 1943 legten Sophie und Hans Scholl dieses Flugblatt in der Universität München aus. Die letzten Blätter warfen sie von der Empore in den Lichthof. Dabei wurden sie vom Hausmeister beobachtet, der sie bei der Gestapo denunzierte.

Unmittelbar nach der Verhaftung begannen lange Verhöre. Vier Tage später reiste der Volksgerichtshof unter Leitung seines Präsidenten Roland Freisler eigens aus Berlin an, um in München die Urteile über die Geschwister Scholl und Christoph Probst zu sprechen. »Tobend, schreiend, bis zum Stimmüberschlag brüllend, immer wieder explosiv aufspringend« – so beschreibt Leo Samberger, ein Augenzeuge, die Verhandlungsführung von Freisler.

Sophie Scholl war 21 Jahre alt, als sie zusammen mit ihrem Bruder Hans und Christoph Probst am 22. Februar 1943 wegen landesverräterischer Feindbegünstigung, Vorbereitung zum Hochverrat und Wehrkraftzersetzung zum Tode verurteilt und durch das Fallbeil in München-Stadelheim hingerichtet wurde. In der Vernehmung bekannte sie sich zu den Flugblattaktionen: »Was wir sagten und schrieben, denken ja so viele, nur wagen sie nicht, es auszusprechen.«

In vier weiteren Prozessen gegen Anhänger der studentischen Widerstandsgruppe wurden Todesurteile gefällt und dann vollstreckt: Gegen Professor Kurt Huber, Alexander Schmorell, Willi Graf und Hans Leipelt. Die anderen Angeklagten erhielten zum Teil hohe Zuchthausstrafen. Danach existierte die »Weiße Rose« nicht mehr.

Der Blutrichter

Wer mit den Verhältnissen in Deutschland nicht einverstanden war, musste nicht nur die Gestapo, sondern auch den Volksgerichtshof fürchten, der in Schauprozessen »Verräter« aburteilte – meistens zum Tode. Das Gericht sah seine Aufgabe nicht darin, Recht zu sprechen, sondern »die Gegner des Nationalsozialismus zu vernichten«. Entsprechend wurden an den Volksgerichtshof auch nur solche Richter berufen, die dem Nationalsozialismus verpflichtet waren. Und gegen deren Entscheidungen war »kein Rechtsmittel zulässig«. Zuständig für den Volksgerichtshof war der Jurist Roland Freisler, ein glühender Anhänger des Führers. Meist beschimpfte er die Angeklagten lautstark, mit sich überschlagender Stimme, als »Jämmerlinge«, »pfäffische Würstchen« oder als »Ratten«, die es zu zertreten gelte. Durch seine erbarmungslosen Urteile erwarb er sich schnell den Ruf eines »Blutrichters«. Mehr als 5000 Todesurteile wurden am Volksgerichtshof ausgesprochen, darunter auch die gegen die Geschwister Scholl und die Widerstandskämpfer des 20. Juli 1944.

Bei meiner Arbeit an dem Buch »Das kurze Leben der Sophie Scholl« erklärte sich auch erstmals der Freund von Sophie Scholl, Fritz Hartnagel, zu einem Gespräch bereit. 1937 hatte diese Freundschaft begonnen. Hartnagel war Berufsoffizier gewesen und hatte den Krieg bis zum bitteren Ende miterlebt. 1945 heiratete er Sophies Schwester, Elisabeth Scholl. Die Ermordung von Sophie Scholl wurde zum Trauma für ihn. Am liebsten hätte er den Offiziersberuf schon 1943 aufgegeben. Aber Sophies Vater Robert konnte ihn davon abhalten, da eine solche Entscheidung die Existenz der ganzen Familie zusätzlich gefährdet hätte. Nach 1945 wurde Fritz Hartnagel Richter und beriet als radikaler Gegner einer Wiederbewaffnung der Bundesrepublik viele Jahre lang Kriegsdienstverweigerer.

Sophie Scholl und Fritz Hartnagel haben sich manchmal täglich geschrieben. Diese Briefe belegen, mit welcher Konsequenz Sophie ihren Standpunkt auch gegenüber ihrem Freund vertrat. »Nun werdet ihr ja genug zu tun haben«, schrieb sie nach dem Beginn des Zweiten Weltkrieges am 1. September 1939. »Ich kann es nicht begreifen, dass nun dauernd Menschen in Lebensgefahr gebracht werden von anderen Menschen. Ich kann es nie begreifen und finde es entsetzlich. Sag nicht, es ist fürs Vaterland.«

1944. – Roland Freisler, Präsident des »Volksgerichtshofes«.

Immer wieder argumentierte Sophie Scholl gegen den verbrecherischen Krieg und konnte Hartnagel schließlich davon überzeugen, dass Hitler nicht gewinnen durfte. »Mehr und mehr musste ich jedoch einsehen, dass ihre Haltung nur konsequent war. Man konnte nur entweder für Hitler oder gegen ihn sein. War man gegen Hitler, dann durfte er diesen Krieg nicht gewinnen, denn nur eine militärische Niederlage konnte ihn beseitigen. Das hieß weiter: Alles, was dem so genannten Feind nützte und uns Deutschen schadete, das allein konnte uns die Freiheit wiederbringen.«

Die Briefe und Tagebuchaufzeichnungen von Sophie Scholl belegen, dass sie ein sehr selbständiger Mensch war. Eigenständigkeit im Denken und Handeln kennzeichnen sie schon in ihren Mädchenjahren. Ob es ihre Beschreibungen der Natur oder des eigenen Zustandes sind, sie vermitteln eine Tiefe, die Distanz kaum zulässt. Zugleich wird aus manchen Zeilen deutlich, wie sehr Widerstand auch mit Angst verbunden war, mit innerer Leere und Trostlosigkeit. Während Millionen angesichts des Krieges, der Zerstörung, des Terrors und der Toten längst resigniert hatten, wagten einige wenige, gegen das Unrecht aufzustehen. Sophie notierte am 13. Januar 1943 in ihrem Tagebuch: »Sobald ich allein bin, verdrängt eine Traurigkeit jede Lust zu einer Tätigkeit in mir. Wenn ich ein Buch zur Hand nehme, dann nicht aus Interesse, sondern so, als ob es ein anderer täte ... Die schlimmsten Schmerzen, und wären es bloß körperliche, sind mir tausendmal lieber als diese leere Ruhe.«

Sophie und Hans Scholl kennt inzwischen fast jeder in Deutschland. Und manchmal wird der Widerstand der Münchner Studentengruppe »Weiße Rose« gleichgesetzt mit der Gegnerschaft zum NS-Regime überhaupt. Allerdings, Opposition gegen Hitler und den Nationalsozialismus gab es neben der »Weißen Rose« noch in vielen Formen und sehr unterschiedlichen Gruppierungen, und zwar von Beginn an.

Eine Protestbewegung, die unter Jugendlichen im Dritten Reich einen gewissen Zulauf hatte, richtete sich gegen den biederen Musikgeschmack der Nationalsozialisten, die im Sinne ihrer germanischen Blut-und-Boden-Ideologie ausschließlich deutsches Liedgut propagierten und ausländische Stücke, insbesondere amerikanische, als »Nigger-Musik« abtaten. Dagegen wehrten sich Jugendliche; statt deutscher Volksmusik hörten sie Swing und Jazz und tanzten danach. Hamburg war für die Swing-Jugend eine Hochburg. In der Hansestadt bildeten Jungen und Mädchen die »Swing-Clique«, die sich auch durch lässiges Auftreten, langes Haar und legere Kleidung deutlich von der uniformierten und gestriegelten Hitler-Jugend unterschied.

Das Regime ließ sie eine Zeit lang gewähren. 1942 kam dann der Gegenschlag. Heinrich Himmler, Reichsführer SS und oberster Polizeichef, verlangte, »das ganze Übel radikal auszurotten«, und setzte eine Verhaftungswelle in Gang. Dutzende von Minderjährigen kamen in das Jugend-KZ Moringen bei Hannover oder nach Neuengamme, Buchenwald und Bergen-Belsen. Die Swing-Bewegung verfolgte keine ausdrücklichen politischen Ziele; aber sie wollte sich ihren Lebensstil nicht von Rassefanatikern wie Hitler und Himmler aufzwingen lassen.

Ähnlich verhielt es sich mit den »Edelweiß«-Piraten – eine regimekritische Bewegung von insgesamt einigen Tausend jungen Arbeitern, die vor allem in Köln und im Ruhrgebiet, aber auch in Frankfurt am Main und in Kassel von sich reden machten. Die Bezeichnung »Edelweiß«-Piraten stammt vermutlich von den Verfolgungsbehörden, denn einige Jugendliche trugen bei der Festnahme ein Edelweiß-Abzeichen. Proletarisches Auftreten, Zusammenstöße mit der Hitler-Jugend, Sabotageakte – die »Edelweiß«-Piraten gingen manchmal bewusst auf Konfrontation, indem sie die HJ herausforderten. Durch Kleidung, Abzeichen und Grußformen wollten sie ihre Unabhängigkeit demonstrieren. Anhänger dieser oppositionellen Jugendgruppen wurden ohne Gerichtsverfahren erhängt. Andere wurden als »Verwahrloste« oder »Gemeinschaftsschädlinge« in Arbeitserziehungs- und Konzentrationslager verschleppt.

Die Mitglieder der »Herbert-Baum-Gruppe« in Berlin handelten dagegen eher aus politischen Motiven. Der gelernte Elektriker Herbert Baum hatte zusammen mit Marianne Cohn, Martin Kochmann und Sara Rosenbaum etwa 100 Personen um sich geschart, die überwiegend dem jüdischen Arbeiter- und Kleinbürgermilieu Berlins entstammten. Bis 1933 waren einige von ihnen in einem kommunistischen Jugendverband aktiv gewesen. Gegen die Nationalsozialisten wehrte sich die Gruppe mit Wandparolen, Flugschriften und Klebezetteln. Eine ihrer Aktionen richtete sich im Mai 1942 gegen die NS-Ausstellung »Das Sowjetparadies« im Berliner Lustgarten, die mit primitiver Propaganda Stimmung gegen die UdSSR machen sollte. Die Gegner der Ausstellung verbreiteten die Parole: »Ständige Ausstellung – das Nazi-Paradies – Krieg, Hunger, Lüge, Gestapo. Wie lange noch?« Durch einen Brandanschlag auf die Ausstellung versuchten sie, das Werk von Reichspropagandaminister Joseph Goebbels zu zerstören. Elf Personen erlitten Verletzungen. Der Sachschaden hielt sich in Grenzen. Wenige Tage später verhaftete die Gestapo zahlreiche Anhänger der Gruppe; zwanzig von ihnen wurden zum Tode verurteilt. Baum selbst starb nach schweren Folterungen in der Haft, vermutlich durch Selbstmord.

In Berlin, wo die Geheime Staatspolizei zur Überwachung der Bevölkerung ein besonders enges Netz an Kontrollen aufgebaut hatte, waren gleichzeitig viele Menschen im aktiven Widerstand. Dank ihrer Zivilcourage und Unterstützung konnten beispielsweise in der Reichshauptstadt etwa 1400 Juden – im Volksmund »U-Boote« genannt – bis Kriegsende überleben. Auch anderswo in Deutschland gab es selbstlose Helfer, die ohne Rücksicht auf das eigene Risiko verfolgte Juden und politische Flüchtlinge versteckten – in Kellern oder Dachböden von Privathäusern, in Klöstern und sogar in Bordellen, wo die Gestapo kaum Verstecke vermutete. Landesweit lebten über 10 000 jüdische Menschen in der Illegalität.

Eine der Gruppen, die sich in Berlin insbesondere um die von Deportation und Ermordung bedrohten Juden kümmerte, nannte sich »Onkel Emil«. Die Journalistin Ruth Andreas-Friedrich und ihr Lebensgefährte, der Dirigent Leo Borchard, schufen ein Netzwerk von Gleichgesinnten, die für Gefahrensituationen den Ruf »Onkel Emil« verabredet hatten.

Dieser Verbund von NS-Gegnern sorgte dafür, dass untergetauchte Juden und politische Flüchtlinge ein Quartier fanden und mit Lebensmittelmarken ausgestattet wurden, damit sie in ihren Verstecken nicht verhungerten. Verfolgte Personen, die sich wieder an die Öffentlichkeit wagten, erhielten Kleidung, Ausweispapiere und ärztliche Atteste. Auch Werkssabotage, das Zerstören von Nazi-Symbolen sowie die Weitergabe von Lageberichten und politischen Informationen ins Ausland gehörten zu den Aktionen der Gruppe »Onkel Emil«, die bis Kriegsende unentdeckt blieb.

Überleben im Untergrund

Eine Gruppe um den zionistischen Jugendführer Jizchak Schwersenz hatte den Deportationen entkommen und untertauchen können. Diese etwa vierzig Jugendlichen wechselten ständig die Unterkunft und überlebten, unter anderem in der Kuppel einer Grabstätte auf dem jüdischen Friedhof Berlin-Weißensee. Sie versorgten auch andere Untergetauchte mit Papieren, Quartieren und Lebensmitteln. Schwersenz gelang 1944 die Flucht in die Schweiz.

Im Frühjahr 1943 geschah etwas, das damals kaum jemand für möglich hielt – ein Ereignis, das inzwischen durch den Film »Rosenstraße« eine größere Beachtung gefunden hat: In dieser Berliner Straße protestierten Hunderte von Frauen gegen die Verschleppung ihrer jüdischen Männer, die nach Auschwitz deportiert werden sollten. »Gebt uns unsere Männer zurück«, hallte es im Berliner Scheunenviertel unweit des Alexanderplatzes.

Vorausgegangen war eine Verfolgungsjagd mit dem Ziel, alle im Deutschen Reich noch verbliebenen Juden zu registrieren und dann in Sammeltransporten nach Auschwitz zu bringen. Auch in Berlin sollten in dieser »Schlussaktion« die letzten jüdischen Bürger abgeholt werden. Die meisten von ihnen schufteten als Zwangsarbeiter in Rüstungsbetrieben.

Fabrikaktion

Mit der so genannten »Fabrikaktion« verfolgte der Propagandaminister und Berliner Gauleiter Joseph Goebbels das ehrgeizige Ziel, Berlin bis Ende März 1943 »judenfrei« zu machen. Neben den »ungeschützen« sollten dabei auch die in Mischehen lebenden Juden erfasst und aus den Industriebetrieben entfernt werden.

Ingesamt gab es Anfang 1943 noch etwa 10 000 Juden in der Reichshauptstadt, davon lebten über 1000 in so genannten »Mischehen«, das heißt, sie waren mit nichtjüdischen Frauen verheiratet. Diese Männer wurden in einem Gebäude an der Rosenstraße 2–4, das der Jüdischen Gemeinde gehört hatte, festgehalten.

Eine Woche lang kämpften die Frauen, ohne dass die Polizei einschritt. Wie aus den Tagebüchern von Reichsminister Goebbels hervorgeht, wusste das Regime zunächst nicht, wie es auf diese Herausforderung reagieren sollte. Und dann passierte das Überraschende: Die NS-Führung gab nach und ließ die Männer frei. Die meisten von ihnen dürften den Krieg überlebt haben.

»Der Protest war ein einmaliges und beispielloses Ereignis in der Geschichte des Dritten Reiches. Aus Solidarität mit ihren Nächsten hatten Angehörige der gefährdetsten und schwächsten Gruppe der Bevölkerung es gewagt, ihren Protest in den Formen öffentlichen Ungehorsams auszudrücken. Das war offener Widerstand gegen den nationalsozialistischen Staat.« So beschreibt der Historiker Wolfgang Benz den Protest der Frauen in der Rosenstraße.

Die Frauen aus der Rosenstraße waren nicht die einzigen, die sich mutig und mit hohem persönlichen Risiko gegen die NS-Diktatur zur Wehr setzten. Zu ihnen gehörte auch Cato Bontjes van Beek.

Cato Bontjes van Beek stammte aus dem Malerdorf Fischerhude bei Bremen. Ihr Vater Jan hatte niederländische Vorfahren und war einer der bekanntesten Keramiker in Deutschland; ihre Mutter Olga unternahm als Tänzerin in den 1920er Jahren Tourneen durch Deutschland und Europa, bis sie später als Malerin viel bewunderte Porträts, Stillleben und Landschaftsbilder schuf.

Cato Bontjes van Beek kam in Berlin mit der »Roten Kapelle« in Kontakt. Nach der Scheidung der Eltern im Jahre 1933 hatte ihr Vater in der Jungfernheide eine neue Keramikwerkstatt aufgebaut; dort begann die Tochter eine Lehre. In der Wohnung ihres Vaters lernte sie

Libertas Schulze-Boysen kennen, die Frau des Luftwaffenoffiziers Harro Schulze-Boysen, der neben Arvid Harnack der eigentliche Kopf der Berliner Gruppe war.

Diesem Widerstandskreis gehörten Menschen ganz unterschiedlicher Herkunft und mit zum Teil gegensätzlichen politischen Überzeugungen an. Was Offiziere, Beamte, Künstler, Intellektuelle und Arbeiter zusammenbrachte, war der Widerstand gegen Hitler und den Nationalsozialismus. Sie organisierten Hilfe für Verfolgte, dokumentierten die Verbrechen des NS-Regimes und brachten Flugblätter in Umlauf. Cato und ihr Freund, der Lyriker Heinz Strelow, halfen, Flugschriften zu entwerfen und zu verteilen.

Im Frühjahr 1941 warnten Harro Schulze-Boysen und Arvid Harnack sowjetische Stellen vor den Angriffsplänen Deutschlands gegen die UdSSR.

Ein von der deutschen Abwehr abgefangener und entschlüsselter Funkspruch führte im Herbst 1943 zur Zerschlagung der Gruppe. Über 100 Anhänger wurden verhaftet, 92 vom Reichskriegsgericht und vom Volksgerichtshof angeklagt und 49 zum Tode verurteilt und hingerichtet. Eine von insgesamt 19 ermordeten Frauen war Cato Bontjes van Beek.

Im Urteilsspruch vom 18. Januar 1943 war ihr »Beihilfe zur Vorbereitung des Hochverrats« zur Last gelegt worden. Bis zur Hinrichtung am 5. August 1943 verbrachte sie fast zehn Monate in verschiedenen Berliner Gefängnissen. Wie Sophie Scholl ging die Zweiundzwanzigjährige ruhig und mit bewundernswertem Mut aufs Schafott in Berlin-Plötzensee. Die Parallelen zwischen beiden Frauen waren auffällig – beide waren künstlerisch begabt, beide konnten sehr gefühlvoll sein und besaßen einen scharfen Verstand. Beide liebten die Natur fast überschwänglich und schwärmten in Briefen und Tagebuchaufzeichnungen von den ihnen vertrauten Landschaften.

Fast jedes Schulkind und fast jeder Erwachsene kennt die Namen Sophie Scholl und »Weiße Rose«. Warum kennt kaum jemand Cato Bontjes van Beek? Cato Bontjes van Beek wurde, wie andere Anhänger der Roten Kapelle Berlin, nicht nur ein Opfer des Nationalsozialismus, sie wurde nach 1945 auch ein Opfer des Kalten Krieges, was die Erinnerung an ihren Widerstand angeht. Die DDR vereinnahmte die Rote Kapelle als heldenhafte kommunistische Widerstandsgruppe – »Kundschafter des Friedens unter dem Einsatzbefehl der ruhmreichen Sowjetunion«, wie die SED-Führung in Berlin der Öffentlichkeit weismachen wollte, waren die Anhänger der Gruppe aber keinesfalls gewesen.

Und in der Bundesrepublik reichte vielen offenbar schon die von der NS-Spionageabwehr und der Gestapo für die Fahndung eingeführte Bezeichnung »Rote Kapelle«, um diesen Teil des deutschen Widerstandes kaum zu beachten oder – wie Anfang der sechziger Jahre geschehen – als »kommunistisch« zu diffamieren. Durch diese »doppelt verzerrte Wahrnehmung« hatte die Berliner Gruppe nach dem Krieg keine Chance, als legitimer Widerstand gesehen zu werden.

Erst mit der Wiedervereinigung Deutschlands wurde der Weg frei für eine Betrachtung ohne Vorurteile und ideologische Einengung. So hat der Leiter der Gedenkstätte Deutscher Widerstand in Berlin, Johannes Tuchel, seit Beginn der neunziger Jahre neue Dokumente zur Geschichte der »Roten Kapelle« ausgewertet und veröffentlicht. Damit trägt die Gedenkstätte zu einem neuen, historisch gerechten Bild dieser Gruppe bei.

Durch mutige, ja verwegene Aktionen konnten viele Menschen gerettet werden, auch die österreichische Widerstandskämpferin Régine Krochmal, die während der nationalsozialistischen Besetzung in Belgien lebte. Am 19. April 1943 sollte sie mit 1900 anderen Juden per Zug aus dem belgischen Sammellager Mechelen nach Auschwitz transportiert werden. Drei junge belgische Widerstandskämpfer brachten den Todeszug zum Stehen, um die Juden zu befreien – »ein in der Geschichte des Holocaust einzigartiges Ereignis«, wie die Autorin Marion Schreiber in ihrem Buch »Stille Rebellen – Der Überfall auf den 20. Deportationszug nach Auschwitz« schreibt: »Alle, die dem Todeszug nach Auschwitz entkamen, konnten auf die Hilfe der belgischen Bevölkerung rechnen. Niemand wurde verraten. L'honneur des Belges, die Ehre der Belgier.« 231 Menschen konnten so gerettet werden, auch Régine Krochmal.

Ich habe Régine Krochmal vor einiger Zeit kennen gelernt, als ich in Brüssel mein Buch »Cato Bontjes van Beek – Ich habe nicht um mein Leben gebettelt« vorstellte. Am Ende der Lesung kam sie nach vorn. Sie hatte noch nie ein Wort über Cato Bontjes van Beek gehört, war gerührt und tief bewegt von der Lebensgeschichte dieser Frau und umarmte mich. Einer Freundin gestand sie später, zum ersten Mal seit Kriegsende habe sie einen Deutschen in ihre Arme genommen.

Auf die Ehre der Belgier lässt auch Paul Spiegel nichts kommen, der Vorsitzende des Zentralrates der Juden in Deutschland. Als Kind lebte Spiegel dreieinhalb Jahre im Versteck eines belgischen Bauernhofes, das die Eltern für ihn ausgesucht hatten. Vorher war seine dreizehn Jahre alte Schwester von der Gestapo verschleppt worden. Ein Mann in Zivil hatte sie bei der Ausgabe von Lebensmittelkarten angesprochen – ob sie Jüdin sei. Sie wurde nach Auschwitz deportiert, ihre Familie sah sie nie wieder. So wie Spiegel überlebten mehr als 4000 Kinder unter falscher Identität in Familien, Internaten, Klöstern und Heimen den Holocaust. »Sechzig Prozent der damals 60 000 in Belgien lebenden Juden wurden nicht deportiert, weil sie sich mit Hilfe von Nachbarn, Freunden und Unbekannten dem Zugriff der deutschen Rassefanatiker entziehen konnten.«

Die Beschäftigung mit dem Widerstand im Dritten Reich führt immer wieder zu Menschen, die in einem entscheidenden Moment ihres Lebens das Richtige taten, die sich für die Seite der Menschlichkeit entschieden, statt sich in das System von Unterdrückung und Terror einbinden zu lassen. Das gilt auch für Hiltgunt Zassenhaus, eine gebürtige Hamburgerin, die nach dem Krieg im amerikanischen Baltimore als Ärztin arbeitete.

1938 – sie war 22 Jahre alt – bestand Hiltgunt Zassenhaus ihr Dolmetscher-Diplom und bekam eine Beschäftigung bei der Briefprüfstelle in Hamburg. Sie sollte die Post von jüdischen Häftlingen aus dem besetzten Polen und anderen Ländern kontrollieren – Briefe, in denen die Gefangenen um Lebensmittel, Kleidung und Medikamente baten, sollten aussortiert und vernichtet werden. Hiltgunt Zassenhaus tat jedoch das Gegenteil. Sie nahm einzelne Schreiben an sich und sorgte mit Hilfe eines Hamburger Schiffsmaklers dafür, dass sie an die richtigen Adressaten gelangten.

Weil sie das Vertrauen des zuständigen Staatsanwaltes besaß, wurde das Aufgabengebiet der jungen Dolmetscherin noch erweitert. Sie übernahm zusätzlich die Kontrolle der Post von skandinavischen Häftlingen und begleitete den Pfarrer bei seinen Gefangenenbesuchen. In den besetzten skandinavischen Ländern wie Dänemark und Norwegen hatten die Nationalsozialisten Angehörige der Intelligenz verhaftet und in Lager und Strafanstalten nach Norddeutschland verschleppt.

Bald sortierte Hiltgunt Zassenhaus Briefe von Professoren, Schriftstellern, Lehrern und Anwälten aus und dirigierte sie an die richtigen Empfänger. In überfüllten Zügen pendelte sie zwischen den verschiedenen Strafanstalten. Beim Weiterleiten von Briefen halfen ihr die skandinavische Seemannsmission in Hamburg und das schwedische Rote Kreuz. Um den Überblick über die vielen Gefangenen nicht zu verlieren, legte Hiltgunt Zassenhaus eine Kartei an, die bald weit über 1000 Namen umfasste.

Kurz vor Kriegsende sollten auf Befehl Hitlers alle politischen Gefangenen umgebracht werden. Hiltgunt Zassenhaus gab den Anstoß dafür, dass das schwedische Rote Kreuz mit Himmler die Freilassung der skandinavischen Häftlinge aushandelte. Ihre Kartei erwies sich dabei als äußerst wertvoll. Mit Hilfe dieser Namensdatei konnten trotz des Chaos, das überall herrschte, 1200 Häftlinge ausfindig gemacht und gerettet werden.

Im Frühjahr 1945 geriet Hiltgunt Zassenhaus selbst in Gefahr. Die Gestapo wollte sie vernehmen. Ihr blieb keine Wahl; sie musste untertauchen, bis der Terror der Nationalsozialisten ein Ende hatte. Danach gab es für die junge Frau nur ein Ziel: Übersiedlung in die USA, um dort endlich ihr Medizinstudium zu beenden. Nach Deutschland und Europa wollte sie nie wieder zurück – ein Vorsatz, dem sie einige wenige Male untreu wurde, zum Beispiel, als sie zwei der höchsten skandinavischen Auszeichnungen erhielt: den norwegischen St.-Olavs-Orden und den dänischen Danebrog-Orden.

Auf die Frage nach dem Motiv für ihr Handeln im Dritten Reich hat sie eine einfache Antwort: »Es war … menschlicher Anstand … Das Erste, was ich damals lernen musste, war: Du bist allein, wenn du gegen den Strom schwimmst. Und das Zweite: Jeder Mensch hat Möglichkeiten, Mut zu zeigen und Widerstand zu leisten. Seine Chancen sind nur begrenzt durch seine Angst und durch seinen Mangel an Initiative.«

Weltbekannt wurde schließlich auch der Frankfurter Unternehmer Oskar Schindler, der für seinen Betrieb in Schlesien jüdische Arbeitskräfte anforderte und sie so vor dem sicheren Tod in den nationalsozialistischen Vernichtungslagern rettete. Der amerikanische Regisseur Steven Spielberg hat die Geschichte 1992 unter dem Titel »Schindlers Liste« verfilmt und den Unternehmer damit posthum weltberühmt gemacht.

Ein ähnlicher Film könnte über Berthold Beitz gedreht werden, den früheren Bevollmächtigten der Firma Krupp. Beitz war in Galizien, als er im August 1942 Zeuge der ersten Massendeportationen von Juden in die Vernichtungslager wurde. Der Anblick dieser dem Tode geweihten Menschen schockierte ihn derart, dass er versuchte, möglichst viele zu retten.

Wie Schindler forderte Beitz Juden als Arbeitskräfte an, manchmal sogar Frauen und Kinder, was gegenüber den NS-Behörden nicht leicht zu begründen war. Gelegentlich hielt er selbst einen Zug an, um Menschen aus den Waggons zu holen. Seine Frau versteckte unterdessen zu Hause jüdische Kinder vor den Fahndern der SS.

Seine Haltung blieb der Gestapo nicht verborgen. Berthold Beitz wurde denunziert und entging nur knapp der Verhaftung. Seine Einberufung zur Wehrmacht 1944 zwang ihn, die Rettungsaktionen aufzugeben. Der Staat Israel ehrte ihn später mit dem Titel »Gerechter der Völker«.

Mehrheitlich haben die Generäle der Reichswehr, die 1935 mit der Einführung der allgemeinen Wehrpflicht in »Wehrmacht« umbenannt wurde, die Machtübernahme durch Hitler, die Zerstörung der Weimarer Demokratie und die Verfolgung von Juden begrüßt oder mindestens hingenommen. Selbst beim »Röhm-Putsch« 1934, bei dem die SA-Spitze liquidiert und zwei Generäle – Kurt von Schleicher und Ferdinand von Bredow – ermordet wurden, regte sich unter den Militärs kein nennenswerter Protest.

Die Annexion Österreichs und der Tschechoslowakei im Jahre 1938 stieß dagegen auf die Kritik einzelner Militärführer wie Generaloberst Ludwig Beck. Sein Versuch, Hitlers Kriegsvorbereitungen zu stoppen, scheiterte. Daraufhin zog sich Beck aus der Wehrmacht zurück und wurde zur wichtigsten Figur des militärischen Widerstandes in Deutschland.

Auch andere hohe Militärs waren entschlossen, Hitlers Kriegspläne zu durchkreuzen. Vor allem in der Abwehr, dem militärischen Nachrichtendienst, sammelte sich ein Kreis von Offizieren, die Anschläge gegen den Diktator planten, und zwar mit Billigung des Chefs der »Abwehr«, Admiral Wilhelm Canaris.

Das Münchener Abkommen von 1938, das Hitler den Zugriff auf das Sudetenland ermöglichte, bedeutete für den militärischen Widerstand einen herben Rückschlag. Die Umsturzpläne wurden ausgesetzt, da Großbritannien und Frankreich durch ihre Politik des Nachgebens (»Appeasement«) Hitler indirekt den Weg bahnten für seine aggressive Außenpolitik. Aber der Kontakt oppositioneller Offiziere zu zivilen Widerstandsgruppen wie dem »Kreisauer Kreis« blieb bestehen.

Canaris – Pflicht und Ehre

Der unaufhaltsame Aufstieg des legendären Admirals hatte in der kaiserlichen Marine begonnen und war auch durch die deutsche Niederlage im Ersten Weltkrieg – dessen Ende er als Kommandeur eines U-Bootes erlebte – nicht zu stoppen. Die »Schmach« der Kapitulation und sein Glaube an Deutschlands Größe ließen ihn die Weimarer Republik verachten. Demokratie oder gar Kommunismus waren dem Militaristen und Nationalisten suspekt. Diese Gegnerschaft verband ihn mit den Nationalsozialisten. 1935 übernahm er die Leitung des militärischen Geheimdienstes – Amt Ausland/Abwehr – des Oberkommandos der Wehrmacht. Aber mit Hitlers Kriegsplänen war er nicht einverstanden. Er fürchtete, sie würden Deutschlands Untergang herbeiführen. Seine Offizierserziehung verbot ihm jede aktive Mittäterschaft in den Kreisen des militärischen Widerstands, aber immerhin bot er den zum Handeln Entschlossenen Deckung. Nach dem gescheiterten Attentat vom 20. Juli 1944, an dem enge Mitarbeiter von Canaris beteiligt waren, wurde auch der Admiral verhaftet und im KZ Flossenbürg ermordet.

Zudem bildeten sich auch in anderen militärischen Dienststellen sowie an der Front Formationen von Soldaten und Offizieren, die entschlossen waren, dem Naziregime und damit dem Krieg ein Ende zu bereiten. Einer von ihnen, Henning von Tresckow, gehörte als Generalstabsoffizier zur Heeresgruppe Mitte. Von Tresckow wusste um die Gräueltaten an der Zivilbevölkerung beim Ostfeldzug und um den Massenmord von SS und Einsatzgruppen an Juden in Osteuropa. Diese Verbrechen veranlassten ihn zum Widerstand.

Auch Claus Schenk Graf von Stauffenberg entschied sich unter dem Eindruck der Judenvernichtung und der Sinnlosigkeit des Krieges im September 1942 für den aktiven Widerstand. Im Frühjahr 1943 zog Stauffenberg sich beim Afrika-Feldzug schwere Verwundungen zu. Er verlor die rechte Hand – die linke blieb verstümmelt –, ferner das linke Auge.

Links: Generalstabsoffizier Henning von Tresckow
Rechts: Claus Schenk Graf von Stauffenberg galt als »Geschäftsführer des Widerstandes« im deutschen Offizierskorps.

Viele Monate verbrachte er im Lazarett, bis er im Allgemeinen Heeresamt des Oberkommandos des Heeres eine neue Stelle zugewiesen bekam. Sein Chef, General Friedrich Olbricht, ebenfalls ein Gegner des NS-Regimes, stellte die Verbindung zu Ludwig Beck her und zu Carl Goerdeler, ehemaliger Oberbürgermeister von Leipzig, der die Kriegsrüstung und die Judenverfolgung scharf verurteilte. Als die Nationalsozialisten im November 1934 das Denkmal für den jüdischen Komponisten Felix Mendelssohn Bartholdy in Leipzig demontierten, war Goerdeler vom Amt des Bürgermeisters zurückgetreten und hatte sich dem aktiven Widerstand angeschlossen. Stauffenberg setzte sich an die Spitze der Verschwörer. Anfang Juli 1944 entschied er, das Attentat selber auszuführen.

Vorher war Hitler schon einigen Anschlägen unversehrt entkommen. Bei einem Besuch der Heeresgruppe Mitte in Smolensk sollte er durch Schüsse aus nächster Nähe getötet werden. Er war jedoch von Offizieren umringt, und so unterblieb der Anschlag. In dem Flugzeug, mit dem Hitler nach dem Truppenbesuch den Rückflug antrat, hatte Oberst von Tresckow eine Bombe versteckt. Aber der Zünder versagte. Anfang 1944 wollten zwei junge Offiziere Hitler erschießen, als dieser in Berlin an einer Vorführung neuer Uniformen teilnehmen sollte. Doch er kam nicht. Wenige Wochen später versuchte der Ordonnanzoffizier von Generalfeldmarschall Ernst Busch, Rittmeister Breitenbach, Hitler bei einer Lagebesprechung zu töten. Entgegen der sonst üblichen Praxis erhielten Ordonnanzen dieses Mal keinen Zutritt. Kurze Zeit später bot sich eine neue Gelegenheit. Auf Hitlers Terminplan stand die Besichtigung von erbeutetem Kriegsmaterial im Berliner Zeughaus. Früher als geplant verließ der Diktator jedoch die Ausstellung, sodass die ins Gebäude geschmuggelte Bombe nicht gezündet wurde.

Als Hitler schon einmal davongekommen war

München, 8. November 1939: In dreißig Nächten hatte der schwäbische Schreiner Georg Elser im Pfeiler hinter dem Rednerpodium des Bürgerbräukellers eine Bombe installiert. Etwa 1500 Nazis der ersten Stunde hatten sich an diesem Ort versammelt – die »Alten Kämpfer«, um ihren »Führer« zu feiern. Als Hitler zu ihnen sprach, tickte hinter ihm die Bombe. Doch kurz bevor sie explodierte, hatte er den Bürgerbräukeller bereits wieder verlassen – früher als geplant, um einen Sonderzug zu erreichen. Noch bevor Hitler am Hauptbahnhof ankam, lag der Keller in Schutt und Asche; sieben Menschen kamen ums Leben. Zum gleichen Zeitpunkt war der Attentäter durch aberwitzige Umstände bereits verhaftet worden, als er bei Konstanz versuchte, unbemerkt in die Schweiz zu gelangen. Eine Postkarte des Bürgerbräukellers, die er bei sich trug, hatte das Misstrauen der Zöllner erregt. Sie überführten den »illegalen Grenzgänger« an die Gestapo nach München, wo er nach schweren Misshandlungen ein Geständnis ablegte. Erst am 9. April 1945 wurde Georg Elser im KZ Dachau hingerichtet. Bis dahin hatte die Gestapo in endlosen Verhören vergeblich nach den »Hintermännern« gesucht. Es gab sie nicht. Elser gehörte keiner politischen Gruppe an, sondern hatte für sich erkannt, dass Hitler nur mit Gewalt gestoppt werden konnte.

Am 20. Juli 1944 war alles für einen Machtwechsel vorbereitet – die Regierungserklärung lag vor, und auch die künftige Führung stand fest. Als Präsident war der zurückgetretene Generaloberst Ludwig Beck vorgesehen, Kanzler sollte Carl Goerdeler werden. Die zwischen den Verschwörern verabredete Operation »Walküre« verlief zunächst nach Plan. Stauffenberg traf am 20. Juli 1944 gegen Mittag im Führerhauptquartier »Wolfsschanze« bei Rastenburg in Ostpreußen ein. Hitler hatte zu einer militärischen Lagebesprechung eingeladen. Um einen Tisch versammelten sich zahlreiche Generäle und Offiziere. Kurz bevor Stauffenberg den Raum betrat, aktivierte er den Zünder. Dann deponierte er seine Aktentasche mit der Bombe in der Nähe von Hitler. Unter einem Vorwand entfernte er sich aus dem Raum. Draußen vernahm Stauffenberg die Detonation und machte sich in der Gewissheit, das Attentat sei erfolgreich verlaufen, mit dem Flugzeug wieder auf den Weg nach Berlin. Fünf von insgesamt 24 Anwesenden kamen ums Leben. Hitler erlitt nur leichte Verletzungen.

Die Rache des Regimes war grausam. Stauffenberg wurde mit General Olbricht und weiteren Verschwörern noch in der Nacht zum 21. Juli 1944 standrechtlich erschossen. Eine Verhaftungswelle, wie sie das Regime schon lange nicht mehr durchgeführt hatte, erfasste Tausende von NS-Gegnern. Auch viele Widerstandskämpfer der ehemaligen Abwehr, darunter Wilhelm Canaris, wurden verhaftet. Ein SS-Standgericht verurteilte den Admiral am 9. April 1945 im KZ Flossenbürg zum Tode durch den Strang. Für die Angehörigen der Attentäter, die in aller Regel von der Verschwörung keinerlei Kenntnis besaßen, galt »Sippenhaft«. Sie verschwanden in Gefängnissen, Konzentrationslagern, wurden gequält und gefoltert. Vor dem »Volksgerichtshof« begann eine Prozessserie, die bis zum Zusammenbruch des Regimes andauerte. Nach ihrer Verurteilung wurden zahlreiche Widerstandskämpfer in der Strafanstalt Berlin-Plötzensee erhängt.

»Sippenhaft«

galt nicht nur für die Angehörigen von Widerstandskämpfern, sondern auch für die Familien von Offizieren, die sich Hitlers Befehl widersetzten. Ingrid Wiedemann, Tochter von Walther von Seydlitz, der eigenmächtig den Befehl zur Kapitulation seines Armeekorps bei Stalingrad gegeben hatte, erzählte später: »Ich war 1944 zehn Jahre alt, als mein Vater in Abwesenheit zum Tode verurteilt wurde. Ich hielt mich zu der Zeit gerade in einem Kinderheim in Bayern auf. Die Gestapo holte mich dort ab und brachte mich in ein Gestapo-Kinderheim, in dem alle Kinder von Offizieren des 20. Juli festgehalten wurden. Meine beiden älteren Schwestern und meine Mutter kamen ins Gefängnis. Wir wussten nichts voneinander.«

Es stimmt, dass einige der Verschwörer wie Carl Goerdeler oder Ludwig Beck am Anfang mit dem NS-Regime konform gingen, die Kriegsziele Hitlers zunächst unterstützten und das Attentat vom 20. Juli 1944 erst im Angesicht einer unvermeidlichen militärischen Niederlage unternahmen. Aber wer will den Offizieren einen Lernprozess absprechen? Urteile aus Überheblichkeit und nachträglicher Besserwisserei verbieten sich. Die Motivation, die Henning von Tresckow für den Anschlag nannte, gilt für alle Verschwörer und verdient auch heute noch Anerkennung: »Das Attentat muss erfolgen, coûte que coûte. Sollte es nicht gelingen, so muss trotzdem in Berlin gehandelt werden. Denn es kommt nicht mehr auf den praktischen Zweck an, sondern darauf, dass die deutsche Widerstandsbewegung vor der Welt und vor der Geschichte den entscheidenden Wurf gewagt hat. Alles andere ist daneben gleichgültig.« Sie mag erst spät stattgefunden haben, die Verschwörung vom 20. Juli 1944 – aber die jungen Offiziere haben den Versuch eines Umsturzes gewagt, während die große Mehrheit der Nation und ihrer Eliten schwieg. Sie wie auch Carl von Ossietzky, die Anhänger der »Weißen Rose«, der »Roten Kapelle«, der Gruppe »Onkel Emil« und andere, die Widerstand geleistet haben, stehen, auch wenn sie in der Minderheit blieben, für das anständige Deutschland und für die demokratische Tradition, die selbst ein monströses Unrechtsregime wie der Nationalsozialismus nicht völlig unterbinden konnte.

Wehrkraftzersetzung

»Frau Ehrengard Frank-Schulz aus Berlin-Wilmersdorf bedauerte einer Rote-Kreuz-Schwester gegenüber, dass der Mordanschlag auf unseren Führer missglückte, und erfrechte sich zu der Behauptung, einige Jahre unter angelsächsischer Herrschaft seien besser als die ›gegenwärtige Gewaltherrschaft‹. Sie hat also gemeinsame Sache mit den Verrätern vom 20. Juli gemacht. Sie wird mit dem Tode bestraft.«

Urteil des Volksgerichtshofs vom 6. November 1944

Auch in den von Deutschland besetzten Länder haben sich Menschen mit dem Mut der Verzweiflung gegen die Fremdherrschaft zur Wehr gesetzt. Das gilt für die »Résistance« in Frankreich, die die Auslieferung französischer Juden an Deutschland durch die Regierung von Vichy bekämpfte und Verfolgten half, ins Ausland zu fliehen. Für ihren Kampf aus dem Untergrund zahlte die »Résistance« einen hohen Blutzoll. Über 20 000 Tote verzeichnete die Bewegung. Mehr als 60 000 ihrer Anhänger wurden nach Deutschland deportiert.

Einer der Deportierten war Stéphane Hessel, französischer Widerstandskämpfer, ein Mann mit einer ungewöhnlichen Lebensgeschichte. 1917 in Berlin geboren, dann Jugend in Paris, wo er 1937 die französische Staatsbürgerschaft annahm. Nach der Kapitulation Frankreichs schloss er sich in London General de Gaulle an, der von seinem Exil aus den Widerstand gegen die deutsche Besatzung organisierte. Freiwillig meldete Hessel sich für eine Spionagemission im besetzten Frankreich. Als illegaler Funker wollte er die Lage auskundschaften und nach London melden. Das Netz seiner Informanten war jedoch bald von Spitzeln durchsetzt. Am 10. Juli 1944 verhaftete ihn die Gestapo und ließ ihn nach Buchenwald deportieren.

Im KZ blieb Hessel von den meisten anderen Häftlingen getrennt. Die Art seiner Behandlung machte ihm klar, dass er auf einer Todesliste stand. Durch einen Identitätstausch, den sein Mithäftling Eugen Kogon organisierte, entging Stéphane Hessel nur knapp dem sicheren Tod. Unter dem Namen eines an Typhus gestorbenen Mithäftlings überlebte er das KZ Buchenwald.

Ein ähnliches Schicksal wie die »Résistance« erlebte der Widerstand in Polen. In der Sprache der Nationalsozialisten galten Polen als »Untermenschen«. Das Land sollte auf eine niedrige Entwicklungsstufe zurückgedrängt und umfassend »germanisiert« werden. Gestapo, SS und Sicherheitsdienst/SD bekamen den Auftrag, die intellektuelle und wirtschaftliche Elite Polens zu liquidieren, Juden in Ghettos zu sammeln, um sie dann in den Vernichtungslagern Auschwitz-Birkenau, Belzec, Sobibór und Treblinka, die wie Todesfabriken funktionierten, zu ermorden.

Der Widerstand, den die Polen gegen die barbarische Herrschaft der Deutschen leisteten, zeugt von einem bewundernswerten Mut und einem ungebrochenen Überlebenswillen. Bereits 1939 entstand eine Untergrundarmee, die sich zur größten militärischen Opposition dieser Art in Europa entwickelte. Die »Armia Krajowa« (»Armee im Lande«) umfasste 1941/42 bereits über 100 000 Mann, die bei ihren Operationen gegen die Besatzer auf die Unterstützung der Bevölkerung zählen konnten.

Auch in den Ghettos regte sich erbitterter Widerstand. Die jüdischen Bewohner – zu Zehntausenden in wenigen Gebäuden zusammengepfercht – erfuhren nach und nach, dass die Ghettos lediglich Zwischenstationen auf dem Weg in die Vernichtungslager waren. Doch ohne Gegenwehr wollten sie sich nicht abtransportieren lassen. Im Warschauer Ghetto hatte eine »Jüdische Kampforganisation« Waffen und Munition versteckt. Im April 1943 wurde das Zeichen zum Aufstand gegeben.

Fast vier Wochen lang behaupteten sich die Ghetto-Bewohner gegen die Übermacht der SS, die den bewaffneten Widerstand auf grausame Weise beendete. Haus für Haus wurde zerstört. Die überlebenden Ghetto-Bewohner wurden zusammengetrieben und anschließend ins Vernichtungslager Treblinka gebracht.

Treblinka

Fast 900 000 Menschen wurden in Treblinka ermordet, das Vernichtungslager für das Getto und den Distrikt Warschau, später auch für die Deportierten aus dem Lager Theresienstadt. Siebzig Gefangene konnten bei einem Aufstand im August 1943 entkommen.

Kaum eineinhalb Jahre später, im August 1944, begann der »Warschauer Aufstand«. Ziel war es, die Befreiung der polnischen Hauptstadt nicht allein der Roten Armee zu überlassen, die sich schon vor den Toren der Stadt formierte, sondern aus eigener Kraft dazu beizutragen. In der Erwartung, die in der Nähe gelegenen sowjetischen Truppen würden helfen, die Wehrmacht aus Warschau zu vertreiben, nahm die polnische Untergrundarmee den ungleichen Kampf gegen deutsche Panzer und Artillerie auf. Doch die Soldaten der Roten Armee machten am Ostufer der Weichsel Halt und warteten dort so lange, bis der Warschauer Aufstand grausam niedergeschlagen war und die polnische Hauptstadt in Schutt und Asche lag.

Stalin erlaubte nicht einmal britischen Flugzeugen, die Aufständischen mit Munition und Waffen zu versorgen. Über 150 000 Polen starben in diesem heldenhaften Kampf. Wer überlebte, wurde ins Vernichtungslager oder zur Zwangsarbeit in Deutschland abtransportiert.

Im besetzten Polen war es Generalgouverneur Hans Frank, der den Hass vieler auf sich gezogen hatte, weil er die SS und die Gestapo gegen die Zivilbevölkerung wüten ließ. In Weißrussland, damals »Weißruthenien« genannt, führte Wilhelm Kube als Generalkommissar ein brutales Regiment. Nach jeder Widerstandsaktion von Partisanen übte

Kube grausame Rache. In einem Fall ließ er 4000 Frauen, Kinder und Alte willkürlich auf der Straße festnehmen. Lastwagen brachten sie ins KZ Trostenez in der Nähe von Minsk, wo die Menschen erschossen wurden. Am 22. September 1943 starb Kube durch ein Attentat. Jelena Masanik, eine Gehilfin, die in seinem Haushalt tätig war und mit weißrussischen Partisanen in Verbindung stand, befestigte einen Sprengkörper unter dem Bett von Kube, der im Schlaf von der Bombe getötet wurde.

Neben derart spektakulären Aktionen gab es auch den leisen Widerstand, der oft erst nach dem Krieg bekannt wurde. So stellte der japanische Konsul Chiune Sugihara, der in Kaunas, der damaligen Hauptstadt von Litauen, seinen Dienst versah, Tausenden von jüdischen Flüchtlingen Transitvisa nach Japan aus und rettete ihnen damit das Leben. Sugihara handelte ausdrücklich gegen die Anweisungen des japanischen Außenministeriums, das ihn schließlich nach Tokio zurückbeorderte. Denn immerhin war Japan ein Verbündeter Deutschlands. Noch unmittelbar vor seiner Abreise soll der Diplomat auf dem Bahnhof von Kaunas Transitvisa ausgestellt haben. Gefragt nach seinem Motiv, antwortete der Japaner: »Aus Liebe zur Menschheit.«

Oder das Beispiel des schwedischen Diplomaten Raoul Wallenberg, der ab Sommer 1944 Zehntausenden von ungarischen Juden das Leben rettete. Diese erhielten schwedische »Schutzpässe« und wurden in Häusern untergebracht, die Wallenberg eigens für sie organisiert hatte. Die Sowjets, die im Dezember 1944 eine provisorische Regierung in Budapest einsetzten, beobachteten die aufwendigen Hilfsaktionen von Wallenberg mit Misstrauen. Sie konnten sich nicht vorstellen, dass jemand aus humanitären Gründen Juden vor der Vernichtung bewahrte. Also argwöhnten sie, der schwedische Diplomat sei ein Spion im Dienste der USA. Wallenberg wurde im Januar 1945 in das sowjetische Armeehauptquartier außerhalb von Budapest bestellt. Danach verliert sich seine Spur. Wahrscheinlich verschwand der Retter vieler Juden in einem sowjetischen Straflager. Sein Schicksal ist bis heute ungeklärt.

Zum eher lautlosen Widerstand zählt auch das Schicksal vieler Deserteure. Im Zweiten Weltkrieg haben Wehrmachtsrichter über 30 000 Todesurteile gefällt – erheblich mehr als der Volksgerichtshof und andere Sondergerichte. Über 20 000 dieser Urteile wurden vollstreckt. Nur etwa 4000 Deserteure überlebten den Krieg. Einer von ihnen ist der in

Hamburg geborene Ludwig Baumann. Während des Krieges war Baumann als Marinegefreiter in Bordeaux stationiert. Zusammen mit einem Freund desertierte er, um anschließend mit Hilfe französischer Hafenarbeiter nach Marokko zu fliehen. Noch in Frankreich wurde Baumann von einer deutschen Zollstreife verhaftet und anschließend vor ein Marinekriegsgericht gestellt. Tod durch Erschießen lautete das Urteil, das so begründet wurde: »Die Flucht vor der Fahne ist und bleibt das schimpflichste Verbrechen, das der deutsche Soldat begehen kann.«

Recht und Unrecht

Der Marinerichter Hans Filbinger hatte noch im Frühjahr 1945, wenige Wochen vor Ende des Krieges, ein Todesurteil gegen den Matrosen Walter Gröger erwirkt, weil dieser versucht hatte zu desertieren. Filbinger berief sich dabei auf eine Weisung des zuständigen »Gerichtsherrn«. Drei Wochen nach Kriegsende, am 29. Mai, stand der Gefreite Kurt Petzold vor einem deutschen Kriegsgericht. Er hatte nach der Kapitulation am 10. Mai einen Befehl verweigert: »Ihr habt jetzt ausgeschissen, ihr Nazihunde.« Der Marinerichter Filbinger verurteilte ihn wegen Gehorsamsverweigerung und Widersetzung zu sechs Monaten Gefängnis. 1978 musste Filbinger von seinem Amt als baden-württembergischer Ministerpräsident zurücktreten – er selbst stellte sich auf den Standpunkt: »Was damals Recht war«, so sagte er, »kann heute kein Unrecht sein.« Filbinger war kein Einzelfall.

Hans Globke, unter Konrad Adenauer 1953 zum Staatssekretär im Bundeskanzleramt aufgestiegen, hatte mitgearbeitet an Entwürfen zur »Erbgesundheit« und zum »Blutschutz«. Adenauer hielt an ihm trotz heftiger Proteste fest.

Der Luftfahrtmediziner Hubertus Strughold, der für Görings Luftfahrtministerium arbeitete, wusste von Experimenten an Häftlingen aus dem KZ Dachau, deren Verhalten bei Unterdruck er in einem Lehrfilm des Ministeriums beschrieb. Für viele Häftlinge endeten diese Menschenversuche tödlich. Strughold machte bei der US-Air Force Karriere.

Aber solche Fälle gab es nicht nur in der Bundesrepublik oder bei den Amerikanern. Wer ihnen nützlich erschien, den holten auch die Sowjets aus den Internierungslagern, und auch in der DDR machten manche Alt-Nazis Karriere.

Mit Hilfe von Kontakten zu Großadmiral Erich Raeder schaffte es sein Vater, dass das Todesurteil in eine Zuchthausstrafe umgewandelt wurde. Bei Kriegsende kämpfte Baumann in einem Strafbataillon in Weißrussland. Nach 1945 musste er weiter dafür büßen, dass er desertiert war. Erst 2002 hob der Deutsche Bundestag alle NS-Urteile wegen Fahnenflucht auf. Ludwig Baumann ist seitdem nicht mehr vorbestraft.

Viele Geschichten, die von Mut, Zivilcourage und Mitmenschlichkeit handeln, sind inzwischen vergessen. Andere wurden Teil der »Erinnerungskultur« – ein Begriff, der gelegentlich mit einem abschätzigen Unterton daherkommt. Steht ein ganzes Volk im Bann der Vergangenheit, unfähig, sich daraus zu lösen? Ich denke nicht. Vielmehr geschah und geschieht das selbstverständlich Notwendige – nach den letztlich nicht wirklich begreifbaren ungeheuren Verbrechen des Nationalsozialismus.

Es geht um die Aneignung der eigenen Geschichte, der nach 1945 so oft verdrängten und totgeschwiegenen deutschen Geschichte in der ersten Hälfte des vergangenen Jahrhunderts.

»Der Stellvertreter«

Dieses umstrittene Theaterstück von Rolf Hochhuth löste in den 1960er Jahren einen Skandal aus. Welche Mitschuld, welche Mitverantwortung an den nationalsozialistischen Verbrechen tragen jene, die sie schweigend geduldet oder, mehr noch, um des eigenen Vorteils willen gebilligt haben? Solchen Fragen ging Hochhuth nach und beleuchtete die unrühmliche Rolle, die der Vatikan wie die römisch-katholische Kirche insgesamt bei der Ermordung der europäischen Juden durch die Nazis gespielt haben. Auf zahlreiche Dokumente gestützt, schildert das Stück eine Auseinandersetzung zwischen Papst Pius XII. und dem Jesuitenpater Ricardo. Der berichtet dem Papst aus eigener Anschauung über die Geschehnisse in den Konzentrationslagern und fordert ein entschlossenes Eingreifen der Kirche. Aber der Papst weigert sich, weil er die Interessen der Kirche höher bewertet als die Menschenwürde der verfolgten Juden. Der Jesuitenpater entscheidet sich daraufhin im KZ für den Sühnetod, weil »seine« Kirche nicht nur zu den Verbrechen schweigt, sondern sie aus Machtkalkül sogar billigend in Kauf nimmt und sich somit von den Nazis vereinnahmen lässt.

Und dabei gibt es, so seltsam es klingen mag, Erfolgserlebnisse. Das Emsland beispielsweise, meine Heimat, pflegt heute einen sehr lebendigen Umgang mit den Geschehnissen im Dritten Reich. In Papenburg führt ein allgemein anerkanntes und offiziell unterstütztes Dokumentations- und Informationszentrum Emsland-Lager/DIZ nicht nur die ehemaligen Häftlinge, die »Moorsoldaten«, zusammen, sondern auch Schulklassen und Jugendliche aus Orten diesseits und jenseits der deutsch-niederländischen Grenze.

Das DIZ ist ein aktiver Treffpunkt, wo es nicht um »Trauerarbeit« im Sinne von Margarete und Alexander Mitscherlich geht, sondern um das Wissen um die Vergangenheit als notwendige Voraussetzung für die Gegenwart und Zukunft, die eine europäische sein soll, auch damit ein Rückfall in die Barbarei unmöglich wird.

Hartmut von Hentig **1945** **Das Jahr der Befreiung**

Am Abend vor Ostern: Siebenhundert Fahnenjunker – einer von ihnen bin ich – hocken in ihren von Kanonenöfen überhitzten Stuben. Je acht sind in einem der beschlagnahmten niedrigen Bauernhäuser untergebracht, die um das Hauptquartier der Offiziersschule Wischau in den böhmischen Bergwäldern verstreut liegen. Sie werkeln an der ihnen heute ausgelieferten funkelnagelneuen Kluft: Die Mützen bekommen einen gewissen Knick rechts und links vom Hoheitsabzeichen; die ihnen kunstvoll angeschneiderten Röcke müssen unbedingt kürzer werden; dazu wiederum müssen die Taschen weiter nach oben rutschen, aber so, dass das Koppel noch auf Taille sitzt. »Knaben bleiben Knaben.« Auch mit zwanzig, auch im April 1945, auch ohne irgendein Publikum sind sie einerseits stolz auf *die* Uniform und legen andererseits Wert auf die »persönliche Note«.

Einer röstet Brot auf dem Ofen. Bevor er es mit Senf, der »Fahnenjunkerbutter«, beschmiert, holt ein anderer einen Kochgeschirrdeckel mit richtiger Butter aus seinem Spind. Er hat sie bei einer tschechischen Bäuerin gegen eine lange feldgrüne Unterhose eingetauscht. »Leute, es wird Frühling, und der Endsieg steht sicher bevor. Da wird doch die Wehrmacht auf ein Stück Spinnstoff verzichten können!« Die Stimmung ist zynisch und laut. Einer reißt das Fenster auf. Von Mährisch-Ostrau her hört man die Kanonen.

Morgen Vormittag werden sie alle gemeinsam zu Leutnants gemacht – nicht erst, wie geplant, zu Hitlers Geburtstag –, und übermorgen sollen sie in einen Zug verladen werden. Irgendein vernünftiger Mensch im Oberkommando des Heeres (OKH) muss beschlossen haben, diese siebenhundert Männer nicht in letzter Minute sinnlos zu opfern. Kein böhmisches Langemark!

Wohin unsere Reise gehen wird, weiß keiner. Man wird also vorerst zusammenbleiben – als so genannte »Führerreserve« des OKH. Das befindet sich in Berlin – noch. Morgens um vier, bei völliger Dunkelheit Abmarsch zu dem auf offenem Gleis bereitgestellten Güterzug: Viehwagen mit je zwei Strohballen darin und schlecht schließenden Schiebetüren. Nicht nur die Nächte sind kalt – wohl dem, der seine lange Unterhose noch hat!

Unterwegs ist die Verpflegung regelmäßig und reichlich. Weiß der Teufel, wie sie das in der allgemeinen Führungslosigkeit hinkriegen! Überall Rotkreuz-Schwestern, Fahrdienstleiter, Proviantlager, Zahlmeister mit Quittungsformularen. Am Himmel die feindlichen Bomber in gewaltigen Geschwadern hoch über dem Piff-Paff-Puff der deutschen Flak. Hier unten das bestverwaltete Chaos der Kriegsgeschichte. Die Amerikaner sind tief ins Ruhrgebiet vorgedrungen, die Russen setzen zum Angriff auf die Reichshauptstadt an – und auf der Strecke von Brünn nach Berlin erhalten siebenhundert dort nicht vorgesehene Leutnants die täglich vorgesehene Zigarettenration!

Als sie nach vier Tagen am Schlesischen Bahnhof ankommen, hat sich das OKH schon nach Bayern abgesetzt. Da die Gleise in der Innenstadt zerstört sind, werden sie auf LKWs vom Osten zu einer Verladestelle im Südwesten gefahren. Es ist Abend, aber noch hell genug, um die deutschen Soldaten auszumachen, die von Sonderkommandos aufgegriffen, als Deserteure erschossen und an den Laternenmasten der Frankfurter Allee aufgehängt worden sind.

In der folgenden Nacht springen etliche von uns in der Nähe ihrer jeweiligen Heimat ab. Keiner versucht, einen Kameraden daran zu hindern. Das ist jetzt nicht mehr »Fahnenflucht«, ein gewissenloses Sich-in-die-Büsche-Schlagen, während die anderen ihr Leben fürs Vaterland und füreinander einsetzen, es ist die schadlose Vorwegnahme der Demobilisierung, der Auflösung der Streitkräfte.

Wenn schon die jungen Herrn Offiziere so denken, wie erst der »gemeine Soldat«! Ja, als im Sommer 1944 die V1- und V2-Fernraketen auf England abgeschossen wurden, auch noch, als im Herbst der Vormarsch der Alliierten in Frankreich zum Stillstand kam und gleich darauf eine große deutsche Gegenoffensive gestartet wurde, vollends als am 12. April 1945 der Präsident der Vereinigten Staaten von Amerika, Franklin Delano Roosevelt starb – da hat man sich gern den irrationalen Hoffnungen überlassen: auf irgendwann geweissagte wundersame

Operation »Paperclip«

Anfang Mai trafen amerikanische GIs in Oberammergau auf die Konstrukteure der V1- und V2-Raketen, Hitlers legendenumwobene Vergeltungswaffen. Im Harz stieß eine amerikanische Panzerbrigade auf das gigantische Tunnellabyrinth »Mittelwerke«, eine unterirdische Waffenfabrik, in der 40 000 Zwangsarbeiter beschäftigt waren. Die Amerikaner erbeuteten Kampfflugzeuge, Triebwerke und 100 V2-Raketen, tonnenweise Baupläne und eine zentrale Adressenkartei. Kurz danach fiel dieses Gebiet an die Sowjets.

120 deutsche Spezialisten wurden, schwer bewacht, in ein Hotel nach Bad Kissingen gebracht. Den Franzosen gelang es, an der amerikanischen Bewachung vorbei, einige davon abzuwerben. Als der russische Geheimdienst Wernher von Braun, dem führenden Kopf unter den deutschen Forschern, über das Küchenpersonal ein Angebot zuspielte, war der schon vergeben. Er und 1600 deutsche Forscher wurden bei die »Operation Paperclip« in die USA geholt – das Wettrennen um die deutschen Wissenschaftler, deren Spezialwissen man nutzen wollte, hatte begonnen.

3. Mai 1945. Oberammergau. Ein Spezialkommando der US-Army hat die deutschen Raketenspezialisten um Wernher von Braun (mit Gipsarm) aufgespürt und gefangen genommen.

Wendungen des Krieges, auf neue Geheimwaffen, auf den schon hier und da gesichteten Düsenjäger 262 von Messerschmitt, der 200 Stundenkilometer schneller fliegt als das schnellste Jagdflugzeug der USA – der würde den Feind erst vom Himmel, dann vom Erdboden fegen.

Sputnik

Die Sowjets versuchten, die »Mittelwerke« wieder in Gang zu setzen. Wenige Wochen später war der erste Nachbau der V2 fertig. Im Oktober 1947 verlagerten die Russen die Produktion in die Sowjetunion, die deutschen Forscher mussten mit. Die Raketenwerke wurden demontiert ebenso wie die Zeiss-Fabriken und »Junkers Flugzeugwerke«.

In einem deutsch-deutschen Wettrennen forschten die Techniker in der UdSSR mit den amerikanischen Konkurrenten um die Wette. 1952 durften die Deutschen heimkehren. Sie hinterließen Baupläne für Raketen, darunter auch den Vorläufer für jene Rakete, die 1957 den ersten Sputnik-Satelliten und 1961 den ersten Menschen in den Weltraum trug. 1969 landete Apollo 11 auf dem Mond – hochgeschossen von einer Rakete, die Wernher von Braun und seine Ingenieure konstruiert hatten.

Jetzt wollen nur noch die »durchhalten«, die wissen, dass sie nicht davonkommen werden, die Nach-uns-die-Sintflut-Elite-Einheiten der Waffen-SS, die Division »Adolf Hitler«, die »Leibstandarte Hermann Göring«. Sie haben von den nun nicht mehr siebenhundert Leutnants gehört, kommen und werben mit »großem Auftrag«, »voller Kampfkraft«, »höchsten Auszeichnungen«.

Man muss schon recht dumm sein, wenn man jetzt noch auf solche Angebote eingeht. Einige tun es. Mein Kumpel sagt »nein«, dreht sich um und geht. Ich folge ihm.

Man muss wohl auch dumm sein, wenn man für möglich hält, die »Russische Befreiungsarmee«, von General Wlassow aus russischen Gefangenen gebildet, oder die von Hitler mehr erdachte als tatsächlich existierende Armee Wenck werde den Zusammenbruch aufhalten oder gar der von Hitler im September ins Leben gerufene »Volkssturm« – Jungen von 16, alte Männer bis zu 60, deren Anblick die Trostlosigkeit der Lage auch dem offenbart, der sie sonst nicht wahrhaben will.

Sträflich dumm schließlich ist der, der dem schlauen Geraune glaubt, schon längst verhandelten die westlichen Alliierten mit der deutschen Heeresführung über einen gemeinsamen Kampf gegen die Rote Armee.

Schüler, die sich noch in der letzten Phase des Kampfes als »Kriegsfreiwillige« an die Front melden. Sie sind meist kaum ausgebildet und schlecht bewaffnet.

Wlassow-Armee

General Andrei Wlassow, der große militärische Erfolge gegen die Deutschen bei Kiew und Moskau erzielt hatte, stellte sich, nachdem er in Kriegsgefangenschaft geraten war, in den Dienst der deutschen Propaganda. Er wollte eine russische Armee aufstellen, um an der Seite der Deutschen gegen Stalin zu kämpfen. Wlassows Vorhaben wurde von zahlreichen deutschen Offizieren unterstützt, aber Hitler lehnte ab. Erst im November 1944 durfte der russische General militärische Kampfeinheiten aus Kriegsgefangenen und Ostarbeitern aufstellen. Nach Kriegsende lieferten die Amerikaner ihn an die Sowjetunion aus.

Unwillkürlich gehen die Gedanken zu dem Kameraden, der in Wischau denunziert und degradiert, dann wahrscheinlich in eine Strafkompanie gesteckt worden ist, wo er seine »verlorene Ehre« mit dem Tod wiedergewinnen kann. Er hat beim Gewehrreinigen erklärt, er werde den am Ostervormittag erneut zu sprechenden Eid auf den Führer nicht mitsprechen: Einem treulosen Führer könne man nicht Treue schwören. Hitler habe sein Volk und seine auf ihn vereidigten Soldaten belogen und also verraten. »Ihr seht's doch: Monatelang üben wir hier, wie man angreift. Dabei gehen unsere Truppen seit zwei Jahren an allen Fronten nur zurück.« Als man diesen Kameraden abführte, ist keiner von uns aus dem Glied getreten und ihm gefolgt.

In Augsburg werden wir am Morgen ausgeladen in der Nähe eines Feldes, auf dem Hunderte von Me 262 stehen. Sie können nicht aufsteigen, weil es kein Benzin mehr gibt. Einige von uns, die es gelernt haben, werden anderntags zur Sprengung abkommandiert.

Ich tausche derweil bei den Gebirgsjägern, in deren Kasernen wir untergebracht sind, meine eitle Ausgeh-Ausstattung gegen eine feldtaugliche aus: Windjacke statt »Generalstabsmantel«, Schnürstiefel statt Schaftstiefel, Zeltbahn, Kochgeschirr, Rucksack statt Gasmaske. Mein Mantel reist per Post nach Hause – und kommt an! Zusammen mit dem Kameraden erhalte ich den ersehnten Marschbefehl. Er lautet auf »Stadtkommandant Ingolstadt«, wohin wir gemächlich marschieren – auf Feldwegen: Es erwartet uns dort ja doch keiner.

In diesen Tagen nehmen die Sieger täglich Hunderttausende deutscher Soldaten gefangen. Sie errichten in fabelhafter Schnelligkeit riesige Lager auf offenem Feld: Je 100 Meter im Quadrat von 3 Meter hohem Stacheldraht umgeben nehmen 1000 Mann auf. Zwischen den einzelnen »stockades«/Pferchen sind Fahrbahnen für patrouillierende Jeeps und die Camions freigelassen, die Wasser und die Lebensmittelration heranschaffen. Die Verwaltung der Einheiten legen die Amerikaner in die Hand der Insassen; dafür gibt es ein Stabszelt. Alle anderen campieren unter freiem Himmel – wohl dem, der eine Zeltbahn hat!

An dem Abend Anfang Mai 1945, an dem ich mich amerikanischen Soldaten ergebe, trete ich aus der Welt der Unfreiheit in die Welt der Freiheit ein. Stacheldraht, Lagerordnung, zehn Quadratmeter Bewegungsraum pro Person (abzüglich Appellplatz, Küche, Latrine) widersprechen dem nicht. Freiheit ist zuallererst Freiheit von Widersinn und Angst. »Die Verdunkelung ist aufgehoben« – diese öffentliche Verlautbarung spricht mein neues Lebensgefühl aus. Die Freiheit ist sodann die Chance, an Menschlichkeit und Recht zu appellieren – bei jedermann; überall ist gleichsam die Menschheit zugegen:

Als die Amis mich festnahmen und auf Waffen untersuchten, aber meine Uhr begehrten und ich – die Hände an der Wand – »the Hague

April 1945. In einem Camp auf den Rheinwiesen sind Zehntausende deutscher Kriegsgefangener unter offenem Himmel zusammengepfercht. Die Alliierten sind nicht darauf vorbereitet, so viele Gefangene unterzubringen und zu versorgen, von denen Tausende an Entkräftung und Epidemien sterben.

and the Geneva Conventions« beschwor, höhnten die GIs zurück: »What about Dachau und Bergen-Belsen and Auschwitz?« Aber dann bremste ein Jeep neben dieser Szene, ein Offizier stieg aus, bat um Entschuldigung für seine siegestrunkenen Soldaten. Ob ich Waffen habe? – Nein. – Auch kein Taschenmesser? – Doch. Es war um einen Zoll zu lang, um nicht als »Dolch« zu gelten. Er steckte es in eine Mauerritze, brach es an der kritischen Stelle ab und reichte mir den Rest zurück. Recht schafft Aussicht auf Freiheit.

In unserem »stockade« befinden sich 1000 Offiziere, vom Leutnant bis zum Oberst. Keiner hat Befehlsgewalt über den anderen. Jeder hat so viel Geltung, wie er sich durch Klugheit und Anstand verschafft, oder so wenig, wie ihm sein würdeloses Verhalten übrig lässt. Wer bis zum Bauch in den Mülltonnen neben den Kochkesseln hängt, um seinen Hunger zu stillen, oder wer sein Ritterkreuz über den Zaun wirft, um von den Wachsoldaten eine Zigarette zurückzubekommen, verliert die Achtung der anderen; wer seinen Kameraden einen Kurs in Englisch oder Russisch erteilt oder aus Konservenbüchsen solide Taschensonnenuhren konstruiert, der gewinnt Achtung. Vollends, wer mit anderen teilt.

Haager Landkriegsordnung und Genfer Konvention

Als der Schweizer Henry Dunant 1859 in Italien sah, wie 40 000 Verwundete – Franzosen, Italiener und Österreicher – unversorgt auf dem Schlachtfeld bei Solferino zurückblieben, forderte er die Gründung von Hilfsgesellschaften, die im Falle eines Krieges *alle* Verwundeten versorgen sollten und deren Neutralität von den kriegsführenden Parteien respektiert werden musste. 1864 wurde die »Genfer Konvention zur Verbesserung des Schicksals der verwundeten Soldaten der Armeen im Felde« von zwölf Regierungen unterzeichnet. Als Kennzeichen der Hilfsgesellschaften wurde das rote Kreuz auf weißem Grund gewählt.

1907 einigten sich 44 Staaten sich auf ein Abkommen, das die »Ordnung der Gesetze und Gebräuche des Landkriegs« regelt. Danach muss zwischen der bewaffneten Macht und Zivilbevölkerung unterschieden werden, zwischen Kämpfenden und Nichtkämpfenden. Beide haben im Fall der Gefangenennahme Anspruch darauf, als Kriegsgefangene zu gelten, die »mit Menschlichkeit« behandelt und »nach dem Friedensschlusse binnen kürzester Frist in ihre Heimat entlassen werden« müssen.

Ich treffe einen Mann, den ich von früher kenne – und nur ich. Er ist der ehemalige Chefredakteur von Joseph Goebbels' Wochenzeitschrift »Das Reich«. Während wir stundenlang auf der Lagerstraße im Kreis durch den Lehm stapfen, erzählt er mir, wie ihn als Achtzehnjährigen der Ehrgeiz packte, den Nationalsozialismus »richtiger« zu denken, als dieser es selber tat: ohne die Ressentiments, die intellektuelle und moralische Borniertheit, die albernen Volks- und Rassenideologien. »Jung und eitel, wie ich war, habe ich mir eingebildet, die Machthaber würden mir folgen, wenn ich sie zu Autoren meiner Gedanken machte. Stattdessen haben sie mich zum Komplizen ihrer Untaten gemacht. Ich habe mich schließlich vor zwei Jahren unter Berufung auf mein patriotisches Gewissen als Kriegsberichterstatter an die Front gemeldet.

Man hat das angenommen.« »Schämen Sie sich für Ihr Verhalten?« »Ich schäme mich dafür, dass ich zu so viel Lüge geschwiegen habe, obwohl ich die Wahrheit wusste.«

Dieser Mann erzählt mir, was wir im Gedröhn des Krieges und der Propaganda, in der gewollten Gedankenlosigkeit unseres Soldatentums nicht wahrgenommen haben: die über uns richtende Weltgeschichte.

Kapitulation – Ereignisse und Absichten

Natürlich haben wir von Casablanca gehört – von der Vereinbarung zwischen dem Präsidenten der USA Roosevelt und dem britischen Premier Churchill, nur eine »bedingungslose« Unterwerfung der Achsenmächte Deutschland, Italien und Japan anzunehmen. Diese Forderung der Alliierten hat Hitler ja eifrig dazu benutzt, das deutsche Volk im »Kampf bis zum Äußersten« zusammenzuschweißen. »›Bedingungslos‹ heißt: Wer sich ergibt, hat keine Rechte mehr. Mit dem kann man alles machen – und wird es auch«, so hat es uns die Nazi-Propaganda vorbuchstabiert. Das ließ sich gut mit dem im September 1944 vorgelegten Plan des Finanzministers der USA, Henry Morgenthau, reimen. Der sah vor, Deutschland nach seiner Niederlage sämtlicher Industrieanlagen zu berauben, es in ein für seine Nachbarn ungefährliches »Bauernland« zu verwandeln. In der Übersetzung der Nazis lautete das: »Wer uns im 20. Jahrhundert zu Fellachen machen will, will uns vernichten.«

Mein Chefredakteur, dem bis zuletzt auch die »Feindnachrichten« zugänglich gewesen sind, weiß: Die Westmächte hätten den Plan allerdings schnell wieder fallen gelassen: »In einen so entstehenden Leerraum würden – wenn die Atlantiker schon alle wieder zu Hause sind – die Sowjets vordringen, und *sie* werden das Ruhrgebiet gewiss nicht als Weideland nutzen!«

»Haben Sie von Jalta gehört?« »Nein.« »Auf Jalta hat Stalin die Zustimmung der anderen zu seiner Nachkriegsordnung erkauft: Er lässt zu, dass die Vereinten Nationen, die UNO, in San Francisco gegründet werden, und sorgt dafür, dass die Sowjetunion als einzige Nation mit drei Stimmen in der Vollversammlung sitzt – eine für die gesamte Union, eine für Weißrussland, eine für die Ukraine; er sagt zu, nach der Unterwerfung Deutschlands in den Krieg gegen Japan einzutreten; er erkennt Frankreich als vierte Besatzungsmacht Deutschlands an. Dafür wird Russland der gesamte Balkan als ›Einflusszone‹ überlassen, dort kann er also das Sowjetsystem einführen; Polen wird beträchtlich zugunsten Russlands nach Westen verschoben; die UdSSR bekommt die Hälfte aller dem deutschen Territorium zu entnehmenden Schadensersatz-Leistungen. Die Westmächte haben sich darauf eingelassen, weil sie in Ostasien freie Hand haben wollen. Die Sieger misstrauen einander nicht weniger als ihrem bisherigen gemeinsamen Feind Deutschland. Dieses werden sie nicht nur entwaffnen, sie werden es vor allem zerstückeln. Die Sowjetunion hingegen bleibt – und bleibt, was sie ist: die kommunistische Gegenmacht zum Kapitalismus.«

Deutschland muss zahlen

In Jalta wurden die finanziellen Verpflichtungen des besiegten Deutschland auf 20 Milliarden Dollar beziffert. Die Hälfte davon sollte die Sowjetunion erhalten. Nach sowjetischen Berechnungen waren die Schäden im eigenen Land weitaus größer. 25 Millionen Sowjetbürger waren durch den Krieg obdachlos geworden, 70 000 Dörfer in Schutt und Asche gelegt, 1710 Städte zerstört, 65 000 km Eisenbahnschienen unbenutzbar geworden. Stalin bezifferte die Schäden für sein Land auf 128 Milliarden Dollar plus 357 Milliarden Dollar Folgekosten. Aber die Amerikaner wehrten sich gegen so hohe Forderungen. Sie wollten kein ausgeplündertes und ausgehungertes Deutschland. Sie wollten einen demokratischen Neuanfang.

Anderes habe ich noch vor der Gefangennahme in den stündlichen Wehrmachtsberichten gehört: Hitler übernimmt am 23. April den Befehl über die Verteidigung Berlins. Am 25. April: Amerikanische und russische Panzerspitzen treffen an der Elbe bei Torgau zusammen. Am 30. April: Der Führer ist »gefallen«. »Von dem Willen beseelt, sein Volk und Europa vor der Vernichtung durch den Bolschewismus zu erretten« habe er sein Leben »geopfert«, meldet der Rundfunk mit zwei Tagen Verspätung, was unter uns alsbald die wildesten Spekulationen in Gang setzt – sie reichten von »Attentat« über »Bunker unter dem Bunker« und »Doppelgänger« bis zur »Flucht nach Südamerika«. »Hitler hat Selbstmord begangen – mit seiner Geliebten Eva Braun«, ist des Chefredakteurs nüchterner Kommentar.* »Übrigens nicht, ohne vorher Göring und Himmler ihrer Ämter enthoben zu haben: Göring hatte angefragt, ob er nicht die Gesamtführung übernehmen solle, da Hitler ja in Berlin zu bleiben beschlossen habe. Und Himmler hatte versucht, über Schweden einen Frieden mit den Westmächten auszuhandeln. Für Hitler waren beide damit Verräter, anders als Goebbels, der sich und seine ganze Familie umgebracht hat.« Am 8. Mai nachmittags lassen uns die Amerikaner antreten und geben die Kapitulation aller deutschen Streitkräfte bekannt.

Kampf um Berlin

300 000 sowjetische und 40 000 deutsche Soldaten hat die Schlacht um Berlin gekostet. Über die zivilen Opfer gibt es keine verlässlichen Zahlen. 2000 Hitlerjungen kamen bei der Verteidigung des Maifeldes um, das Hitler als gigantischen Aufmarschplatz für die Olympiade 1936 hatte errichten lassen.

Am 29. April 1945 hissten die Russen die Rote Fahne auf dem Reichstag. Zwei Wochen vorher, am 12. April 1945, hatten die Berliner Philharmoniker noch ihr letztes Konzert gegeben – »Götterdämmerung« von Richard Wagner.

Was fortan geschieht, erreicht uns allenfalls als Gerücht oder durch eine im Stabszelt von einem Amerikaner liegen gelassene Ausgabe der Armeezeitung »Stars and Stripes«. Eine Zeitung, die zu so großen Teilen aus Fotos besteht, habe ich noch nie gesehen. In den ersten Wochen herrschen Berichte von Konzentrationslagern vor – Entdeckungen immer neuer Tötungs-, Vernichtungs- und Martermethoden der Nazis: Es ist alles noch viel schlimmer, als ich es mir aufgrund des geheimen Auslandspresse-Spiegels, den mein Vater dienstlich erhielt, vorgestellt habe. Dann: die Potsdamer Konferenz. Wir hören und lesen Deutschlands Schicksalsworte, noch ohne zu wissen, was sie bedeuten: »Oder-Neiße-Linie« – sie bildet die polnische Westgrenze; »Ost-

* Hiervon wie von der Erschießung Mussolinis am 28.4. beim Versuch, in die Schweiz zu fliehen, hat das deutsche Volk erst später erfahren.

preußen mit Königsberg wird russisch«, die Stadt Immanuel Kants; westlich davon beginnt das neue Polen und westlich davon die »Sowjetische Besatzungszone/SBZ« (immerhin bleibt es bei »Zone«, einem »Gebietsstreifen«; Deutschland wird also fünfgeteilt: die abzutretenden Gebiete »unter polnischer«/«unter sowjetischer Verwaltung« und die vier Besatzungszonen); weiter: »Entmilitarisierung«, »Entnazifizierung«, »lokale Selbstverwaltung«, »Zulassung von Parteien« – CDU, SPD, KPD – und die Namen Konrad Adenauer, Kurt Schumacher, Wilhelm Pieck, Walter Ulbricht – die Letzteren aus dem russischen Exil nach Berlin zurückgekehrt; weiter: »Demokratisierung« und »Umerziehung« der Deutschen; sodann: »Bodenreform« und »Entflechtung« – die beabsichtigte Auflösung der Macht der Großgrundbesitzer, der Konzerne und Kartelle; »Kriegsverbrecher« und erster KZ-Prozess in Lüneburg: Elf Angeklagte werden zum Tode verurteilt; schließlich: »Aussiedlung« – den Beschlüssen von Potsdam zufolge wird Polen, Ungarn, der Tschechoslowakei erlaubt, ihre Territorien »in ordnungsgemäßer und humaner Weise« von der dort lebenden deutschen Bevölkerung zu räumen. »Flüchtlingsströme« – das Wort kennen wir schon, die haben wir selber erlebt. (Was macht Flucht oder Vertreibung zu einem »ordnungsgemäßen« Vorgang?) Nun kommen die »displaced persons« hinzu – Überlebende aus den Konzentrationslagern, Zwangsarbeiter und Kriegsgefangene –, deren Rückführung in die Heimatländer Schwierigkeiten bereitet: Manche von ihnen wollen nicht in ihr Heimatland zurück.

Displaced Persons

Nach der Befreiung kamen 1,5 Millionen verschleppte Menschen, so genannte Displaced Persons, auf deutschem Gebiet unter die Obhut der Alliierten. Die meisten kehrten nach Hause zurück oder mussten in die Heimat zurückkehren, auch gegen ihren Willen. Den russischen Zwangsarbeitern, die überlebt hatten, drohte in Stalins Sowjetunion eine Anklage wegen Kollaboration mit den Deutschen. Viele von ihnen verschwanden für Jahre in den Arbeitslagern. Für die mehr als 50 000 überlebenden Juden, die meisten aus Osteuropa, gab es keine Heimat mehr.

Konferenz in Potsdam

Der Krieg ist vorbei. Knapp zehn Wochen später treffen sich die Großen Drei – der amerikanische Präsident Truman, der Sowjetführer Stalin und der britische Premier Churchill – in Potsdam, um über eine Nachkriegsordnung für Deutschland zu verhandeln. Aber in entscheidenden Fragen können sie keine Einigung erzielen.

Anders als sein Vorgänger Roosevelt denkt der amerikanische Präsident nicht mehr daran, Deutschland zu »kastrieren« oder in einen steinzeitlichen Agrarstaat zu verwandeln, wie der amerikanische Finanzminister Henry Morgenthau es noch 1944 empfohlen hatte. Die Westmächte wollen Deutschland nicht zerschlagen, sondern sie wollen es besetzen und erziehen. Ihr Misstrauen richtet sich längst gegen Stalins Sowjetunion, eben noch der Verbündete, jetzt schon der Gegner. In Potsdam beginnt der Kalte Krieg.

Truman hat bei den Verhandlungen einen Trumpf in der Tasche. Am 6. August 1945 fällt eine amerikanische Atombombe auf die japanische Stadt Hiroshima. Sie leitete das kommende Wettrüsten zwischen Ost und West ein – das »Gleichgewicht des Schreckens«, das jahrzehntelang die Politik der beiden Großmächte Amerika und Sowjetunion bestimmen sollte.

17. Juli 1945. Die »Großen Drei« treffen sich zur Potsdamer Konferenz: (v. l. n. r.) der sowjetische Partei- und Staatschef Marschall Josef W. Stalin, der amerikanische Präsident Harry S. Truman und der britische Premierminister Winston Churchill.

Vieles von dem, was da »draußen« geschieht, ist nicht vorstellbar. Aber Meinungen bilden sich schnell, zumal wir Zeit haben und der Himmel uns einen unglaublich schönen Sommer beschert. Die Landwirte, die Obst- und Weinbauern fiebern auf Entlassung. Aber schon bekommen wir ein gleichsam demokratisches Prinzip zu spüren: Die Mannschaften werden zuerst abgefertigt, die Offiziere zuletzt und nur nach gründlicher Überprüfung. Sie bilden sich einstweilen in der schon nach zwei Wochen blühenden Lageruniversität, tauschen eifrig Bücher auf der Bücherbörse, schreiben gar, wie ich, ganze Bücher ab, besorgt, so etwas werde es in Zukunft für sie nicht mehr geben.

Am 6. August die Nachricht vom Abwurf einer Atombombe über Hiroshima, am 9. August von einer zweiten über Nagasaki. Die geschätzte Zahl der Toten: zwischen 50 000 und 200 000 in der einen Stadt, zwischen 30 000 und 50 000 in der anderen. Wofür man am 13. Februar in Dresden annähernd 800 Flugzeuge und insgesamt 2000 Tonnen Bomben brauchte, hat in Japan je nur ein einziges Flugzeug mit einer einzigen Bombe vollbracht.

Von dem Zeitpunkt an ist unser Lager gespalten. Viele von uns haben das Gefühl: Nun hätten die Amerikaner ihre gute große Sache verspielt – aus Ungeduld. Als die Japaner vier Tage später kapitulieren, beginnt bei den Schlauen unter uns das große Rechnen: wie viele Tote das jähe Ende des Krieges beiden Seiten erspart habe. Darf man so rechnen? Muss man es gar? Die Jesuiten und die Nazis sagen: »Der [gute] Zweck heiligt die Mittel.« Meine Philosophen – Sokrates, Rousseau, Kant – haben mich gelehrt, dass schlechte Mittel den guten Zweck verderben.

Hinterlassenschaft – Zustände und Fragen

An einem strahlenden Tag im September gibt die Lagerverwaltung bekannt: man könne sich zum Wiederaufbau zerstörter französischer Städte melden. Ich bin spontan bereit, will hier raus, will wieder einmal richtig satt werden. Wer von uns Arbeit verlangt, wird uns auch entsprechend ernähren. Mein Französisch ist so gut, dass ich mir keine Sorge mache: Mich werden sie nicht demütigen. Bis zum Abend haben sich von 1000 Offizieren 25 gemeldet. Sie müssen anderntags lange Fragebögen ausfüllen und werden medizinisch gründlich untersucht.

Fünf wecken Verdacht, unter ihnen ich: Eine Narbe am linken Arm aus Kindertagen lässt die Amerikaner zunächst vermuten, ich hätte hier meine Blutgruppenmarkierung, die allen SS-Mitgliedern eintätowiert worden ist, entfernt. Ein Kundiger erkennt das Alter der Narbe. Unter dem Staunen, den Scherzen, den Schmähungen der Zurückbleibenden verlassen wir gegen fünf Uhr nachmittags das »stockade« und marschieren von einem Sergeant begleitet zum Lagertor. Nach weiteren 500 Metern, außer Sicht- und Hörweite der anderen, befiehlt unser Begleiter »Halt!« und ruft unsere Namen auf. Der jeweils Aufgerufene bekommt einen Briefumschlag und ein wohlwollendes Feixen. Dann heißt es: »O.k. boys, go home! This was a test!« Für uns Freiwillige hat er sich gelohnt, die anderen Offiziere werden bis zu sechs Monaten länger in Gefangenschaft bleiben.

Als Heimatort habe ich Garmisch-Partenkirchen angegeben, das Haus meiner Großmutter. Das Vaterhaus ist im November 1943 in Berlin durch Bomben zerstört worden, die Habe der Familie restlos verbrannt. Die Ersatzheimat erreiche ich zu Fuß in vier Tagen – im schönsten Frühherbst des Jahrhunderts.

Dem Vater, Leiter der Abteilung Naher Osten im Auswärtigen Amt, ist nach der Ausbombung für seine »Dienststelle« – Sekretärin, Schreibmaschine, Akten – ein Ausweichquartier auf einem Gutshof in der Neumark angewiesen worden. Die Mutter, die noch nicht, wie andere Frauen, dienstverpflichtet ist, darf mit ihm ziehen. Sie holt meine zehnjährige jüngste Schwester aus der Kinderlandverschickung, durch die sie nach Unruhstadt östlich der Oder verschlagen worden ist, zu den Eltern zurück; die zwölf- und dreizehnjährigen Brüder sind in einer Internatsschule im nördlichen Brandenburg. Im Sommer 1944 verbringt der vorausschauende Vater die Mutter und die kleine Schwester nach Garmisch-Partenkirchen – »aus Gesundheitsgründen«. Die Buben müssen in ihrer Schule bleiben: Eine ganze Familie aus dem Osten in den Südwesten zu schaffen beweist mangelnde Siegesgewissheit, und defätistische Gesinnung wird bestraft. Die älteste Schwester arbeitet auf einem Gutshof in Thüringen. Im April rücken – dem Abkommen von Jalta zufolge – die Amerikaner dort ein, denen eine Schweine fütternde Adlige verdächtig ist: Das kann nur Tarnung sein – sie muss eine »Werwölfin« sein!

Werwolf

Der »Generalbevollmächtigte für den totalen Kriegseinsatz« Joseph Goebbels versuchte noch in den letzten Kriegsmonaten, Zivilisten zum bewaffneten Kampf anzustiften. Er ließ über den Rundfunk seine so genannte »Werwolf-Proklamation« verbreiten und erklärte jeden Briten, jeden Amerikaner, »jeden Bolschewisten auf deutschem Boden« zum »Freiwild«: »Wo immer wir eine Gelegenheit haben, ihr Leben auszulöschen, werden wir das mit Vergnügen und ohne Rücksicht auf unser eigenes Leben tun … Hass ist unser Gebet und Rache unser Feldgeschrei.«

Im Mai ziehen sich die Amerikaner und Engländer aus dem von ihnen eroberten Sachsen, Mecklenburg und Thüringen zurück. Die Russen übernehmen das Gebiet über Nacht. Die polnischen Gefangenen, die meine Schwester beschützt und versorgt hat, schützen und versorgen nun sie. Im August verlässt sie ihren Hof und ihre Schweine, um in den Westen zu gehen, wo sie »uns« vermutet. Aber schon gibt es eine Grenze in Deutschland: »Du müsstest ein Papier von Marschall Schukow selber haben, um hier durchzukommen!«, kann ihr der russische Soldat sagen, weil sie Russisch spricht. Auch die sonst unfehlbaren weiblichen Tränen helfen nicht. Der Soldat reicht ihr ein weißes Taschentuch; mit einem tröstenden »Weine nicht, Schwesterchen!« schickt er sie zurück. Als Pilzesammlerin geht sie über die »grüne Grenze« wie hinfort viele Tausende andere.

Grüne Grenze

Durch Wälder, über Wasser und im geteilten Berlin verließen Hunderttausende die Sowjetisch Besetzte Zone in Richtung Westen. Seit Juni 1946 war dafür ein Visum nötig, ab 1952 wurde jede Flucht als Grenzverletzung streng bestraft. Das konnte die Völkerwanderung nicht stoppen. 2,6 Millionen Bürger waren aus der neu gegründeten DDR geflüchtet, bevor der Bau der Berliner Mauer im August 1961 die Schlupflöcher verschloss.

Der Vater hat die Familie der Neumärker Gutsherren und etliche Koffer mit dienstlichen Unterlagen auf einem Pferdefuhrwerk vor den einrückenden Russen gerettet. Die Jungen findet er nicht mehr in ihrer Anfang März aufgelösten Schule, und sie finden ihn nicht im völlig zerstörten Auswärtigen Amt in Berlin. Getrennt schlagen sie sich nach Bayern durch, wo der Vater alsbald von den Amerikanern in Haft genommen wird – er fällt als höherer Beamter unter den so genannten *automatic arrest.* Sofort nach meinem Eintreffen machen die große Schwester und ich uns auf, ihn bei General Patton herauszuschlagen – bewehrt mit des Vaters Ehrendoktordiplom der »University of Southern California«, an der General Patton studiert hat. Der lässt uns versichern, der Vater erfülle gerade eine notwendig verdeckte, aber wichtige und ehrenvolle Aufgabe. Wir erfahren später: Er, ein ausgewiesener Nazi-Gegner, soll die Stimmung der Deutschen erkunden und Vorschläge machen, wie man diese verbessern kann. Verärgert über das Ergebnis seiner Erkundung sperren ihn die Amerikaner in einem ihrer Internierungslager ein, die mein Vater stets als »Konzentrationslager« bezeichnen wird. Er ist selber ein Beispiel für das, was die Amerikaner wissen wollen: woher der Unmut über die Besatzer komme. Er hat noble, ihrer schwierigen Mission bewusste Befreier erwartet, die Rat bei erfahrenen Bundesgenossen im Geist suchen. Statt ihrer stürmen junge, mit unserer Lebensart nicht vertraute, an unseren Problemen nicht interessierte Burschen herein, die alle erwachsenen deutschen Männer für Nazis und alle jüngeren deutschen Frauen für verführbar halten. »Barbarisch!« ist sein Urteil, wenn sie bei seiner Festnahme in der kleinen Flüchtlingswohnung ein Weckglas vom Regal nehmen und, weil ihnen der Inhalt nicht schmeckt, diesen ins Klo schütten. Er hat nicht wie ich erlebt, was deutsche Soldaten im besetzten Land getan haben. Dass die kämpfende Truppe nicht – wie den Sanitätswagen und die Feldküche – den Rechtsstaat mit sich führt, sollte gleichwohl auch ihm verständlich sein. Stattdessen nimmt er täglich Anlässe zu Verbitterung wahr.

General Patton

Der General und Kriegsheld George S. Patton war ein Kritiker der Entnazifizierungspolitik. Sie hemme den Wiederaufbau und schalte gerade die intelligentesten Deutschen aus. Patton wurde daraufhin am 5. Oktober 1945 von der amerikanischen Militärregierung abberufen und in die Heimat zurückbeordert.

Zu Verbitterung? Sind wir nicht glimpflich davongekommen – nach all den Untaten, die die Nazis in unserem Namen getan haben und von denen wir alle immer schon genug wussten, um als ihre Hehler zu gelten. Ich jedenfalls habe ein großes Strafgericht nach der Niederlage erwartet – schwere Zwangsarbeit für uns alle, ob Nazis oder nicht. Stattdessen wird nun erst in »Spruchkammern« geprüft und sortiert; dann dürfen die Entlasteten ihrer Beschäftigung nachgehen, wenn sie eine haben oder finden können.

Mir, einem durch seinen Offiziersrang Belasteten, sind ein Studium oder eine Tätigkeit im öffentlichen Dienst in der amerikanischen Zone vorerst versagt. Einer wie ich muss körperlich arbeiten, wenn er Lebensmittelkarten bekommen will. Er darf zwischen einer Arbeit im Bergwerk oder auf dem Bahnkörper wählen, sofern er stark genug dafür ist; sonst kann er in einer Fabrik mithelfen, Kriegsgerät in Küchengerät zu verwandeln. Vor beidem bewahrt mich die Hopfenernte, für die der Abschnittskommandant wirbt. Sie muss eingeholt werden, damit es im Oktober »a good beer for you and for me« gibt, wie der amerikanische Offizier dem fränkischen Bauern sagt, bei dem er uns Freiwillige abliefert. Welch ein Symbol, denke ich, für das, was statt des Strafgerichts an uns vollzogen wird!

Nein, kein Grund zu Verbitterung! Und doch weicht auch bei denen, die glücklich sind, die Herrschaft der Blockwarte, Zahlmeister, Kriegsgewinnler und Parteibonzen los zu sein, die Erleichterung der Enttäuschung: Ein ehemaliger Nazi, der sich von einem gutartigen Naziopfer oder einem ebenfalls nicht unbescholtenen Geistlichen einen »Persil-Schein« hat ausstellen lassen, bekommt vom örtlichen Kommandanten eine wichtige Verwaltungsfunktion angewiesen – und baut mit ihr seine alte Macht wieder auf und aus; bisher eifrige Patrioten und Ordnungshüter organisieren »Partys« (das Wort wird jetzt geläufig!) für die Besatzer, die sich mit Nylonstrümpfen und Zigarettenstangen revanchieren, die ihrerseits auf den Schwarzen Markt getragen werden; die normale Bevölkerung darbt, und die US-Armee verbrennt die nicht verbrauchten Rationen ihrer Soldaten, damit sie nicht in deutsche Hände fallen: als weiteres Schwarzmarktgut.

Demokratie steht den Deutschen einstweilen für alles, was untauglich ist: Hunger, Korruption, Schikane, Bürokratie und insgeheim vor allem für Niederlage und Demütigung.

In vielen Gemeinden der westlichen Zonen erhält man seine Lebensmittelkarten erst aufgrund einer »Bescheinigung, dass der/die … den Film über die Konzentrationslager Buchenwald und Auschwitz/Birkenau gesehen hat«. Die Menschen fügen sich unwillig. »Das ist doch alles Propaganda!« »Was geht das mich an?« »Solche Aufklärung mag richtig sein, aber der Zwang ist falsch.« So gehen die Meinungen. Ich sehe den Film zweimal und freiwillig. Das zweite Mal schleppe ich einen sich sträubenden Kameraden mit. Den habe ich wohl dadurch für alle Zeit verloren. Wie viel Scham verträgt der Mensch? Wie viel Scham muss er auf sich nehmen, um Mensch zu bleiben – Scham nicht nur für sich, sondern auch für andere?

Schwarzmarkt

Schuhe gegen Butter, Nähgarn gegen Silberlöffel – überall blühte in der Not der Schwarzmarkt auf. Leitwährung waren die »Ami-Zigaretten«. Der Schwarzmarkt war ungesetzlich, aber dort wurde angeboten, was sonst nicht zu kriegen war: eine Rolle Garn für 18 Mark, ein Pfund Butter für 250 Mark – in der britischen Besatzungszone erhielt ein Normalverbraucher pro Woche 100 g Fett. Ein Arbeiter verdiente zu dieser Zeit etwa 42 Mark brutto die Woche. Wer sich rationierte Waren auf illegalem Weg beschaffte, wurde von Schnellgerichten hart bestraft.

Im Oktober bittet mich eine Freundin, ihre zahlreichen Neffen und Nichten, alle im Niedersächsischen als Flüchtlinge auf dem Lande untergekommen, zu unterrichten – in Latein, Mathematik und, bitte auch, Rechtschreibung, also in dem, was man sonst von der Schule bekommt. Die andere »Bildung«, das weiß man in diesen Zeiten, leistet das Leben besser. Ich sage zu, kann aber in Göttingen der dem Leutnant unverhofft angebotenen Chance zu studieren nicht widerstehen. Was wohl, in Deutschlands Stunde Null? – Alte Sprachen! – Weiche ich, weichen wir alle der Wirklichkeit aus? Man wird uns nachsagen – unserer ganzen Generation –, sie wolle die Trümmer nicht sehen, weder die physischen noch die moralischen, in denen sie lebt.

Nun, mein Nachkriegs-Studenten-Leben kommt mir recht »realistisch« vor: morgens von 7 bis 12 in einer Töpferei Ton kneten und Glasuren anrühren – das Geld für den Tag verdienen; nachts auf den Bahngleisen heruntergefallene Kohlenstücke aufsammeln; tags nach Gemüse anstehen; in einem Seminar sitzen – Eintrittskarte dafür: ein

Brikett – und das Buch nicht finden, das zu lesen der Professor empfohlen hat, dafür aber ein anderes selber entdecken; Nachhilfe von einem älteren Semester bekommen und selber Nachhilfe geben – der Tochter des Fischhändlers, der dies mit sauren Heringen bezahlt; wegen »Diebstahl alliierten Eigentums« für vier Wochen ins Gefängnis gehen (es handelt sich um einen Ofen, den die Engländer aus der von ihnen besetzten Wohnung geworfen haben; sie können ja deren Zentralheizung wieder in Betrieb nehmen); vom Militärrichter einen Dolmetscherposten angeboten bekommen, weil ihm meine englische Verteidigungsrede gefallen hat – einen Nachtdienst, der einen warmen Arbeits- und Schlafplatz in der Polizeistation einschließt. Von »Elfenbeinturm« und Rückzug in die nur vorgestellte Welt des Altertums kann keine Rede sein!

Ich besuche alle Vorlesungen, deren Gegenstand mich lockt – von der Atomphysik bis zur Theologie –, und die Veranstaltungen der eigenen Fächer Griechisch, Latein, Geschichte nebenher.

Das Studium setzt sich abends auf der Bude eines Kommilitonen fort. Nein, da setzt es eigentlich erst ein, da wird es auf unsere Lage bezogen. Heute Vormittag im Hörsaal: Kants unbedingter Wahrheitsbegriff, heute Nacht: Streit, ob ich den Mann im Militärmantel mit Pelzkragen anzeigen soll – ich habe ihn in der Mensa als den NS-Führungsoffizier wieder erkannt, der bei der Degradierung des Kameraden in Wischau gesagt hatte: »Bei uns in der NS-Führungsschule (so ähnlich nannte sich das) ist man mit einem solchen Verräter ganz anders verfahren: Man hat ihn nachts in eine Decke gerollt und auf dem Übungsfeld mit dem Panzer untergewühlt.« Wir rechten über standrechtliche Hinrichtungen – vor allem die der letzten Kriegswochen; über das nicht erst von den Nazis aufgestellte Prinzip: Ausschlaggebend in der Politik sei, ob jemand Freund oder Feind sei; über die Bindung durch »Eid«; über die Behandlung der Nazi-Professoren, die nun nicht mehr griechische Metrik oder lateinische Redefiguren lehren dürfen. Ich habe den Pelzkragenträger nicht angezeigt und habe einem elenden alten, seines Amtes enthobenen Professor jeden zweiten Tag meine Mennoniten-Speisung gebracht – unverdient, aber bitter benötigt.

Das Ausmaß des Unglücks, das Hitler und mit ihm wir über die Welt und uns gebracht haben, wird in Erzählungen und Bildern immer nur in dem Maß vorgestellt, wie wir selber Vorstellungskraft besitzen. In den Nachkriegsmonaten kommen die Zahlen hinzu. Wir haben die russischen Zwangsarbeiter hier und dort gesehen – nun lesen wir: Es waren mehr als 1 500 000, mehr als Hamburg je Einwohner gehabt hat. Wir haben tote russische Soldaten gesehen – nun lesen wir, dass in diesem von Hitler begonnenen Krieg ihrer 13 000 000 gefallen sind oder an Verwundung oder in der Gefangenschaft gestorben, dazu mindestens 10 000 000 Zivilisten. Wir sehen zerstörte Städte in Deutschland – und dann rechnet uns einer vor: Nach dem Zweiten Weltkrieg komme auf jeden Einwohner von Dresden ein Trümmerhaufen von 42,8 Kubikmeter, in Köln 31,4 Kubikmeter, in Berlin 12,6 Kubikmeter.

Die Bilanz in Zahlen

Gesamtzahl aller Toten infolge des Zweiten Weltkriegs: 55 000 000 bis 62 000 000. Davon entfallen

27 000 000	auf die UdSSR
5 250 000	auf Deutschland
4 600 000	auf Polen
1 800 000	auf Japan
1 100 000	auf Jugoslawien
810 000	auf Frankreich
420 000	auf Ungarn
386 000	auf Großbritannien
378 000	auf Rumänien
330 000	auf Italien
318 000	auf die USA
84 000	auf Finnland.

Dem Mord an den europäischen Juden fielen 6 600 000 zum Opfer.
Rund 30 000 000 Menschen in Europa verloren ihre Heimat.
Von 16 000 000 Wohnungen bei Kriegsbeginn auf deutschem Reichsgebiet waren 1945 5 000 000 zerstört und 3 500 000 beschädigt.
Berlin hatte 1939 3 300 000 Einwohner, 1945 2 600 000.
1937 umfasste das deutsche Reichsgebiet 471 067 km^2,
1945, nach dem Potsdamer Abkommen, 356 678 km^2.

Unglück macht böse, habe ich bei Marcel Proust gelesen. Aber doch nur das Unglück als Seelenzustand. Das Unglück als Sturz oder auch Absturz muss so nicht wirken. Und doch. Das Gedränge in den Wohnungen, der Streit der drei Flüchtlingsfamilien um den einen Herd, der alltägliche Frust beim Anstehen, die Zeitvergeudung, das schlechte

Gewissen des Christen, der kleinlich und selbstisch, misstrauisch und nachtragend wird durch »die Verhältnisse« und so gerne gut wäre – das alles macht aus der heilsamen Katastrophe die niederziehende Erbärmlichkeit, in der die nach Amerika ausgewanderte Philosophin Hannah Arendt uns ein halbes Jahrzehnt später finden und beschreiben wird: als gleichgültig, herzlos, undankbar, verstockt, mit Wegputzen beschäftigt. Ist die Beschreibung richtig? Da ist doch plötzlich eine große Freiheit; sie heißt »Zusammenbruch«; es ist gleichsam alles zugelassen: »Parteibefehle, Lebensmittelkarten, Polizeivorschriften haben ihre Gültigkeit verloren. Selbst Luftwarnungen ertönen nicht mehr«, notiert der Schriftsteller Ernst Jünger in seinem Tagebuch. Wieso ergreift man diese Chance nicht? Eigentlich kann die Welt nun ganz neu beginnen. Warum hat die Vergangenheit so viel Macht über uns? An der Besatzungsmacht und ihren Verordnungen liegt das nicht. Nach wenigen Tagen weiß jeder, wie man diese umgeht. Die Lähmung kommt von innen: Wann wird wer was über mich aussagen? Mit welchem Recht? Und: Wem kann ich vertrauen?

Auf meiner ersten Berlinfahrt bringen mich Freunde mit Kommunisten im russischen Sektor zusammen, die hoffen, ihre über das Exil hinweg geretteten Visionen endlich verwirklichen zu können. Ich höre zum ersten Mal Bertolt Brechts Dreigroschenoper auf Schallplatten aus dem Jahre 1928. »Das Recht des Menschen ist's auf dieser Erden / Da er doch nur kurz lebt, glücklich zu sein / Teilhaftig aller Lust der Welt zu werden / Ich höre zum Essen Brot zu kriegen und nicht einen Stein. … / Wir wären gut – anstatt so roh / Doch die Verhältnisse, sie sind nicht so.« Zum ersten Mal höre ich die eingängigen menschlichen Wahrheiten der Proletarier, Gauner, Bettler: »Ihr, die ihr euren Wanst und unsre Bravheit liebt / Das eine wisset ein für allemal: / Wie ihr es immer dreht und wie ihr's immer schiebt / Erst kommt das Fressen, dann kommt die Moral.«

Aber die klugen Leute, die die neue Weltordnung diskutieren, die die aufregende Sprache des Kommunistischen Manifests sprechen – »Produktivkräfte«, »Entfremdung«, »Ausbeutung«, Wörter, die mir meine bürgerliche Bildung vorenthalten hat –, die wacker Wodka trinken (und lieber Whisky hätten), sind keine Proletarier, und ihre »Verhältnisse« sind schon gar nicht »so«. Sie geben nun nicht dem Sozialismus Schuld, sondern der Bevölkerung.

Einer, der als Kommunist in Deutschland geblieben ist, sagt mir:

»Die Junker sind enteignet worden, die Nazilehrer ausgeschieden, es gibt zahlreiche ›volkseigene Betriebe‹, aber es gibt keine Zukunft, nur Herkunft und noch mehr Gegenwart – und beide sind hässlich.«

Würde dieser Mann den Fragebogen des Military Government of Germany in Westberlin abgeben, was für eine persönliche Zukunft brächte ihm das ein? Ein Kommunist ist in den westlichen Zonen nur glaubwürdig, wenn er aus dem KZ kommt, nicht aus einem Moskauer Hotel und schon gar nicht aus einer Dachwohnung in der Levetzowstraße, in die er sich als hochdekorierter Offizier des Ersten Weltkriegs die Nazizeit hindurch verdrücken konnte.

Entnazifizierung

Alle in der amerikanischen Zone wohnenden Deutschen über 18 Jahren mussten einen Fragebogen ausfüllen. 6,5 Millionen waren Mitglieder der NSDAP, jeder sechste Deutsche war in einer NS-Organisation gewesen – darunter fast eine halbe Million Lehrer, über 65 Prozent der Beamten, mehr als 80 Prozent der Richter und Justizbeamten. Dieses Land wollten die Amerikaner säubern und seine Bürger umerziehen. Am 5. März 1946 wurden so genannte Spruchkammern eingerichtet, in denen einzelne Fälle geprüft werden sollen. Die Bilanz war bescheiden: Von den 13 410 000 Millionen Deutschen, die den Fragebogen ausfüllten, wurden bis Mitte 1949 1654 Menschen als Hauptschuldige verurteilt, 22 122 galten als »Aktivisten« und 106 422 als Minderbelastete.

In der Sowjetzone wurden, anders als bei den Amerikanern, nur die rund 800 000 Parteimitglieder erfasst und die Hälfte von ihnen entlassen, darunter fast 90 Prozent der Justizangestellten. Die Sowjets internierten viele der Entlassenen in so genannten Speziallagern, oft ehemalige Konzentrationslager, wo bis 1950 fast 50 000 Menschen starben.

Der Fragebogen besteht aus zwölf Seiten, umfasst 132 Fragen und will so die gefährlichen Deutschen herausfiltern. Das Military Government traut uns Deutschen viel Lese- und Schreibfähigkeit zu – die eigenen »intelligence« genannten Fahndungs- und Aufklärungsagenturen erstickt es in der Datenfülle. Aus Selbstprüfung, die uns gut täte, wird Überprüfung durch Entnazifizierungs-Bürokraten. Allein in der amerikanischen Zone gibt es deren 22 000!

Wer kann hoffen, mit diesem Mittel das Dickicht aus Verblendung, Verderbtheit, Verbrechen, Verführung und Versagen aufzuhellen? Am Ende wird die überwältigende Mehrzahl der 13 000 000 Angehörigen der Nazipartei oder ihrer Unterorganisationen als »Minderbelastete« oder »Mitläufer« eingestuft worden sein.

Adenauer

Als einer von etwa 1500 Deutschen stand der Kölner Ex-Oberbürgermeister Konrad Adenauer auf der White List of Persons in Germany believed to be Anti-Nazi or Non-Nazi, der 1933 von den Nazis aus dem Amt gejagt worden war. Die Amerikaner ernennen ihn im März 1945 erneut zum Oberbürgermeister, aber mit der offiziellen Verkündung wird gewartet, da Adenauers Söhne noch an der Front kämpfen und er befürchtet, sie könnten von den Nazis erschossen werden. Im Oktober wird er von den Briten entlassen und darf sich politisch nicht mehr betätigen, im Dezember wird dieses Verbot wieder aufgehoben. 1949 wird Konrad Adenauer der erste Bundeskanzler der neu gegründeten Bundesrepublik Deutschland.

Bewusstsein – Urteile und Wandlungen

Hier verlasse ich die vergegenwärtigende Erzählweise – als schriebe ich während des Geschehens. Sie weckt Teilnahme – das Urteil schiebt sie auf. Und um das Urteil geht es in dieser Geschichtserinnerung. Auch seine, des Urteils, Geschichte beginnt im Jahre 1945. Ich vermag nicht zu sagen, für einen wie großen Teil der Deutschen. Viele haben sich davor gedrückt. Die meisten waren fleißig mit der Wiederherstellung der Welt vor 1933 beschäftigt:

Binnen kurzem fuhren wieder Züge, funktionierte die Post; Zeitungen erschienen; die Lebensmittel- und Energieversorgung war knapp, knapper als im Krieg, aber gesichert; die notwendigen Härtemaßnahmen – Fahrverbot an Wochenenden, die nächtliche Ausgangssperre, ein fast allgegenwärtiges »off limits«/Zutrittsverbot für Deutsche wurden willig hingenommen. Im Juni fanden erste Fußballspiele, Konzerte, Kinovorführungen, Theater statt; im August vergab die Stadt Frankfurt am Main ihren jährlichen Goethe-Preis.

Normalität herrscht, wenn Kinder zur Schule gehen. Im Rheinland geschah dies schon im Frühsommer, anderwärts im Herbst; im Oktober nahm die Göttinger Universität als erste ihren Lehrbetrieb wieder auf, andere folgten ihr bis um Jahresende. Überall wurden Bürgermeisterwahlen abgehalten, gingen den Wahlen zu den Länderparlamenten voraus. Es herrschte öffentliche Sicherheit – es gab keine Bombenanschläge auf die Personen und Einrichtungen der Besatzungsmacht. Auch sonst ereignete sich wenig Gewalt – vereinzelt marodierten die frei umherirrenden Zwangs- und Fremdarbeiter, die nicht in ihre Heimatländer zurückwollten. Ein Freund, der bei einem Bauern arbeitete, wurde mit seiner Gastfamilie im Keller des Hauses von plündernden Polen erschossen. Amerikaner, Engländer, Franzosen und Russen waren nur in undurchsichtigen Fällen die Opfer – deutsche Wut wurde an deren deutschen Freundinnen ausgelassen.

Waren die Deutschen zu erschöpft oder zu vernünftig oder zu gehorsam oder zu schuldbewusst, um ihre Sache selbst zu betreiben – ihren »Saddam« loszuwerden und die Besatzer überflüssig zu machen? Oder waren diese nur zu zahlreich?

Der äußerliche Wandel ging, wenn auch stockend, sichtbar voran. Gab es auch einen inneren? »Das Ende der Verdunkelung« kann man verkünden – hell wird es dadurch nicht gleich. In einem anderen Bild: Wer geglaubt hat, die schwere Krankheit Nationalsozialismus sei mit ein paar radikalen Eingriffen und vorübergehender Zwangsruhe zu beseitigen, hat die Krankheit nicht verstanden.

Wir, meine Freunde, Menschen, die gesonnen waren wie ich, haben schon deshalb auf »Rache« an den Nazis, auf die Generalreinigung unserer Öffentlichkeit, auf die Bloßstellung der kleinen Nutznießer verzichtet. Wozu hätte das geführt? Zu Trotz, nicht zur Einsicht! Den großen Nazis machten die Alliierten den Prozess – leider ohne Beteiligung des deutschen Volkes. Auch dessen Gesetze, Geschichte, Gesinnung waren ja geschändet worden, noch *bevor* man anderen Völkern Unrecht tat. Dieser Makel des internationalen Prozesses gegen die vierundzwanzig »Hauptkriegsverbrecher« – die höchsten Repräsentanten der politischen, wirtschaftlichen und militärischen Führung –, der am 20. November 1945 in Nürnberg begann, dämpfte die Bereitschaft vieler, hierin auch unsere Abrechnung mit dem Unrecht der Hitlerei zu sehen. Als fast ein Jahr später das Urteil gesprochen wurde – drei Freisprüche, zwölf Todesurteile, der Rest lebenslängliche oder begrenzte

Die Angeklagten im Nürnberger Hauptprozess

Zuchthausstrafen –, schien dies vielen gerade nicht mehr »unsere Sache« zu sein. Dass Göring sich der Hinrichtung durch den Strang entzog, indem er Gift einnahm, bereitete ihnen Genugtuung. Der Satz aus dem Nürnberger Urteil: »Völkerrechtliche Verbrechen werden von Menschen begangen, nicht von abstrakten Einheiten, und nur durch Bestrafung der Einzelmenschen, die solche Verbrechen begehen, kann den Bestimmungen des Völkerrechts zum Durchbruch verholfen werden« verhallte in Deutschland. So klug es gewesen wäre, auch nur einen deutschen Ankläger in diesem Gerichtsverfahren zuzulassen – die geschundenen Völker hätten dies nicht hingenommen. Eine Selbstjustiz der Deutschen, gar ein spontaner revolutionärer Akt als Alternative zur »gerichtlichen Erledigung« des Nationalsozialismus »von außen« wäre im Übrigen von den Siegern als Gefährdung ihrer Ordnung und Autorität auf der Stelle unterdrückt worden. Hannah Arendt sah das vier Jahre später anders: Es habe den Deutschen der nötige Zorn dazu gefehlt. Wie viele im Herzen Nazis geblieben sind, wird man wohl nie wissen.

Die Sieger waren unter sich nicht weniger uneins als die Deutschen. Die einen wollten Strafe, die anderen Entschädigung, und obwohl alle Deutschland für immer ungefährlich machen wollten – durch Denazifizierung, Dezentralisierung, Demontage –, versuchte doch jede Besatzungsmacht, »ihre Deutschen« zu ihren Parteigängern, später gar zu ihren Verbündeten zu machen.

Der Nürnberger Prozess

Am 20. November 1945 wurde in Nürnberg der Hauptkriegsverbrecherprozess gegen führende NS-Größen eröffnet. 218 Tage lang wurde verhandelt. Die vier Siegermächte – Franzosen, Briten, Amerikaner, Russen – stellten die Ankläger. Sie legten 2360 Beweisdokumente vor, sie hörten 240 Zeugen, prüften 300 000 eidesstattliche Erklärungen. 400 Dolmetscher und Übersetzer waren im Einsatz. Fast alle Angeklagten beteuerten ihre Unschuld. Hermann Göring, so der amerikanische Chefankläger Jackson, habe offenbar nie gewusst, dass es ein »Ausrottungsprogramm für Juden gab, obwohl er selbst so viele Erlasse unterzeichnet hatte«; Keitel als Chef des Oberkommandos der Wehrmacht habe »keine Ahnung« gehabt, was seine Befehle anrichteten, und bei Kaltenbrunner, SS-General und Leiter des Reichssicherheitshauptamtes, sei die Gestapo eher so etwas wie eine »Verkehrspolizei«. Wenn diese Männer als nicht schuldig angesehen würden, so Jackson, dann könne man auch behaupten, »dass es keinen Krieg gegeben hat, dass niemand erschlagen und kein Verbrechen begangen worden ist«.

Die Franzosen – gebildet und ungerührt – gewannen die Schwaben, Saarländer und Pfälzer durch und für ihre Kultur; die Engländer – korrekt und unnahbar – warben für *publicmindedness*, eine disziplinierte Gemeinnützigkeit; die Russen – freundlich und unberechenbar – solidarisierten sich mit dem Kleinen Mann, befriedigten sein Bedürfnis nach Organisation, nutzten seine Empfänglichkeit für Willkür und bestätigten gleichzeitig den Schrecken, mit dem die Nazipropaganda sie belegt hatte: Vergewaltigungen und Plünderungen im Rausch des Einmarsches, Enteignung, Verhaftungen, Internierungslager, Deportationen im kalten Vollzug ihres Systems; die Amerikaner – großzügig

Nürnberg

und unvoreingenommen – faszinierten durch ihre »informality« und ihre Fähigkeit, im ruinierten Deutschland so weiterzuleben wie zu Hause; sie erzeugten vor allem bei den jüngeren Menschen den heißen Wunsch, so zu sein oder so zu werden wie sie: lässig, selbstbewusst und immer schick.

Alle wollten die Deutschen umerziehen, sie von den Irrlehren der Nazis und der angestammten Unterwürfigkeit befreien. Aber allein, indem man sagt: Rassenwahn, Nationalismus, Führerideologie, Imperialismus sind große Übel, erreicht man nicht viel angesichts einer Menschheitsgeschichte, die voll davon ist.

Wichtiger als die Absage an die großen Irrtümer und noch größeren Gräuel ist die Einsicht, dass man selber in die Dummheit und Lüge eingewilligt, sich feige verhalten, die eigenen Überzeugungen verraten hat. Das Stuttgarter Schuldbekenntnis des Rates der Evangelischen Kirche in Deutschland hätte dabei helfen können, tat es aber nicht einmal bei den eigenen Glaubensbrüdern und Glaubensschwestern. Für die einen zeugte es von nur halbherziger Reue, für die anderen von verächtlichem Opportunismus: »Mit großem Schmerz sagen wir: Durch uns ist unendliches Leid über viele Länder und Völker gebracht worden ... Wohl haben wir ... gegen den Geist gekämpft, der im nationalsozialistischen Gewaltregiment seinen furchtbaren Ausdruck gefunden hat; aber wir klagen uns an, dass wir nicht mutiger bekannt, nicht treuer gebetet, nicht fröhlicher geglaubt und nicht brennender geliebt haben.«

Immer wenn ein Krieg vorüber ist, steht die Menschheit wenigstens vor diesen alten Fragen: Wie ist es dazu gekommen? Was hätte man tun müssen, um ihn zu vermeiden? Wodurch kehren Friede und Ordnung wieder ein, hört Gewalt auf? Wie holt man den Besiegten in die Gemeinschaft des Rechts und der Gesittung zurück? Wie hält man die Erinnerung wach – bei solcher »Bilanz«?

Die Antworten haben einerseits die Form von allgemeinen Lehren: Wehret den Anfängen! Die einmal entfesselte Gewalt ist schwer wieder einzufangen. Man darf die Einzelnen nicht überfordern – Einrichtungen müssen ihnen zu Hilfe kommen. – Wenn Brechts Galileo sagt: »Unglücklich das Land, das Helden nötig hat«, dann hört man das nach 1945 deutlicher als zuvor.

Andererseits fordern die Antworten auf, die begünstigenden Umstände auszumachen, die Vorgeschichte zu studieren, das »System« zu analysieren, das die Gewalt hervorbringt: die Unsicherheit von Nationen, die erst spät zu staatlicher Einheit gefunden haben und dies durch Sendungsbewusstsein und Heilserwartung ausgleichen; den Hang zu Idealisierung und Verteufelung; das Fehlen oder die Verwitterung der Gewaltenteilung; Traditionen, welche Gefolgschaft, Gehorsam, Gesetzestreue über Selbstverantwortung, Kritik und Aufklärung stellen. – Wenn der Kommandant von Auschwitz seine eigene Verhärtung damit rechtfertigt, »dass eben alle menschlichen Regungen zu schweigen« hatten »vor der eisernen Konsequenz«, mit der der Befehl des Führers durchzuführen gewesen sei, folgt er dieser falschen Tradition.

Schließlich halten die Antworten zur Prüfung der Verantwortung im Einzelfall an. Es gibt keine Kollektivschuld. Es gibt auch keine kollektive Entlastung. Jeder muss für seine Taten einstehen. – Wenn mein

Vater mich lehrte: »Bittet ein Verfolgter dich um Aufnahme, gewähre sie ihm.« »Gib nie einer Erpressung nach.« »Denunziere niemanden.«, dann erhielt ich, was man hierfür braucht.

Die Weisheit, die man benötigt, um sich solchen Antworten anzuvertrauen, kommt nicht aus Maßnahmen und Programmen von Militärregierungen. Wenn sich so etwas wie Wandlungen in uns vollzogen haben, dann ist dies der Wirkung von Film, Theater, Literatur zuzuschreiben. Ihnen ist es umso besser gelungen, uns »umzuerziehen«, als wir es nicht merkten.

Die Amerikaner schenkten uns, wie es schien, abseits jeder pädagogischen Absicht, alte Filme, die wir in der Nazi-Zeit versäumt hatten. Mit »Destry Rides Again« oder »Mr. Deeds Goes to Town« oder »Unsere kleine Stadt« bekamen wir Jüngeren die großen amerikanischen Mythen nachgeliefert: das freie Leben im Grenzland, Bürgerverantwortung »in our town«, »jeder ist seines Glückes Schmied« – selbst in der Great Depression, in der großen Wirtschaftskrise.

Gruppe 47

»Rasselbande mit dreister Schnauze« nannte Thomas Mann die Gruppe 47, die der Buchhändler und spätere Schriftsteller Hans Werner Richter 1947 gegründet hatte, ein Jahr nachdem er aus amerikanischer Kriegsgefangenschaft gekommen war. Die Gruppe 47 prägte das literarische Leben der Nachkriegszeit. Sie wandte sich gegen die »Sklavensprache« der Diktatur und gegen die nach dem »Dritten Reich« so erfolgreiche Literatur der »Zeitferne«, des Rückzugs in die Innerlichkeit. Zu ihr gehörten viele prominente Schriftsteller der Bundesrepublik – unter anderen Günter Grass, Heinrich Böll, Siegfried Lenz, Hans Magnus Enzensberger.

Die Franzosen verstörten uns durch den in Nazi-Deutschland (wegen seiner Verhöhnung des Militarismus) unerwünschten Film »Die große Illusion« von 1937 und verzauberten uns mit dem Film, der Jahrzehnte hindurch mein »schönster« sein sollte und der sehr wohl den Titel »Die große Desillusion« hätte tragen können: »Die Kinder des Olymp«. Inmitten einer total von Politik und Gesellschaft beherrschten Welt widmete er sich ganz und gar dem privaten Glück und Unglück. Die Russen waren klug genug, uns ihren Kriegs-Kitsch zu ersparen. Die Engländer schickten uns ihren großen Shakespeare mit ihrem großen

Lawrence K.Olivier – »Hamlet« und »Heinrich V.« auf der Leinwand. Von ihrem Besten schlossen sie uns nicht aus.

Auf der Bühne belehrte uns T. S. Eliot mit seinem »Mord im Dom« über das Verhältnis von Loyalität und Überzeugung, von Macht und Martyrium. Thornton Wilder machte uns in »Wir sind noch einmal davongekommen« unseren Nazi-Weltuntergang als ein wiederkehrendes Ereignis in der Menschheitsgeschichte begreiflich. In Max Frischs »Nun singen sie wieder« erfuhren wir, dass die härteste Anklage mit dem weisesten Verstehen vereinbar ist: »Alles können wir befehlen in dieser Welt, alles, nur das Gras nicht, das Gras nicht, das darüber wachsen soll.« / »Wo es an Mut fehlt, da fehlt es nie an Gründen.« »Die Fliegen« von Jean-Paul Sartre setzten nicht nur der Stadt Argos, sie setzten uns ebenfalls Fluchbeladenen mit einer radikalen Theorie der menschlichen Freiheit zu: Der Mensch ist zur Freiheit »verurteilt«. Bei Jean Anouilh lernten wir, was »Unbedingtheit« einer Lebensentscheidung bedeutet. Créon: »Was kannst du also anderes tun, als noch einmal deine Nägel blutig kratzen und noch einmal gefasst werden?« Antigone: »Nichts mehr als das. Ich weiß es. Aber das wenigstens kann ich tun. Und man muss tun, was man kann.«

Wenn die Geigen singen

Schon am 26. Mai 1945 gaben die Berliner Philharmoniker ihr erstes Konzert nach dem Krieg, die Vierte Symphonie von Tschaikowsky, von Goebbels als »jüdisches Machwerk« verdammt und verboten. Die Journalistin Ruth Andreas-Friedrich: »Wir haben vergessen, dass es Nazis gibt, einen verlorenen Krieg und Besatzungstruppen. Plötzlich ist alles unwichtig geworden. Wichtig ist nur, was die Geigen singen.«

Wir haben Bücher gelesen, die uns die höllische Vergangenheit, nein, nicht erklärten, sondern genau zu sehen erlaubten: Eugen Kogons »Der SS-Staat«; erste Berichte über »Die Weiße Rose«, die uns zeigten, was auch wir hätten tun können und nicht getan haben; Werke, durch die wir verstehen konnten, wer unsere Besieger waren und was sie bewog: Margaret Boveris »Amerikafibel«. Einige von uns lasen zum ersten Mal das »Kommunistische Manifest« von Marx und Engels, das aus dem Groll der Entrechteten eine scharfe Waffe gegen die Heuchelei und Macht der Besitzenden schmiedete – und uns wachsam machte gegenüber denen, die den einmal festgestellten Klassenkampf für alle Zeit fortsetzen wollten. Diese trügerische Absicht ging in Arthur Koestlers »Sonnenfinsternis« unter. Ignazio Silones »Brot und Wein« offenbarte uns die Gemeinsamkeit von wahrem Christentum und wahrem Kommunismus und Albert Camus' »Der Fremde« die furchtbare Zufälligkeit von Schuld.

Nie ist eine Generation so fest in die Arme der Menschheit genommen worden wie die meine nach 1945. Aus der »Nachkriegszeit« konnte mit Fug und Recht die »Vorfriedenszeit« werden.

Carola Stern

Durch Feindbilder wächst Hass

Ein Nachwort

> »In schlaflosen Nächten tröstet das Bewusstsein nicht, dass man nicht unmittelbar an Mord und Verrat beteiligt war. Denn nicht nur der hat getötet, der zugeschlagen hat, sondern auch jene haben getötet, die das Böse zugelassen haben, ganz gleich wodurch: durch das gedankenlose Wiederholen gefährlicher Theorien; das wortlose Heben der rechten Hand, das halbherzige Schreiben von Halbwahrheiten ...«
>
> *Jewgenia Ginsburg*

Ich bin eine achtzigjährige alte Frau, und vieles, was in diesem Buch beschrieben wird, habe ich als junges Mädchen miterlebt. An den 30. Januar 1933 kann ich mich noch gut erinnern. Im Radio hörte ich mit meiner Mutter, dass Adolf Hitler zum Reichskanzler ernannt worden war. Adolf Hitler? Das war doch der »Führer« von meinem Onkel Hans! Berauscht von dem Gedanken, dass wir gleichsam über diesen Onkel fortan zu den Siegern zählten, lief ich aufgeregt durchs Dorf: »Onkel Hans sein Führer ist jetzt dran!«, rief ich allen Bekannten zu. Damals war ich sieben Jahre alt.

Im März hissten Onkel Hans und seine Freunde die Hakenkreuzfahne auf dem Gemeindeamt, und wir Schulkinder standen Spalier. Bald darauf zogen NSDAP-Mitglieder, Krieger- und Schützenverein, SA, SS sowie die Frauen vom Königin-Luise-Bund und der NS-Frauenschaft, alle national gesinnten Ahlbecker, so erklärte Onkel Hans, zum Jägersberg hinauf. Dort oben auf dem Bismarckturm wurde ein Feuer angezündet, und wir sangen patriotische Lieder. Alles Parteigezänk sei nun vorbei, rief der Ortsgruppenleiter, wir seien nun eine große, einige

Volksgemeinschaft. Das gefiel mir. Es folgten Adolf-Hitler-Geburtstagsfeiern jeweils am 20. April, Frühlingsfeste der Frauenschaft, Bunte Abende der Hitlerjugend, Filmvorführungen von Reichsparteitagen …

Fortan gab es keine Langeweile mehr in unserem im Winter so verschlafenen Dorf auf der Insel Usedom. Immer war was los! Eine Siegesfeier folgte auf die andere. Nie war es in Ahlbeck an der Ostseeküste so hoch hergegangen!

Und dann kam der Krieg. Die Deutschen marschierten in Paris ein! Unsere Soldaten standen vor Leningrad und Moskau! Im Radio jagte eine Sondermeldung die nächste. Ich meinte, in einer großen Zeit zu leben.

Ich war ein Einzelkind. Mein Vater war gestorben. Mir fehlte eine »richtige« Familie. Oft hänselten mich die großen Jungen, denn ich hatte rote Haare, Sommersprossen und dazu noch krumme Beine. Aber ich wollte gern wie andere Kinder sein, nicht ausgeschlossen werden, sondern mitmachen, dazugehören. Aber wegen Schwächlichkeit durfte ich mit zehn Jahren zunächst nicht »zum Dienst« bei den Jungmädeln der Hitlerjugend. Je länger ich ausgeschlossen blieb, umso mehr verklärte sich dieser Dienst – bis ich schließlich endlich zu meinem ersten Heimnachmittag bei den Ahlbecker Jungmädeln durfte. Ich war glücklich. Mit meinen Klassenkameradinnen sang ich Volks- und Heimatlieder, Kampflieder der NSDAP und der HJ. Für uns Kinder war das eine Singewelt mit fließenden Brünnlein, blasenden Jägern und wehenden Winden, bevölkert von blauen Dragonern, von Leinewebern, Steigern und »toten Helden der jungen Nation«. Und dazu noch eine Spiel- und Sportwelt mit Schnitzeljagd, Völkerball, Volkstanz, Auf-Fahrt-Gehen und Zeltlagern. Meine Helden hießen Hitler und Hölderlin, Göring und Goethe, und meine Heimat war »das Reich«, in dem begabte, fleißige und ordentliche Menschen lebten, anderen Völkern überlegen und dazu berufen, über andere zu herrschen.

Zwei Jahre nach meinem ersten Heimnachmittag wurde ich Gruppenführerin der etwa hundert zehn- bis vierzehnjährigen Ahlbecker Jungmädel. Damals war ich zwölf und lebte in der Vorstellung, zu einer Gemeinschaft junger Idealisten zu gehören.

Schon mit sieben, acht Jahren wusste ich genau, wer zu »unseren Feinden« gehörte. Vor allem die »Roten«, Kommunisten sowie »Sozis«, die »Feinde allen Haus- und Grundbesitzes«, so hatte schon mein Opa sie genannt. »Zerstampft den Kommunismus! Zerschmettert die

Sozialdemokratie!« stand auf den Flugblättern, die ich im März 1933 für Onkel Hans verteilte.

Als ebenso gefährlich wie »die Roten«, wenn nicht als noch gefährlicher galten Juden. Lange bevor der Erste in unserem Dorf ein Nazi wurde, waren schon viele Antisemiten. Juden, so hörte ich es von klein auf, seien nicht reell, sie »schacherten« um Geld, sie saugten Nichtjuden aus und machten sich an blonde Mädchen ran. Darum dürfe man nicht bei Juden kaufen und sich nicht von einem jüdischen Arzt behandeln lassen. Während schon 1933/34 überall in Deutschland jüdische Beamte, Arbeiter und Angestellte in Behörden entlassen wurden, jüdische Professoren und Studenten die Universitäten verlassen mussten und Soldaten sowie Offiziere keine Jüdinnen heiraten durften, legten sich meine Mutter und andere im Dorf eine Faustregel zurecht, an die wir uns in den nächsten zwölf Jahren hielten. Sie lautete: Die Juden sind unser Unglück! Sie ziehen überall die Strippen, um Deutschland auszubluten; an der Spitze des »Weltbolschewismus« in Moskau wie auch in den westlichen »Plutokratien«. Deshalb ist grundsätzlich richtig, was mit ihnen geschieht. Doch es gibt auch anständige Juden, jene, die man persönlich kennt. Diese Juden »können nichts dafür«, sie sind zu bedauern.

Allerdings, von dem Millionenmord in den Gaskammern haben wir nicht gewusst. Doch frage ich mich heute, in den Zeitungen von damals lesend, ob wir auch nichts wissen wollten.

»Alles, was sie wissen müssen, wird sich vor ihren Augen abspielen, und sie werden nichts sehen«, heißt es in einem Roman der Schriftstellerin Christa Wolf. So erging es mir. Am 9. November 1938 stand ich in unserer Kreisstadt Swinemünde schaulustig vor der brennenden Synagoge, sah die eingeschlagenen Fensterscheiben jüdischer Geschäfte und auf dem Jüdischen Friedhof die umgeworfenen Grabsteine und von Stiefeln zertretene Gräber. Es war wieder »etwas los«. Mischte sich in das aufgeregte Zuschauen nicht wenigstens ein Gran Betroffenheit? Ich erinnere mich nicht daran.

Wie war das möglich? Ich war doch ein ganz gewöhnliches freundliches junges Mädchen, alles andere als ein Monster. Bis ans Ende meines Lebens werde ich mich dessen schämen, was dieses Feindbild von den »Juden« in mir angerichtet hat. Feindbilder gehören mit wechselnden Inhalten zu jeder Diktatur, und manchmal entstehen sie auch, wenngleich mit weniger menschenverachtenden Konsequenzen, in Demokratien. Ich bezahlte für meine bescheuerte Gläubigkeit mit dem Verlust von Menschlichkeit, von Mitleid mit der leidenden Kreatur. Mein Herz verschloss sich; ich blieb ungerührt angesichts schrecklicher Verbrechen.

Hatte ich eine Chance, das Unrecht, die Verbrechen zu durchschauen? Alle, die ich kannte, waren für den Führer. Meine Mutter war dafür. Weil es wirtschaftlich bergauf ging, hatte sie ihre anfänglichen Bedenken gegen den »Österreicher«, den »Proleten« Adolf Hitler und seine Radaubrüder aufgegeben und war Mitglied der NS-Frauenschaft geworden.

Unsere Lehrer in der Schule waren dafür oder taten so, als seien sie dafür. In dem neuen Fach Rassenkunde lernten wir im Lyceum bei einer sehr beliebten Studienrätin, warum die Ostjuden »Untermenschen« seien.

Der Pastor war dafür. Beim Feldgottesdienst am 1. Mai segnete er die Fahnen und Standarten der Wehrmacht, der SA und der SS, und als deutsche Truppen in Österreich einmarschierten, riefen die Glocken zum Dankgottesdienst in unsere Kirche. »Großer Gott, wir loben dich«, sang die Gemeinde.

Alle, die im Dorf was galten, waren dafür: unser Arzt, die Apothekerin, die Kaufleute, Hoteliers und Fremdenheimbesitzer sowie die Badegäste.

Auch Ausländer schienen dafür zu sein. Auf seinem »Berghof« empfing der Führer den Prinzen von Wales. Und im Kino sah ich, wie die französische Olympiamannschaft vor der Ehrentribüne des Reichssportfeldes in Berlin die Hände zum Hitlergruß erhob.

Menschen, die nicht für »uns« waren, kannte ich nicht.

Während des Krieges hörte ich, wie Zwangsarbeiter, an Stühle gefesselt, mit Lederpeitschen geschlagen wurden. Da fragte ich mich: Darf denn so etwas geschehen? Ich sprach mit meiner Mutter, Verwandten, Freundinnen darüber. Jeder zuckte mit den Achseln, bemühte sich, schnell wieder das Thema zu wechseln, meinte, man wisse ja nicht, was diese Menschen Deutschen angetan hatten. Keiner sagte: Das ist Folter! Das darf nicht geschehen! Das Feindbild! Auch die Herzen anderer Menschen hatte es verschlossen. Ihre Vorstellungskraft war abgestorben. Als ich zwei Jahrzehnte später hörte, dass ein englischer Rechtsanwalt amnesty international ins Leben gerufen hatte, entschloss ich mich, zusammen mit anderen diese Hilfsorganisation für politische

Gefangene, die gegen die Folter und gegen die Todesstrafe kämpft, in der Bundesrepublik zu gründen. Das war das Vernünftigste, was ich in meinem Leben getan habe.

Als unsere Menschlichkeit zum ersten Mal auf die Probe gestellt wurde, haben ich und viele andere aus meiner Generation versagt. Ich bin froh darüber, dass junge Deutsche heutzutage so eine Bewährungsprobe nicht bestehen müssen. Aber: Schafft keine neuen Feindbilder! Denkt nicht in Kategorien wie »*die* Juden«, »*die* Ausländer«, »*die* Moslems«, sondern seht immer den einzelnen Menschen an. Verallgemeinerungen begünstigen Feindbilder. Durch Feindbilder wächst Hass. Und Hass schürt Gewalt.

Natürlich weiß ich sehr genau, dass man Diktatur und Demokratie nicht vergleichen kann. Aber wenn ihr, die jungen Leserinnen und Leser dieses Buches, einmal so alt wie ich geworden seid, dann werden vielleicht auch euch Kinder und Kindeskinder fragen: Ihr habt es doch gewusst! Zu Beginn des 21. Jahrhunderts gab es in der Bundesrepublik Schüler, die wehrlose Mitschüler nicht nur hänselten, sondern gewalttätig gegen sie wurden. Es gab Rechtsradikale, die Ausländer und Obdachlose verprügelten, ja sogar ermordeten.

Und was habt ihr dagegen getan?

Ihr habt es doch gewusst! Auch in eurer Jugend sind in zahlreichen Staaten, zum Beispiel in China, der Türkei und im Iran, Tausende von Menschen wegen ihrer politischen Überzeugung oder ihrer Religion verhaftet, misshandelt und zum Tod verurteilt worden.

Und was habt ihr dagegen getan?

Ihr habt es doch gewusst! In der Dritten Welt gibt es Millionen von Menschen, die keine Schuhe haben, Millionen von Kindern, die keine Schule besuchen, weil sie Kinderarbeit leisten müssen, Millionen, die aus ihrer Heimat vertrieben werden, Millionen Unterernährter, die verhungern.

Und was tut ihr, um zu helfen?

Ich hoffe, dass ihr, die heute Jungen, dann besser dastehen werdet als viele Menschen meiner Generation.

Usedom im Juli 2004

Zu den Autoren

Hans Mommsen, 1930 in Marburg geboren, studierte Geschichte, Germanistik und Philosophie. Von 1968 bis 1996 lehrte er als Professor für Neuere Geschichte an der Ruhruniversität in Bochum, wo er 1977 die Leitung des Instituts für die Geschichte der Arbeiterbewegung übernahm. Er hat sich in zahlreichen Veröffentlichungen mit der Geschichte der Sozialdemokratie und der Arbeiterbewegung, mit dem deutschen Widerstand, der Weimarer Republik und der Rüstungsindustrie im Nationalsozialismus befasst. Neben der zusammen mit Manfred Grieger verfassten Darstellung »Das Volkswagenwerk und seine Arbeiter im Dritten Reich«, in der die Verfasser zeigen, dass der Wachstums- und Modernisierungsschub der deutschen Wirtschaft in den Kriegsjahren auf der Ausbeutung von Zwangsarbeitern beruhte, hat er in dem Buch »Von Weimar zu Hitler« grundlegende Analysen zur inneren Verfassung des Dritten Reiches und in der Studie »Alternativen zu Hitler« zu den politischen und sozialen Vorstellungen des Widerstands des 20. Juli 1944 vorgelegt.

Hilke Lorenz ist 1962 geboren und hat Germanistik und Geschichte studiert. Sie leitet bei der Stuttgarter Wochenzeitung »Sonntag Aktuell« das Magazinressort. 2003 hat sie sich mit den Lebensgeschichten von Menschen beschäftigt, die den Zweiten Weltkrieg als Kinder erlebt haben. Daraus entstand das Buch »Kriegskinder – Das Schicksal einer Generation«.

Mirjam Pressler ist 1940 geboren und hat an der Akademie für Bildende Künste in Frankfurt a. M. studiert. 1962 ging sie nach Israel, wo sie zeitweise in einem Kibbuz gearbeitet hat. Nach ihrer Rückkehr nach

Deutschland 1970 hat sie in verschiedenen Jobs gearbeitet, ihre drei Töchter großgezogen und mit dem Schreiben von Kinder- und Jugendbüchern angefangen. Schon ihr erster Roman »Bitterschokolade«, der 1980 erschien, erhielt den renommierten Oldenburger Kinder- und Jugendbuchpreis. Daneben übersetzt sie aus dem Hebräischen, aus Afrikaans, aus dem Englischen und dem Niederländischen – beispielsweise die Kritische Ausgabe der Tagebücher der Anne Frank. Über Anne Frank hat sie auch ein Buch geschrieben »Ich sehne mich so. Die Lebensgeschichte der Anne Frank«. Mehrfach ausgezeichnet wurde neben anderen Büchern auch der auf eine authentische Geschichte zurückgreifende Roman »Malka Mai« über ein siebenjähriges jüdisches Mädchen, das von ihrer vor den Nationalsozialisten fliehenden Familie bei polnischen Bauern zurückgelassen werden muss und ums Überleben kämpft.

Ursula Wölfel wurde 1922 in Hamborn (das später zu Duisburg-Hamborn wurde) geboren. Ihr Bruder fiel 1939 im Krieg gegen Polen. Nach dem Krieghilfsdienst bei der Kinderlandverschickung und dem Arbeitsdienst studierte sie in Heidelberg Germanistik und Geschichte, 1943 heiratete sie in Lodz. 1944 wurde ihre Tochter geboren. Ihr Mann starb 1945 in Kriegsgefangenschaft. Nach dem Krieg war sie Schulhelferin im Odenwald, studierte am damaligen Pädagogischen Institut in Jugenheim/Bergstraße und in Frankfurt/Main. Danach unterrichtete sie an der Sonderschule in Darmstadt. Seit 1961 ist sie freie Schriftstellerin. Für ihr Gesamtwerk erhielt sie 1991 den Sonderpreis des deutschen Jugendliteraturpreises.

Hermann Vinke, 1940 in Rhede-Ems, Niedersachsen, geboren, studierte Geschichte und Soziologie in Hamburg. Er war viele Jahre lang Redakteur bei verschiedenen Tageszeitungen, darunter für die »Ems-Zeitung« in Papenburg, und beim NDR in Hamburg. Von 1981 bis 1986 war er Fernostkorrespondent der ARD in Japan, von 1986 bis 1990 USA-Korrespondent des NDR und des WDR. Von 1991 bis 1992 leitete er das ARD-Studio in (Ost-)Berlin. Anschließend war er bis 2000 Programmdirektor Hörfunk bei Radio Bremen, seit 2000 ist er Korrespondent für Osteuropa/Baltikum. Er lebt in Bremen und Berlin und ist Autor mehrerer Bücher, darunter »Das kurze Leben der Sophie Scholl« und »Cato Bontjes van Beek – Ich habe nicht um mein Leben gebettelt«. Für seine Bücher hat er mehrere Auszeichnungen, darunter den Deutschen Jugendbuchpreis, erhalten.

Hartmut von Hentig ist 1925 in Posen geboren, wo sein Vater das deutsche Generalkonsulat leitete. Nach der Scheidung der Eltern begann eine weitgehend im Ausland verlebte Kindheit und Jugend – Kalifornien, Kolumbien, Holland. Sechs Jahre lang besuchte er das Französische Gymnasium in Berlin, wurde 1943 Soldat, geriet am Ende des Krieges in amerikanische Gefangenschaft, begann 1945 das Studium der alten Sprachen, das er 1953 an der Universität Chicago mit der Promotion abschloss. Zehn Jahre lang war er Lehrer für Griechisch und Latein an Gymnasien und von 1963 an Professor für Pädagogik an den Universitäten Göttingen und Bielefeld, wo er die Laborschule und das Oberstufen-Kolleg gründete. Seit über zehn Jahren in Berlin als emeritus und kritischer Zeitgenosse.

Carola Stern wurde als Erika Assmus 1925 auf der Insel Usedom geboren. Nach dem Zweiten Weltkrieg arbeitete sie als Lehrerin in der DDR. Nach ihrer Flucht in den fünfziger Jahren nach Westberlin erwarb sie sich durch verschiedene Veröffentlichungen einen Ruf als DDR-Expertin. Zweimal versuchte der Staatssicherheitsdienst der DDR, sie zu entführen. Deshalb schrieb sie ihre journalistischen Arbeiten unter einem Pseudonym: Carola Stern. Die meisten Menschen kennen sie nur unter diesem Namen.

In den sechziger Jahren leitete sie das Politische Lektorat eines Kölner Verlages, und ab 1970 arbeitete sie als Kommentatorin und Redakteurin im WDR.

Nach ihrer Pensionierung beschrieb sie in zwei Büchern (»In den Netzen der Erinnerung« und »Doppelleben«) ihr Leben und veröffentlichte eine Reihe erfolgreicher Biographien über bedeutende Frauen.

Ingke Brodersen, 1950 geboren, hat unter anderem Geschichte studiert und war nach einer ganz kurzen Zeit im Schuldienst lange Jahre Lektorin und Herausgeberin politischer Bücher im Rowohlt Verlag, später Leiterin des Verlages Rowohlt Berlin. Vor vielen Jahren hat sie, zusammen mit anderen, ein Buch herausgegeben, in dem Menschen davon erzählten, wie sie den Tag erlebten, als Adolf Hitler Reichskanzler wurde. Einer dieser Menschen war ein Kommunist aus ihrem Heimatort, der schon 1933 verhaftet wurde. Von ihm erfuhr sie viel über die Stadt, aus der sie kommt, und über Menschen, die sie kennt, während der Zeit des Nationalsozialismus.

Heute arbeitet sie als Agentin für Autoren und deren Buchprojekte und für die Zeitschrift »Kafka«, die in fünf verschiedenen Ländern erscheint. Sie hat mit Doris Schröder-Köpf das Buch »Der Kanzler wohnt im Swimmingpool. Wie Politik gemacht wird« herausgegeben und mit Maybrit Illner das Buch »Ente auf Sendung. Von Medien und ihren Machern«.

Ernst Klee **Das Personenlexikon des Dritten Reiches**
Wer war was vor und nach 1945?

Das konkurrenzlose Lexikon informiert mit seinen 4300 Artikeln ausführlich über die wichtigsten Personen aus Justiz, Kirchen, Wohlfahrtseinrichtungen, Kultur, Wirtschaft, Publizistik, Wissenschaft, Medizin, Polizei, Wehrmacht sowie über tragende Personen aus NSDAP, SA und SS. Es informiert außerdem – und das ist charakteristisch für Klees Arbeitsweise – auch über deren Karrieren nach 1945, soweit diese ausfindig zu machen waren.

ISBN 3-10-039309-0
S. Fischer Verlag

Harald Welzer **Opa war kein Nazi**
Nationalsozialismus und Holocaust im Familiengedächtnis

Was wird in Familien »ganz normaler« Deutscher über Nationalsozialismus und Holocaust überliefert? Die Autoren haben in Familiengesprächen und Interviews untersucht, was Deutsche aus der NS-Vergangenheit erinnern, wie sie darüber sprechen und was davon an die Kinder- und Enkelgeneration weitergegeben wird.

Band 15515
Fischer Taschenbuch Verlag

Schoschana Rabinovici **Dank meiner Mutter**
Übersetzt von Mirjam Pressler

Klar, eindringlich und ohne Haß erzählt Schoschana Rabinovici von ihrer Vertreibung aus dem Wilnaer Ghetto und von ihren Leidensstationen in den Konzentrationslagern Kaiserwald, Stutthof und Tauentzin. Mit ihren Kindheitserinnerungen setzt sie ihrer Mutter Raja ein Denkmal, ohne deren Stärke, Lebensklugheit und Willenkraft sie diese Zeit nicht überlebt hätte.

Band 80571
Fischer Schatzinsel